高职高专"十三五"规划教材/校企合作教材

酒店管理专业

U0661171

酒店财务管理

景　诚　王茂盛　主　编
周　婷　高　云　副主编

微信扫描
获取课件等资源

南京大学出版社

内 容 简 介

本书全面、系统地介绍了酒店财务管理的内容。全书划分为八个模块，内容包括酒店财务入门、酒店资金筹集管理、酒店投资管理、酒店营运资金管理、酒店财务控制、酒店利润分配管理、酒店预算管理、酒店财务分析。本书立足财务管理实际工作，将财务管理知识、工作内容与酒店行业标准相融合，以满足酒店财务管理教学的需要。

本书既可作为高等职业院校旅游及酒店管理类专业的教材，也可供酒店从业人员作为业务参考和培训教材使用。

图书在版编目(CIP)数据

酒店财务管理 / 景诚，王茂盛主编. -- 南京 ：南京大学出版社, 2018.8
ISBN 978-7-305-20878-2

Ⅰ. ①酒… Ⅱ. ①景… ②王… Ⅲ. ①饭店－财务管理－高等职业教育－教材 Ⅳ. ①F719.2

中国版本图书馆 CIP 数据核字(2018)第 197606 号

出版发行　南京大学出版社
社　　址　南京市汉口路 22 号　　　　邮编　210093
出 版 人　金鑫荣

书　　名　**酒店财务管理**
主　编　景　诚　王茂盛
策划编辑　胡伟卷
责任编辑　胡伟卷　蔡文彬　　　　编辑热线　010-88252319

照　　排　北京圣鑫旺文化发展中心
印　　刷　南京玉河印刷厂
开　　本　787×1092　1/16　印张 14.25　字数 356 千
版　　次　2018 年 8 月第 1 版　2018 年 8 月第 1 次印刷
ISBN　978-7-305-20878-2
定　　价　39.80 元

网　　址：http://www.njupco.com
官方微博：http://weibo.com/ njupco.
微信服务号：njuyuexue
销售咨询热线：(025) 83594756

前　言

随着中国经济的高速发展和居民收入水平的不断提高,带来了旅游业的兴旺,酒店业也得到了快速发展。然而大多数中国酒店的管理水平远远不及发达国家的成熟酒店。这其中,财务管理水平的落伍是其中非常重要的一项。酒店业与其他工业、商业等行业相比,在财务管理流程上有着很大差异,这是由酒店的经营特性决定的。财务管理是现代酒店经营管理的核心,提升酒店的整体财务管理水平,有助于酒店提高经营效益,促进酒店的长远持续发展。

本书从财务管理的各个业务环节出发,全面、系统地介绍了酒店财务管理的内容,在结构设计上采用"模块—项目—任务"的编排方式。全书共分八个模块,分别为酒店财务入门、酒店资金筹集管理、酒店投资管理、酒店营运资金管理、酒店财务控制、酒店利润分配管理、酒店预算管理、酒店财务分析。本书注重理论和实践的结合,在编写过程中,与酒店行业企业合作,立足财务管理工作的实际,将财务管理知识、工作内容与酒店行业标准相融合,充分体现职业性、实践性和开放性,满足酒店财务管理课程教学的需要,为未来从事酒店各岗位工作的学生奠定职业可持续发展的基础。

本课程设计教学时间为一个学期(18周,每周2~4课时),教师在指导学生进行学习和实践时可以适当调整教学的具体内容。

本书由南京旅游职业学院景诚、王茂盛主编,南京旅游职业学院周婷、南京绿地洲际酒店集团财务总监高云女士任副主编。具体编写分工为:模块1、4、5由景诚编写,模块3、7、8由王茂盛编写,模块2、6由周婷编写,高云女士从行业实践的角度对本书给予大量的宝贵意见和建议,景诚负责全书的结构设计及统稿工作。

本书可作为高等职业教育旅游及酒店管理类专业的教材,也可供酒店从业人士作为业务参考书和培训教材使用。

本书参考了国内许多作者的观点和相关资料,在此谨向他们表示感谢并致敬。由于编者水平和经验有限,书中难免有欠妥和错误之处,恳请读者批评指正。

编　者
2018 年 7 月

目　录

模块 1

酒店财务入门

知识目标
- 了解酒店财务活动和财务关系。
- 了解酒店财务管理的目标。
- 熟悉酒店财务管理的内容、特点和方法。

能力目标
- 能够根据酒店的实际规模和经营特点设计财务部的组织架构。
- 能够熟悉财务管理各主要岗位的岗位职责。
- 能够根据酒店相关财务管理制度,指导和应用于实际工作。

项目 1　酒店财务管理的基本内容

　　酒店是利用空间设备、场所和一定消费物质资料,通过接待服务来满足宾客住宿、餐饮、娱乐、购物、消遣等需要而取得经济效益和社会效益的一个经济实体。为了在激烈的市场竞争中生存和发展,酒店需要不断强化各方面的管理工作。财务管理是酒店经营管理系统中的一个重要子系统。酒店财务管理是指酒店根据国家政策法规和资金运动规律,组织财务活动和处理财务关系的一项经济管理活动,是酒店管理的重要组成部分。

任务 1　酒店财务活动与财务关系

1.1　酒店财务活动

　　酒店财务活动是围绕着酒店资金的运动过程展开的,是酒店资金从被占用到以货币形态被重新回收的循环周转过程。首先通过资金筹集,取得货币形态的资金(现金、银行存款等);通过资金投放和使用,货币形态的资金转化为实物形态的资金(固定资产、流动资产等);通过日常的业务运营、对客服务,消耗实物、取得货币资金和应收账款,应收账款的形态为结算资金;通过账款结算,收回应收账款,结算资金又转化为货币资金。收回的货币资金,又重新进行分配,一部分用于补偿业务运营中的各项消耗,一部分用于缴纳税金、支付投资者报酬、分配股利等,以维持酒店正常的经营。如此循环往复,使酒店资金在经营中不断得到增加。

1.2 酒店财务关系

酒店财务活动表面上看是资金运动的过程,实质上则体现了酒店在经营过程中与酒店内外部的各有关方面的经济利益关系,我们把这种经济利益关系称为财务关系。以下是酒店几种主要的财务关系。

1. 酒店与投资者、被投资者之间的财务关系

酒店从不同的投资者那里筹集资金,进行生产经营活动,并将所实现的利润按各投资者的出资比例进行分配。酒店还可将自身的法人财产向其他单位投资,这些被投资单位应向酒店分配投资收益。酒店与投资者、被投资者之间的财务关系,即投资和分享投资收益的关系,在性质上属于所有者关系。处理这种财务关系必须维护投资、被投资各方的合法权益。

2. 酒店与债权人、债务人和往来客户之间的财务关系

酒店由于购买材料、销售产品或提供服务,要与购销客户发生货款收支结算关系,在购销活动中由于延期付款,要与有关单位发生商业信用,产生应收账款和应付账款。另外,当酒店资金不足时,可以采用向银行借款、发行债券等方式筹集资金;当酒店资金闲置时,可以购买其他单位的债券,以获得一定的投资回报。无论何种原因,一旦形成债权债务关系,债务人不仅需要还本,还要付息。酒店与债权人、债务人和往来客户之间的财务关系,在性质上属于债权、债务的关系。在处理这类财务关系时,必须按协议、合同的有关条款,认真履行相关义务和责任,并保障各方的权益。

3. 酒店与税务机关之间的财务关系

酒店应按照国家税法相关规定缴纳各种税款,包括所得税、流转税等。国家以社会管理者的身份向一切企业征收有关税金,这些税金是国家财政收入的主要来源。及时、足额地纳税,是生产经营者对国家应尽的义务,酒店必须认真履行此项义务。

4. 酒店内部各部门之间的财务关系

一般来说,酒店内部各部门与酒店财务部门之间都要发生领款、报销、代收、代付等收支结算关系。处理这种财务关系,要严格分清各有关部门的经济责任,以便有效地发挥激励机制和约束机制的作用。

5. 酒店与员工之间的财务关系

酒店要用自身的营业收入,按照员工提供的劳动数量和质量,向员工支付工资、奖金、津贴等。这种酒店与员工之间的结算关系,体现着员工个人和集体在劳动成果上的分配关系。处理这种财务关系,要正确地执行有关分配政策。

任务2 酒店财务管理的目标及其协调

2.1 酒店财务管理的目标

酒店财务管理的目标是酒店财务管理活动所希望实现的结果,是评价酒店财务管理活动是否合理的基本标准。它是酒店财务决策的出发点和归依点,是财务运行的驱动力。根

据国内外财务管理理论和实践,酒店财务管理的目标主要有以下三种观点:一是利润最大化;二是股东财富最大化;三是企业价值最大化。

1. 利润最大化

财务管理工作的最终目的是不断增加企业利润,使企业利润额在一定时期内达到最大。其优点是:便于考核,适用范围广。其缺点在于:①没有考虑利润的取得时间,如今年和去年同样获利100万元,哪一个更符合企业的目标? ②没有考虑所获利润和投入资本额的关系,如同样获得100万元利润,一个酒店投入资本500万元,另一个酒店投入资本800万元,哪一个更符合企业的目标? ③没有考虑获取利润所承担的风险大小,如同样投入500万元资本,本年获利100万元,一个酒店已全部转化为现金,另一个酒店获利中包括200万元的应收账款,并可能发生坏账损失,哪一个更符合企业的目标? ④可能会导致企业短期行为。许多酒店管理者都把提高利润作为酒店的短期目标,而忽视了酒店的长远发展。

2. 股东财富最大化

这是指通过财务上的合理经营,为股东带来最多的财富。一般来说,在股票数量一定的情况下,股票价格最大化时,股东财富达到最大化。其优点是:①把酒店的利润和股东投入的资本联系起来考察;②考虑了资金的时间价值;③考虑了风险因素(市盈率);④比较容易量化,便于考核和奖惩。其缺点在于:①只适用于上市公司;②过分地强调了公司股东的利益,而对酒店其他关系人的利益重视不够;③股票市价受到多种非可控因素的影响。

3. 企业价值最大化

这是指通过酒店财务上的合理经营,采用最优的财务政策,充分考虑资金的时间价值和风险与报酬的关系,在保证酒店长期稳定发展的基础上使酒店总价值达到最大。其优点是:①考虑了资金时间价值和风险因素;②有利于克服短期行为;③有利于兼顾酒店各利益集团的利益。其缺点在于:如何量化是一个难题。

2.2 酒店财务管理目标的协调——酒店与经营者的关系

酒店所有者为酒店提供了各种资源,但一般不直接参与酒店的经营管理活动;而酒店的经营者是在酒店里直接从事经营管理活动的。酒店是所有者(股东)的酒店,财务管理的目标也就是股东的目标,股东委托经营者代表他们管理酒店,为实现股东的目标而努力,但经营者和股东的目标并不完全一致。

1. 经营者的目标

股东的目标是使自己的财富最大化,所以要求经营者尽最大的努力去完成这个目标。经营者也是效用最大化的追求者,具体行为目标与委托人不一致,其目标包括增加报酬、增加闲暇时间、避免风险。增加报酬,包括物质和非物质的报酬,如工资、奖金、提高荣誉和社会地位等。增加闲暇时间,包括较少的工作时间、工作时间里较多的空闲和有效工作时间中较小的劳动强度等。上述两个目标之间有矛盾,增加闲暇时间可能减少当前或将来的报酬,努力增加报酬会牺牲闲暇时间。经营者还面临着努力工作可能得不到应有报酬的风险,他们的行为和结果之间有着不确定性,经营者总是力图避免这种风险,希望付出一分劳动便得到一分报酬。

2. 经营者对股东目标的背离

经营者的目标和股东不完全一致,经营者有可能为了自身的目标而背离股东的利益。这种背离表现在两个方面。

① 道德风险。经营者为了自己的目标,不一定会尽最大努力去实现酒店的目标。他们没有必要为提高股价而冒险,股价上涨的好处将归于股东,他们只需要在保证完成股东的经营目标任务的前提下,尽可能地增加自己的闲暇时间,规避风险。这样做不构成法律和行政责任问题,而只是道德问题,股东很难追究他们的责任。

② 逆向选择。经营者为了自己的目标而背离股东的目标。例如,装修豪华的办公室、购置高档汽车,以工作为由增加日常开支,蓄意压低股票,私自截留资金导致股东财富受损。

3. 防止目标背离的方式

防止经营者背离股东目标的方式一般有两种。

① 监督。经营者背离股东目标的条件是双方信息不对称,经营者因为管理酒店,对酒店的信息非常了解。避免"道德风险"和"逆向选择"的出路之一是股东获取更多的信息,对经营者进行监督,在经营者背离股东目标时,予以一定的惩罚措施,甚至解雇。但是,全面监督在实际上是行不通的。股东是分散的或远离经营者,得不到充分的信息;经营者比股东有更大的信息优势,比股东更清楚什么是对酒店更有利的行动方案;全面监督管理行为的代价是高昂的,很可能超过它所带来的收益。因此,股东支付审计费聘请注册会计师,往往限于审计财务报表,而不是全面审查所有管理行为。股东对情况的了解和对经营者的监督是必要的,但由于监督成本的限制,不可能事事都监督。监督可以减少经营者违背股东意愿的行为,但不能解决全部问题。

② 激励。防止经营者背离股东利益的另一种途径是采用激励计划,使经营者分享企业增加的财富,鼓励他们采取符合股东利益最大化的行为。例如,企业盈利率或股票价格提高后,给经营者以现金、股票期权奖励。支付报酬的方式和数量大小有多种选择。报酬过低,不足以激励经营者,股东不能获得最大利益;报酬过高,股东付出的激励成本过大,也不能实现自己的最大利益。因此激励可以减少经营者违背股东意愿的行为,但也不能解决全部问题。

通常,股东同时采取监督和激励两种方式来协调自己和经营者的目标。尽管如此,仍不可能使经营者完全按股东的意愿行动,经营者仍然可能采取一些对自己有利而不符合股东利益最大化的决策,并由此给股东带来一定的损失。监督成本、激励成本和偏离股东目标的损失之间,此消彼长、相互制约。股东要权衡轻重,力求找出能使三项之和最小的解决办法,即最佳的解决办法。

任务3 酒店财务管理的内容和方法

3.1 酒店财务管理的内容

酒店财务管理的对象是经营过程中的资金运动,因此财务管理的内容应反映酒店资金运动的全过程。酒店资金运动从内容上来说包括资金的筹集、资金的投放和使用、资金的耗费、资金的收回和分配四个方面。相应的,酒店财务管理的主要内容包括筹资管理、投资管理、营运资金管理、收入管理、成本费用管理、利润及其分配管理等。了解财务管理的主要内容,企业可根据资金运动的客观规律,结合酒店的特点,对资金运动及其引起的财务关系实施有效的管理。

1. 筹资管理

任何一个企业从事生产经营活动都必须从筹集资金开始,酒店也不例外,只有拥有一定数量的资金,企业才能购买劳动资料和劳动对象,支付工资和其他费用。因此,酒店筹集资金以保证企业经营活动的正常进行,构成了财务管理的重要内容。

酒店筹集资金可以采取多种形式,但归纳起来无外乎两种:内部筹资和外部筹资。内部筹资是酒店通过计提折旧和利润留存而形成的。外部筹资是指酒店通过吸收直接投资、发行股票、银行借款、发行债券、租赁、商业信用等形成的。酒店一般应在充分利用内部筹资之后,再考虑外部筹资问题。

在确定了筹资方式后,酒店还要考虑到筹资的组合、筹资风险、筹资成本等问题,从而合理安排酒店的资金来源,优化资本结构,降低筹资成本,控制筹资风险。

2. 投资管理

企业筹资的目的是为了使用,资金只有在使用中才会产生增值。因此投资方向的选择,投资时机的判断,投资金额的确定,投资风险的规避,投资收益的目标是否达到预期,构成了投资管理的重要内容。

酒店投资包括固定资产投资、流动资产投资、证券投资和对其他企业的投资。酒店投资决策的好坏对于其日后资金运用效果有着重要的影响,一旦投资决策失误,就会导致酒店经营不善,甚至破产。因此,酒店在进行投资时,必须认真分析影响投资的各种因素,科学地进行可行性研究分析,正确把握和控制投资的收益和风险,选择最佳的投资方案,才能取得良好的投资效果。

通常酒店在进行投资决策中,首先要拟定投资的基本方针,如投资项目、投资选址、投资规模、投资等级、投资金额等;其次要制定多种可供选择的方案进行论证,通过反复筛选、比较、计算、分析,选出一个比较合理的方案;最后是执行方案,项目一旦进入实施,必须严格按照既定的计划执行,对于每项投资的支出要严格审核,做好管控。

3. 营运资金管理

投资决策确定了资金的流向是企业外部还是企业内部。投入企业外部的资金就形成了酒店的对外投资,包括短期投资和长期投资。投入企业内部的资金就形成了酒店的对内投资,形成了酒店的固定资产、流动资产、无形资产等,这些资产构成了酒店日常财务管理的重要内容。

酒店资产管理中,流动资产是日常营运过程中需关注的重点,其也称之为营运资金,它是指酒店在经营过程中在流动资产上占用的资金。营运资金有广义和狭义之分。广义的营运资金是指酒店的流动资产总额,包括现金、银行存款、短期投资、应收账款、应收票据、预付账款、存货等。狭义的营运资金是净营运资金,是酒店的流动资产减去流动负债后的余额。流动负债主要包括短期借款、应付票据、应付账款、预收账款、应付职工薪酬、应交税金等。只有严格加强对营运资金的管理,加速流动资金的循环周转,不断增加酒店的营业收入,减少资金占用,才能提高酒店的经济效益。

4. 收入管理

酒店收入是指酒店营业收入,是酒店在一定时期内从事生产经营活动所取得的各项收入,包括出租客房、提供餐饮、出售商品及其他服务所取得的收入。从收入项目上看,主要包括房费收入、餐饮收入、商品销售收入、会议场租收入、小酒吧收入、洗衣收入、商务中心收入、停车费收入、专项销售收入等。其中,客房收入和餐饮收入是酒店的主营业务收入,其他则属于酒店的其他业务收入。

酒店应加强对营业收入的控制,合理制定产品价格,使营业收入及时准确收回,保证资金的正常循环和周转,以及酒店经营活动的正常不间断进行,创造更好的经济效益。

5. 成本费用管理

成本费用反映了酒店经营过程中资金的耗费。成本费用的管理构成了酒店财务管理的重要内容。严格进行成本费用的控制,不断降低成本费用,对于在当前激烈的市场竞争中能立于不败之地和扩大酒店利润具有重要意义。

酒店在经营中发生的各种耗费,为便于管理和控制,一般将其直接支出部分列入营业成本,未列入成本的各项耗费列入期间费用。酒店的营业成本包括餐饮销售中的食品原材料以及饮品等的耗用成本,还有商品销售中商品进价成本,洗衣、电话、复印及传真等成本。酒店的期间费用是指酒店在经营过程中发生的与经营管理活动有关的费用,这些费用应直接计入当期损益,需要从酒店的当期经营收入中得到补偿。期间费用包括营业费用、管理费用和财务费用。

酒店进行成本费用的管理,首先要确定成本费用管理的目标,在此基础上编制成本费用预算,明确日常经营过程中管理的方向。为了保证成本费用预算的实现,酒店要严格控制成本费用,并对成本费用实际耗费情况进行考核分析,如果发现问题,及时纠正,最终保证成本费用开支达到酒店的预算目标。

6. 利润及其分配管理

酒店在经营过程中取得收入,这种收入按照会计核算的原则,首先要补偿酒店的经营耗费,缴纳各种税金及附加,再加上投资收益和营业外收支净额,从而最终形成利润。实现利润后,要按照国家的有关规定,向国家缴纳所得税,剩余部分就形成了酒店的净利润。净利润要在酒店、员工、投资者之间进行分配。酒店要提取法定盈余公积金,用于弥补亏损和转增资本;还要提取法定公益金,用于员工福利和奖励,改善员工集体福利设施等支出;其余利润进行投资者的收益分配或暂时留存酒店作为投资者的追加投资。这一切就构成了酒店利润及其分配的管理。

3.2 酒店财务管理的特点

酒店是一个综合性的服务企业,它所提供的产品与其他企业生产的产品不同,因而财务管理有其自身的特点。其主要有以下几个特点。

1. 产品销售的时间性

酒店经营活动中,生产和消费的同一性决定了其产品具有不可储存性,特别是客房这种产品,如果今天不能出售,到了第二天,其前一天的价值就永远失去了。这就要求酒店必须积极支持营销推广活动,努力扩大客房销售,增加营业收入。

2. 对客结算的即时性

客人入住酒店后,其所有消费都可赊销记账,待离店时一次性结清付款。因此,一切账务处理都必须在客人离店前迅速完成并准确无误,不论客人何时离店,都能立即办理结账手续,防止出现错账、漏账、逃账。

3. 投资效益的风险性

酒店是一个资金密集型企业,它的房屋及其附属设施设备,要占全部资产的80%以上,其巨额的固定资产投资,需要在开业运营后很长时间才能逐渐收回,如果市场形势不好,必然导致投资效益的低下。高风险性就要求酒店必须重视投资决策,酒店的选址、定位、规模等在筹建时就要周密规划,做好可行性分析。

4. 更新改造的紧迫性

酒店资产设备具有商品的特性,设施设备新颖与否,对营业的影响很大。因此,为适应消费需求的不断升级,酒店对各项设施设备需要经常进行装修、改造和更新,同时需要寻求最佳的更新改造时机和维修保养方法,以取得较好的经济效益。

5. 经济效益的季节性

季节性特征主要受气候、节假日和旅游方式的影响,酒店产品需求的季节性导致了酒店现金流入流出的季节性,使得经济效益出现季节性波动。所以,酒店应开发多种旅游项目及产品,尽量使淡季不淡。

3.3 酒店财务管理的方法

财务管理方法是企业组织财务活动、处理财务关系、实现财务管理目标所运用的技术手段。酒店财务管理的方法主要包括:进行财务预测;制定财务决策;编制财务预算;进行财务控制;实行财务分析。

1. 财务预测

财务预测是财务决策的基础,也是编制财务预算的前提。财务预测是指企业在认识和掌握资金运动规律的基础上,根据有关历史资料和收集的各种经济信息,结合企业内外部环境,运用科学的预测方法,对企业未来财务活动及其发展趋势所做的预计和测算。

酒店财务预测的主要内容包括:①资金预测,如资金需要量及其来源的预测、资金市场预测、投资收益预测等;②成本费用预测,如营业成本预测、经营费用预测等;③收入预测,如餐饮收入预测、客房收入预测等;④利润预测,如销售利润预测、总利润预测等。

财务预测方法一般分为定性预测法和定量预测法。定性预测法是建立在经验判断、逻辑思维和逻辑推理基础之上的。它的主要特点是利用直观的材料,依靠个人经验的综合分析,对事物未来状况进行预测。定量预测是通过分析事物各项因素、属性的数量关系进行预测的方法。它的主要特点是根据历史数据找出其内在规律,运用连贯性原则和类推性原则,通过数学运算对事物未来状况进行数量预测。这两类方法并不是相互孤立的,在进行财务预测时,经常要综合运用。

2. 财务决策

企业在财务预测的基础上,要进行财务决策。财务决策是指根据财务目标的要求,从若干个可供选择的方案中,选出最优方案的判断分析过程。财务决策是财务管理的核心,决策正确与否直接影响酒店的生存和发展。财务决策主要包括筹资决策、投资决策、成本费用决策、收益决策等,其中最重要的是投资决策。进行财务决策需经过以下几个步骤。

① 确定决策目标,指确定决策所要解决的问题和达到的目的。

② 进行财务预测,即通过财务预测,取得财务决策所需的经科学处理的预测结果。

③ 方案评价与选优,指依据预测结果建立若干备选方案,并运用决策方法和根据决策标准对各方案进行分析论证,做出综合评价,选取其中最为满意的方案。

④ 决策过程的结束,还需进行具体的计划安排,组织实施,并对计划执行过程进行控制和收集执行结果的信息反馈,以便判断决策的正误,及时修正方案,确保决策目标的实现。

3. 财务预算

财务预算是落实财务决策的一种行动计划,是以财务决策结果和财务预测情况为依据,运用科学的方法,以货币为主要量度,对酒店未来财务活动发展状况按照事务发展趋势进行合乎客观规律的规划,以指导酒店经营活动的开展。酒店财务预算的主要内容包括经营预算、非经营性费用预算、投资预算和财务预算四大类。

① 经营预算是指酒店日常发生的各项基本经营活动的预算。其中最主要的是销售预算,其他的各项成本、费用则根据销售预算的业务量分别编制。其具体包括销售收入预算、营业成本预算、营业费用预算、人工成本及员工福利预算、教育培训费用预算、销售费用预算、管理费用预算、能源消耗预算、采购预算、维保费用预算等。

② 非经营性费用预算,主要包括固定资产折旧、房产税、财产保险、无形资产、大修准备摊销、货款、利息支出等各项支出预算。

③ 投资预算是对固定资产的购置、扩建、改造、更新及其他投资等,在可行性研究的基础上编制的预算。它主要包括固定资产购置、基建投资和更新改造预算。投资预算编制的内容包括购置或投资的时间、内容、资金的来源、可获得的收益、现金净流量、回收期等。

④ 财务预算是指酒店在计划期内反映的有关预计现金收支、经营成果和财务状况的预算。它主要包括预计现金流量表、预计损益表和预计资产负债表,亦称总预算。

4. 财务控制

财务控制是指按照一定的程序与方法,确保企业及其内部机构和人员全面落实和实现财务预算的过程。它的特征有:以价值形式为控制手段;以不同岗位、部门和层次的不同经济业务为综合控制对象;以控制日常现金流量为主要内容。

按照财务控制的功能可将财务控制分为预防性控制、前瞻性控制和反馈控制。

① 预防性控制又称排除干扰控制,是为了避免产生错误或尽量减少今后的更正性活动,防止资金、时间或其他资源的损耗而采取的一种预防保证措施。例如,酒店将预算指标进行分解落实到各归口部门,使预算指标的实现有切实可靠的保证;又如,制定现金使用范围、费用开支标准等,都属于这一控制范畴。

② 前瞻性控制又称补偿干扰控制,是指通过对实际财务运行系统进行监控,在拥有大量信息的基础上,运用科学方法预测可能出现的偏差,并采取一定措施,使差异得以消除的一种控制措施。例如,为了控制餐饮成本,随时分析成本率,在发现问题时及时采取措施加以调整;又如,为了执行限额制度,在酒店内部实行限额领发料、限额开支等措施,以保证预算指标的执行。

③ 反馈控制又称平衡偏差控制,是指通过对实际财务运行系统进行监控,及时发现实际与预算之间的差异,并分析差异产生的原因,采取有效措施,调整实际财务活动或调整财务计划,使差异消除和避免今后出现类似差异的一种控制措施。在财务控制中,反馈控制是最常采用的一种方法。在实际工作中,实际与预算发生偏离也是时有发生的,但具体问题要具体分析,如果是实际工作中有误造成的偏差,要及时纠正解决问题,使之符合预算;如果是不可测因素,或预测、决策造成的偏差,则要根据实际情况及时调整偏差。

5. 财务分析

财务分析是运用财务报表及其他相关信息,通过对一定财务指标进行对比,以评价企业过去的财务状况和经营成果,并揭示企业未来财务活动趋势及其规律的一种方法。常用的财务分析方法有以下几种。

① 趋势分析法又称水平分析法,是通过对比两期或连续数期财务报告中相同指标,确定其增减变动方向、数额和幅度,来说明酒店财务状况或经营成果的变动趋势的一种方法。采用这种方法,可以分析引起变化的主要原因、变动的性质,并预测酒店未来的发展前景。

② 因素分析法。这是依据分析指标与影响因素的关系,从数量上确定各因素对分析指标影响方向和影响程度的一种方法。采用这种方法的出发点在于,当有若干因素对分析指标发生影响作用时,假定其他各个因素都无变化,顺序确定每一个因素单独变化所产生的影响。

③ 比率分析法。这是通过计算各种比率指标来确定经济活动变动程度的分析方法。比率是相对数,采用这种方法,能够把某些条件下的不可比指标变为可以比较的指标,以利于财务分析。

项目 *2*　酒店财务管理制度和组织

酒店作为一个经济实体,需要建立完善的财务管理制度和财务管理组织体系,确立各财务人员的岗位职责和工作规范、任职要求,以发挥在酒店经营管理中的计划、控制、监督及决策的职能作用。

任务1　酒店财务管理基本制度

酒店财务管理制度是规范酒店财务行为、协调酒店同各方面财务关系的法定文件。酒店在经营管理中首先要严格遵守国家规定的各种财经法规,同时根据酒店自身经营的实际情况和特点制定内部财务管理制度。

1.1　酒店财务管理制度

1. 企业财务通则

《企业财务通则》是我国整个企业财务制度中基本的法规,是企业从事财务活动必须遵守的基本原则和规范。它在财务制度体系中起着主导作用,是制定行业财务制度和企业内部财务管理制度的根据。我国1992年11月颁布了第一部《企业财务通则》,随着我国加入世界贸易组织以及国内经济形势变化的需要,财政部对《企业财务通则》进行了修订并于2007年1月1日正式实施。修订后的《企业财务通则》有利于企业明晰产权,建立和完善治理结构,通过强化企业财务管理中财务战略、资金筹集、资产运营、成本控制、收益分配、重组清算和信息管理的作用来适应现代企业财务制度发展的需要。

2. 旅游、饮食服务企业财务制度

行业企业财务制度是在《企业财务通则》的基础上,根据各个行业的不同特点制定的行业内各企业的一般财务制度。在中国境内的各类旅游饭店,均应遵守《旅游、饮食服务企业财务制度》。2000年财政部颁发了新的《企业会计制度》,取消了原有的行业企业财务制度。

3. 酒店内部财务管理制度

酒店可按照《企业财务通则》和《企业会计制度》的规定,结合酒店自身经营管理的实际情况与具体特点制定内部财务管理办法,以规范酒店内部财务行为,处理酒店内部财务关系。

相关链接

国际饭店业统一会计制度

在谈到现代饭店业会计制度时,特别是涉及外国饭店管理集团管理的饭店会计制度时,人们一定会提到所谓国际通行的《饭店业统一会计制度》(Uniform System of Accounts for the Lodging Industry Hotel)。

到底什么是《饭店业统一会计制度》?这一国际饭店业通行的统一会计制度与我国使用的现行饭店会计制度有何区别?搞清这些,对我们从事与国际业务密切接轨的现代饭店业经营者来说不无益处。

1.《饭店业统一会计制度》的产生

1926年,美国纽约市饭店协会组织了一个会计师小组,这个小组的任务就是设计和推行一套专门适合饭店业的财务管理制度,这套制度就是今天的《饭店业统一会计制度》的前身,当时英文称为 Uniform System of Accounts for the Hotel。

此后该制度由纽约市会计师委员会与全美会计师委员会进行了7次修订。1986年国际酒店业会计师协会在原来7版的基础上,听取了英国酒店业会计师协会的意见,出版了全球酒店业统一使用的第8版《饭店业统一会计制度》。到目前为止,已经出版了第10版。

《饭店业统一会计制度》自出台以来,经历了近八十年实践的检验,如今在世界各地被普遍采用。可以说这一会计制度是国际酒店业同仁们在市场经济条件下运作、摸索、总结出来的成熟的饭店业会计核算制度和财务管理模式。正因为这一会计制度的专业性及成熟与适用,也才可能使其成为当今国际饭店业中通行的会计制度。

2.《饭店业统一会计制度》的原则及特点

《饭店业统一会计制度》所提供的财务资料(财务报表)和经营资料(酒店各部门经营情况报表)以及一整套会计科目都是在遵循一般会计制度的原则下,依循饭店企业经营损益核算过程的特点设计的。这一制度体现了投资者、所有者和经营管理者的不同职责和权益。

特点之一:将饭店运营过程中产生的成本划分为经营性成本费用和资本性成本费用两大类。经营性成本控制的责任在经营者,即饭店的总经理;而资本性成本控制的权力则在业

主机构,即饭店业主公司的董事会。

特点之二:以饭店运营过程中的经营毛利润(Gross Operating Profit,GOP)作为饭店经营效益优劣的衡量标准。饭店业主以经营毛利润作为考核饭店经营者业绩的主要指标。

这一会计制度确立了饭店业现代企业制度的一个标志,即所有权和经营权两者分离的原则。这一原则的确立,实际上对后来专门从事经营运作的饭店管理公司的兴起也起到了推动作用。饭店业统一会计制度中的上述这两个特点也是与我国酒店业现行会计制度的根本性区别。

3.《饭店业统一会计制度》与我国现行饭店会计制度比较

① 专业性强。因为这一制度是专门针对酒店这个行业与它的经营特点设计的,我国的《企业会计制度》适用于特点各异的行业。

② 行业规范性强。这个制度出自行业协会,是作为"行业规范"提出的,并以此作为"自律标准"。它统一了酒店数据的划分和定义,因而也就使各酒店的经营数字相互间具备了可比性,为各酒店了解市场提供了有利条件;同时也促进了酒店行业管理水平的提高。由于制定制度的出发点不同,因此它不同于国家主管机关从宏观管理角度出发制定的带有为政府统计需要的强制性会计制度。随着我国改革开放进程地深入,作为服务性行业的酒店业,将不再依靠国家投资发展,绝大多数酒店对政府主管部门也将不再是上下级的隶属关系,而是纳税关系。因此,《饭店业统一会计制度》也必将是我国酒店业会计制度改革的很好借鉴。

③ 体现了酒店业管理会计的需求。首先,它确定了酒店内部经营目标责任范围,严格地划分了经营管理中收益产生中心和成本产生中心;其次,它明确划分了 GOP 之前的经营运作范围与 GOP 之后资本运作的界限,并建立起了相应的控制和检查体系;第三,在经营运作和资本运作之间,更侧重于经营运作;第四,在运用财务资料和经营资料之间,更侧重于经营资料,着眼于考核内部的经营效益,即把管理会计所要求的预算管理、成本控制与核算、经营差异分析(业绩分析)、信息反馈、经营决策等实际成果,反映和联系在经营资料之中;第五,符合一些饭店实行的经营目标责任制管理理念,从根本上实现了在财务会计基础上实行管理会计及体现现代企业制度管理模式的要求。

也有人担心,在引进《饭店业统一会计制度》时是否会与政府规定的现行企业会计制度发生冲突。原因是《饭店业统一会计制度》的核心是确定企业内部核算系统,建立内部报表资料。需要报送给政府财政部门、税务部门、业主公司、债权人的会计报表仍然按现行制度操作。这样对外报表可以通过对内报表的合并兼容起来,原来的一级会计科目也可以不变。只是明细科目尤其是费用的分类可以转换成对应的分类方法。这种变换是顺理成章的,没有太多困难和障碍。当然,这需要有一个改制、培训和适应的过程。

资料来源:百度文库。

1.2　酒店内部财务管理制度

酒店内部财务管理制度主要是规定酒店内部各项财务活动的运行方式、运行程序、运行要求,确定酒店内部各部门、各岗位之间的财务关系。

酒店在制定内部财务管理制度时要注意把握以下几点要求。

① 明确财务主体的具体范围,明确酒店内部财务管理的级次。即明确酒店内部各经营

部门之间及其与酒店财务部门的关系,明确酒店与联营单位、投资与被投资单位、内部承包单位的财务管理关系。

② 明确酒店内部财务管理各岗位的职责,具体包括财务管理体系的确立、财务机构的设置、财务管理岗位的设立、内部分工、各岗位职责及其相互之间的关系。

③ 明确财务管理的内容和方法,具体包括货币资金、存货、物料用品、固定资产、收入、成本费用、资金使用等管理制度和内部控制程序,以及固定资产折旧方法、存货计价方法、费用提取标准等的选择。

④ 明确财务管理与内部责任单位的相互衔接关系,包括责任单位的划分、责任核算、责任控制、责任考核、责任奖惩等。

⑤ 明确财务预算与财务分析的方法和程序,包括酒店进行财务预算和财务分析的程序、方法、时间,各经营部门在规划和评价中的职责。

一般的酒店内部财务管理制度所包括的内容如表 1-1 所示。

表 1-1 酒店内部财务管理制度的内容

制度类别	具体制度名称
资金管理制度	货币资金管理制度、外币兑换管理制度、费用报销管理制度、付款审批管理制度、收银工作管理制度等
资产管理制度	固定资产管理制度、存货管理制度、应收账款管理制度、物料消耗定额管理制度、低值易耗品管理制度等
采购管理制度	酒店筹备期采购管理制度、物资采购管理制度、酒店网络采购管理制度、供应商管理办法、仓库管理办法、鲜活原料验收管理制度等
会计核算制度	会计核算制度、价格管理制度、收入核算制度、费用核算制度、资金报表管理制度等
票证合同档案管理制度	票证管理制度、经济合同管理制度、会计档案管理制度、财务印鉴管理制度等
预算、分析管理制度	预算管理制度、财务分析制度等
日常管理制度	信用管理制度、担保管理制度、纳税申报制度、经营风险防范控制制度、财务部培训和例会制度等

任务 2 酒店财务部组织结构

2.1 酒店组织结构

酒店作为公司制组织,为维护酒店经营的正常周转、实现企业价值最大化,需要在其内部进行合理的分工与合作,明确不同层次的岗位以及人员的权利与职责,形成酒店内部目标、人员、岗位、职责、信息之间的相互协作、相互监督的关系,这就是酒店的组织结构。

我国酒店组织结构大多是按照客人在酒店内的活动类型设立的。其按为客人提供服务形式的不同,分为直接为客人提供产品或服务的经营部门,如前厅部、客房部、餐饮部、商场部、康乐部等;服务于经营部门的职能保障部门,如工程部、安保部、财务部、行政部、人事部等。其组织结构形式如图 1-1 所示。

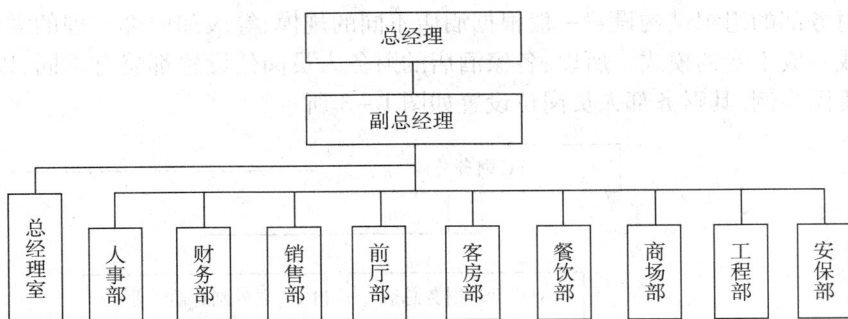

图1-1 酒店组织结构

2.2 酒店财务部组织结构及岗位设置

酒店财务部属于酒店的决策系统,是酒店实行全面经营管理和经济核算的重要职能部门,担负着酒店的日常收支管理、财产物资管理、财务预算管理和为总经理的管理决策提供科学依据、充当参谋的重任。酒店财务部依据我国《会计法》《企业会计准则》《企业会计制度》以及国家相关的法律法规和酒店实际情况,设置会计科目、组织会计核算、实行会计监督并进行财务筹划、组织财务运转和进行财务分析。

酒店财务部会在前厅部和餐饮部及其他营业部门设置收银点,收集并统计每天的营业收入。为确保营业收入的准确性,财务部会设专人进行稽核;同时根据收付款业务需要设置总出纳,对酒店每天的现金收支进行管理,并定期检查各部门的备用金;设置应付会计,对酒店物资采购的账簿进行登记,对账款支付进行管理;设置总账会计,对酒店费用的发生进行记录和分析,对固定资产的购置、使用及报废全过程进行管理;设置薪资会计,对酒店所有员工的工资、津贴、奖金、福利及个人所得税等进行核算与管理;设置信用收款组,对酒店的信用客户进行管理,分析应收账款,及时催收酒店应收账;设置成本组,对酒店的餐饮成本和商品成本消耗进行监督控制,及时编制成本报告,进行成本分析;设置收货组,对酒店购入材料物资进行验收、发出存货进行登记,并保障存货储存条件的适宜;设置采购组,专门负责酒店所有物资材料的采购工作。一般来说,酒店财务部的组织结构如图1-2所示。

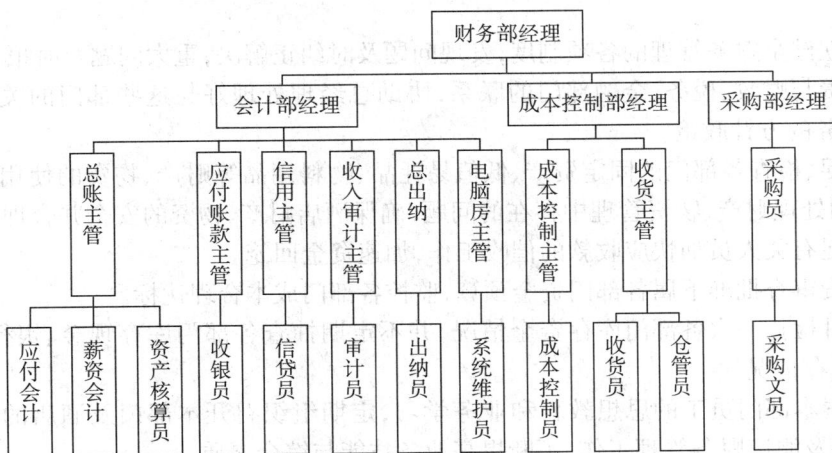

图1-2 酒店财务部组织结构

酒店财务部的组织结构设置一般根据酒店不同的规模、等级和内部管理的需要而制定，没有固定或一成不变的模式。所以，各家酒店的财务人员岗位设置都略有不同，以南京绿地洲际酒店集团为例，其财务部人员岗位设置如图1-3所示。

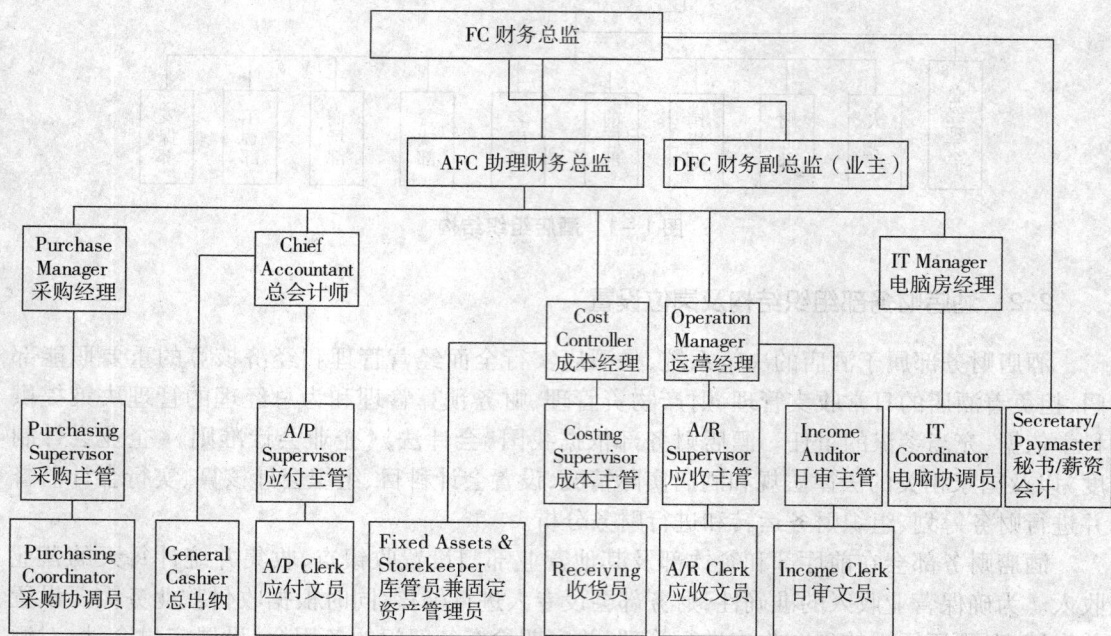

图1-3 南京绿地洲际酒店财务部岗位设置

任务3 酒店财务部主要岗位的岗位职责

3.1 财务总监的岗位职责

① 在总经理的直接领导下，负责公司的财务政策和财务管理制度的实施，合理计划资金分配。

② 建立健全财务管理的各项制度，发现问题及时纠正解决，重大问题及时报告领导。

③ 负责与财政、税务、金融部门的联系，协助总经理处理好与这些部门的关系，及时掌握财政、税务的方针政策。

④ 督促、检查各部门的固定资产、低值易耗品、物料用品等财产、物资的使用保管情况，及时发现和处理财产、物资管理中存在的问题，确保酒店财产、物资的安全并合理使用。

⑤ 督促有关人员加快应收款的催收工作，加速资金回笼。

⑥ 负责审查批准下属各部门资金预算，监控各部门成本合理达标。

⑦ 每月检查一次各部门库存资金情况，并不定期抽查各部门库存现金、银行存款账户与备用金结存情况。

⑧ 负责本部门员工的思想教育和业务学习，定期组织召开本部门及酒店的业务会议，抓好本部门及酒店财务管理工作，不断提高业务技能与综合素质。

⑨ 组织建立财务人员岗位责任制，负责对各部门收银员及财务人员的抽查考核。

3.2　财务部经理的岗位职责

① 在财务总监的领导下,直接负责财务部的日常管理。

② 督导会计部和成本控制部的业务操作。

③ 协助财务总监起草各种管理制度,并监督检查落实各有关制度。

④ 协助财务总监编写年度、半年度、季度、月度财务计划。

⑤ 审核财务日报表、月报表及年度报表。

⑥ 负责酒店的财产管理。

⑦ 监督审查酒店内部的财务收支情况,确保酒店一切营业收入、开支及有关经济活动能按国家的有关法规和制度进行。

⑧ 财务总监不在岗时,代行总监职责。

3.3　总出纳的岗位职责

① 负责酒店的流动现金,以确保酒店日常营业的需要。

② 计算、汇集及验收收银员每天的现金收款总金额。

③ 负责收入现金、支票和将每天营业收入存入银行。

④ 在酒店规定的时间内办理费用报销和离职人员的工资结算工作。

⑤ 编制收款凭证,登记现金、银行存款日记账。

⑥ 负责每日点算库存现金,做好日收入和支出项目账,并结出现金余额。

⑦ 负责编制每日出纳报告。

⑧ 负责做好预收定金及各部门暂支款的辅助台账,并及时催收暂支款。

⑨ 定期检查各部门的备用金,并做好检查报告。

⑩ 负责编制收入分析表、银行存款余额调节表。

⑪ 积极参加培训,遵守酒店的规章制度,完成上级分配的其他工作。

3.4　应付账款主管的岗位职责

① 负责应付账款会计员的业务工作,指导监督应付账款会计员遵守有关财务规定和付款程序,合理安排资金。

② 负责对应付款、未付款项的核算和管理工作。

③ 根据成本控制部转入的入库单、无发票收货记录等编制转账凭证并挂账。月末与成本控制部进行核对,保证一致、准确,并做好与总账的核对工作。

④ 认真填写支票、签发支票。发出支票有登记手续,保证做到准确无误。

⑤ 催收未及时报账的已发支票,期限最长不得超过一个月。

⑥ 负责空白支票的购买、领用、保存,不得空缺,并有登记手续。

⑦ 负责办理汇款手续,做好支票的保管登记,负责为总出纳提供现金支票。

⑧ 与供应商核对应付款项,按照与供应商签订的合同办理有关财务结算手续。

⑨ 根据酒店的收入和银行存款实际情况,控制应付账款支出,保证做到银行不透支。

⑩ 每月根据实际收支情况,填制银行存款余额表,报部门经理。

⑪ 银行存款情况对外保密,负责有关账簿、支票、印鉴的安全保管,不得丢失。

⑫ 随时接待供应商有关应付款项的查询工作。

⑬ 负责指导监督应付账款会计员的业务工作。

3.5 总账主管的岗位职责

① 根据已经审核的记账凭证,登记费用及成本明细账。

② 根据记账凭证将有关业务输入电脑系统,确保正确无误。月末分摊各项费用,并编制转账凭证。

③ 督促有关人员将所有入账凭证在结账前及时完成,不得影响结账工作。指导下属员工的业务工作,协助主管会计师做好工作。

④ 月末按时编制财务报表并做到账表相符,发现问题及时调整。调整账项要依据真实资料,并附说明,经上级批准方可调整。

⑤ 按规定打印报表,按顺序装订成册,按要求发放。

⑥ 积累总结各项指标完成情况的资料,随时回答上级提出的问题,按时完成领导交办的一切工作。

⑦ 负责保管会计档案,装订成册,登记管理,未经上级批准,不得外借。

3.6 资产核算员的岗位职责

① 正确划分固定资产和低值易耗品,编制固定资产目录,对固定资产进行分类编号,加强管理。

② 会同有关部门根据本部门经营状况,认真核定固定资产需用量,并随着经营情况的变化进行调整。

③ 了解分析固定资产的使用和完好状况,为编制固定资产更新和修理计划提供资料。

④ 对购置、调入、内部转移、租赁、封存、调出、报废的固定资产,要督促有关部门或人员办理相关手续,并根据固定资产登记卡定期核对,编制增减情况表,做到账、卡、物相符。

⑤ 按月正确计提固定资产折旧。

⑥ 会同有关部门定期做好固定资产的盘点工作,发现问题查明原因,分清责任,提出改进意见,并按规定办理相应手续。

⑦ 积极参加培训,遵守酒店规章制度,完成上级分配的其他工作。

3.7 成本控制部经理的岗位职责

① 检查每日成本报告,及时为厨房、餐厅提供信息。

② 根据每天的经营情况,检查审核每日各种物品、食品及酒水材料的数量、价格。

③ 编制当月成本报告及与成本相关的各种报告,并报上级管理部门。

④ 每月对库房、厨房、酒吧进行月底盘点,半年对客房及厨房进行在用物品的盘点,向有关领导提供数据及情况并写出报告,计算出实际消耗成本。

⑤ 每月底汇集各种成本方面的数据,编制转账凭证,保证会计报表的正常报出。

⑥ 与采购、餐饮部定期进行市场调查、分析,有效控制原材料进价。

⑦ 做好每年的食品、酒水成本计划,对新的菜单计算成本。

⑧ 做好采购部物品的数量及价格审核,监督、控制采购成本。

⑨ 每次大型宴会要进行宴会预订单及账单收款审核,尤其是物品、食品、酒水的领取,防止浪费。

⑩ 定期组织召开成本费用分析会,考核成本费用的计划执行情况,及时发现问题,提出改进措施。

⑪ 及时掌握仓库物品存量,控制补货量,协助财务经理控制储备资金周转。

⑫ 负责对本部门员工进行管理教育、业务培训、工作评估。

3.8　采购部经理的岗位职责

① 执行财务部经理的工作指令,向其负责并报告工作。全面负责酒店物资原材料的采购和采购部日常运转工作。

② 根据市场行情和物资使用、消耗情况,制定物资采购程序、采购计划和采购方案,并负责实施,建立各项物资采购管理制度。

③ 组织酒店各部门根据实际经营情况,合理确定库存最高、最低数,控制采购费用和库存数量。

④ 及时与成本控制部联系,做好物资原材料的管理工作,及时处理呆滞物资,加速资金周转。

⑤ 加强采购合同的管理,严把合同关,遵守《合同法》的规定,确保各合同项目的顺利进行。

⑥ 负责审核采购申请单、订货单,并将审核意见报上级领导审批。

⑦ 负责对本部门员工进行管理教育、业务培训、工作评估。

3.9　仓管员的岗位职责

① 随时检查库房各种物资的品名、数量,如库房物资存量不够,要填写采购单,写明库存量、月用量、申购量、到货期限,确认无误后交成本控制部经理。

② 物品、食品、酒水入库必须严格检查,要根据申购的数量及规格,检查货物的有效期、数量及质量,符合要求方可入库。

③ 物品、食品、酒水到货入库后要及时入账,准确登记。

④ 发货时要根据规章制度办事,领货手续不全不发货,如有特殊原因需得到有关领导审批后方可出库。

⑤ 经常与使用部保持联系,如有积压,要提醒各部门,以防浪费。

⑥ 积极配合成本控制部做好每月的盘点工作,做到账实相符。

⑦ 下班前要对库房进行安全检查,切断电源,锁好库房,把库房钥匙交给安保部登记后方可离开。

3.10　收入审计主管的岗位职责

① 负责审核各收银点及各有关部门交来的营业收入原始单据、报表等资料,如发现错误应及时纠正处理,以确保酒店每一笔收入都正确无误。

② 负责整理、分类、汇总酒店全部营业收入账单,编制营业日报表、月报表。

③ 负责分析和统计各种营业收入并及时向上级领导和有关部门提供准确的经营信息。

④ 负责保管各部门、各班次的营业报告及其附件、原始单据。

3.11 信用主管的岗位职责

① 开展客户信用调查,草拟酒店信用政策,参与签订与客户的销售合同,并根据合同规定,处理信用工作中出现的问题。

② 负责协调信用欠款的催收及有关账目的调整工作。

③ 审核结算开出的单据、账簿、欠款明细表等,保证其与电脑平衡报告相符。

④ 主动与收款、收入审计主管联系及时处理客户欠款问题。

⑤ 熟悉客户欠款情况,督促信用员及时催收欠款,组织催收疑难欠款。

⑥ 与销售部及其他同行酒店的信用经理保持联系,沟通客户信用信息并及时调整信用政策。

⑦ 准备信用会议资料,并提出下月信用催款工作重点的意见和建议。

⑧ 与信用客户保持良好的沟通,定期整理出完整的账单,出具发票,催收欠款,并适时向客户传达酒店的最近销售信息及动态。

3.12 电脑房主管的岗位职责

① 负责酒店计算机系统及收银设备的日常维修和保养工作,保证计算机主机、各终端机及收银机的正常工作。

② 负责酒店软件系统的维护和后台管理工作。

③ 协助会计部各处室编制和打印各种报表和报告。

④ 培训和辅导计算机及软件操作员。

⑤ 起草、制定有关计算机操作规程,及时清除计算机中的病毒。

同步训练

一、思考题

1. 什么是酒店财务活动?酒店财务活动包括哪些内容?

2. 酒店的财务关系主要有哪些?如何处理好酒店与各方面的财务关系?

3. 酒店财务管理的最佳目标是什么?

4. 酒店财务管理的内容是什么?它们是依靠哪些财务管理方法实现的?

5. 酒店财务管理的特点有哪些?

6. 如何设置酒店财务部组织机构?如何划分财务部内部各岗位?针对各岗位应建立哪些工作职责?

7. 酒店财务管理制度包括哪些内容?

二、单项选择题

1. 从长远来看,酒店的财务管理目标与社会整体利益应该是( )。
   A. 一致的　　　B. 相互冲突的　　　C. 无关的　　　D. 矛盾的

2. 酒店向债权人支付利息属于( )。
   A. 筹资活动　　　B. 投资活动　　　C. 收益分配活动　　　D. 都不是

3. 酒店的资金是处于不断运动状态的,只存在货币资金、储备资金和固定资金三种资

金状态。你认为这时酒店处于哪个阶段?(　　)

  A. 正常经营阶段 B. 筹建阶段 C. 破产清算阶段 D. 都不是

 4. 在下列经济活动中,能够体现酒店与投资者之间财务关系的是(　　)。

  A. 酒店向职工支付工资   B. 酒店向其他企业支付货款

  C. 酒店向国家税务机关缴纳税款 D. 酒店向国有资产投资公司支付股利

 5. 酒店财务部与营销部通过与应收账款客户进行多次沟通,追讨回已欠账款 10 000 元,这体现的是何种财务关系?(　　)

  A. 酒店与债权人的关系   B. 酒店与投资者、被投资者的关系

  C. 酒店与税务机关的关系   D. 酒店与顾客的结算关系

三、多项选择题

 1. 属于酒店财务管理内容的有(　　)。

  A. 投资活动 B. 筹资活动 C. 股利分配活动 D. 财务控制活动

 2. 酒店财务管理有其自身的特点,具体表现在(　　)。

  A. 产品销售的时间性   B. 对客结算的即时性

  C. 投资效益的风险性   D. 更新改造的紧迫性

  E. 经济效益的季节性

 3. 以下哪些属于酒店的内部财务管理制度?(　　)

  A. 付款审批制度 B. 信用管理制度 C. 采购管理制度 D. 会计核算制度

四、案例分析

A集团财务部组织与规范咨询案例

一、咨询背景

A集团是快速发展的连锁型商务酒店集团。在国内大多数一线城市设有门店,并且逐步向二线城市扩展。近三年来,营业额以20%的速度实现增长。

随着门店的快速扩张,集团总部对各门店的管理越来越感到力不从心,尤其是核心的财务系统运行越来越复杂,信息传递越来越慢,感到现有的财务组织已经难以满足发展的需要,于是寻求咨询公司的帮助。

二、问题诊断和原因分析

咨询人员了解连锁酒店的发展历程后,仔细调研了门店内部运营与总部管理流程,并着重审视了集团财务和各门店财务架构设置情况。

通过调研发现:A集团采用扁平式管理架构,设有集团总部、各区总部和门店三个基本层次。财务实行以门店为中心的分权式组织结构。集团总部的财务部以集团财务总监为中心,下设会计部、资金部和管控部。同时,在全国设立5个大区财务部,作为总部财务部的派出机构。总部财务部有20多人,每个大区财务部有2~3人。门店财务部是整个财务组织的核心,每个门店都具备独立公司的全部财务职能。有财务人员10~15人,分为会计小组、供应商发票小组、供应商付款小组和现金库小组,另外还有出纳和经理助理。

A集团采用高度分权的财务组织。各门店财务经理直接由门店总经理任命,向门店总经理负责;同时,在业务上,门店财务经理还要受制于大区财务经理,并且总部财务总监及总部各业务部门经理都可以向门店财务经理下达业务指令。该集团财务组织所存在的问题主要有以下几个方面。

① 效率低下。主要反映在三个方面:一是单店财务人员多,而且,随着门店数目成比例增长;二是各店独立运营,没有规模效益,供应商也需要一家一家店去交发票、对账、催款、非常烦琐;三是反应慢,门店遇到不能处理的事务,需要层层汇报。

② 财务数据难以汇总和进一步利用。不同门店使用不同的会计软件,虽然有统一的汇集准则,但是具体计量上的差别致使相同资产在不同门店有不同的折旧和计价方法,整个集团财务信息的整合利用和综合分析很难进行。

③ 财务分析与管控功能薄弱。首先,由于数据不能整合,难以做到财务分析的明晰化;其次,人员设置没有突出财务分析和管控功能,很难加强分析和管控。

④ 多重指挥。由于门店财务经理处于门店总经理、集团财务总监、大区财务经理及总部财务部门经理的多重领导下,当各级指令冲突时,门店财务经理往往无所适从。

要求:请根据上述资料,分析 A 集团在运营方面的特点,为其提出新的集团财务组织机构解决方案。

模块 2

酒店资金筹集管理

知识目标

- 了解酒店筹资渠道和筹资方式。
- 掌握资金需要量的预测方法。
- 掌握资金时间价值及其计算。
- 掌握资金成本的概念和计算分析。

能力目标

- 能够通过各种筹资方式和筹资渠道的比较,为筹资方案提供信息。
- 能够对各种筹资方案的资金成本进行计算并分析筹资结构。
- 能够进行复利终值和现值、年金终值和现值的计算。

　　酒店筹资管理是酒店根据自身的经营状况、资金使用情况,以及调整资本结构的需要,预测一定期间内酒店的财务变动状况,确定资金需要量及其特征,正确选择资金筹集渠道和筹集方式,通过金融机构和非金融机构或个人,经济、有效地向酒店的投资者及债权人合理筹集资金的财务活动,以使酒店的最优资本结构获得最大企业价值。

项目 1　酒店资金筹集的渠道和方式

　　资金筹集是酒店根据经营需要,通过金融市场,采用合理的融资方式,获得酒店经营所需资金的一种财务活动。经济而有效地筹集适当的资金是酒店生存和发展的基础。对于新建酒店来说,需要筹集一定量的资金用于构建客房、餐厅等建筑设施,需要购买机器设备以及原材料、商品、物料用品等物资维持生产经营;需要支付员工薪酬、缴纳税金等。所以保证酒店的正常经营和管理需要筹集一定量的资金。

任务 1　酒店资金筹集的渠道

　　筹资渠道是指所筹集资金的来源与渠道,目前酒店的筹资渠道主要有以下几种。

　　① 国家财政资金。国家对企业的直接投资是国有企业最主要的资金来源,特别是国有独资企业,其资本全部由国家投资形成。从产权关系上分析,国家投向企业的资金,产权归国家所有,企业负有资金保值、增值的责任。目前国家产业结构大调整,国家财政资金的投

向将由原来的无偿划拨转向有偿贷款。酒店从国家财政资金渠道取得资金越来越少。酒店应了解国家的投资政策,再结合酒店的实际情况申请资金来源。

② 银行信贷资金。银行信贷资金是指通过银行信用形式筹集投资资金,这是各类酒店筹集资金的重要渠道。通过银行信用形式筹集资金,是要还本付息的,因此,酒店应讲求经济效益,充分发挥银行的功能,拓展筹资渠道。

③ 非银行金融机构资金。非银行金融机构资金是酒店从保险公司、信托投资公司、证券公司、租赁公司、酒店集团的财务公司等非银行金融机构筹集的资金。非银行金融机构的资金量比银行信贷资金量小,但非银行金融机构资金供应比较灵活方便,而且可提供其他方面的服务,如信贷资金投放、物资的通融、为企业承销证券等。

④ 其他企业资金。其他企业资金是指酒店法人和社会法人单位以其可以支配的资产或其闲置资金与酒店进行资金融通等形成的资金。例如,企业间的相互投资和商业信用的存在,可以为其他企业提供资金来源。

⑤ 居民个人资金。居民个人资金是指酒店职工和城乡居民手中暂时闲置的资金。这些资金游离于银行金融机构之外,酒店可以通过发行股票或发行债券等方式筹集。

⑥ 外商资金。外商资金是指外国投资者以及我国香港、澳门、台湾地区投资者将其合法可以支配的资产投入酒店的资金。吸收国外资金可以是货币资金投资,也可以是原材料、设备、设施等固定资产投资,商标、专有技术、专利等无形资产投资。随着我国经济的快速发展,与世界经济的融合越来越紧密,世界500强中的大部分企业都来我国投资,酒店行业的企业可以通过合资、合作的方式吸引外商资金。

⑦ 企业自有资金。企业自有资金是指企业内部形成的资金,主要包括计提折旧、资本公积金、提取盈余公积金、未分配利润而形成的资金。这些资金的特征是,它们无须企业通过一定的方式去筹集,而是直接由企业内部自动生成或转移。

任务2 酒店资金筹集的方式

2.1 筹资方式的分类

酒店筹集资金可以通过权益筹资和负债筹资两种方式进行。

1. 权益筹资

权益筹资方式主要包括留存收益、吸收直接投资、发行股票等几种。权益筹资所筹集的资金一般属于酒店的内部积累形成的资金,这些资金无须支付资金使用成本或资金成本较低,从而可以提高酒店的偿债能力,且支付的方式较为灵活,尤其在酒店经营业绩良好的情况下,可用于支配的自有资金较多。

权益筹资的缺点是:权益筹资的资金成本较负债筹资高,而且发行股票筹资容易造成股权分散,使得原股东丧失对酒店的控制权。

相关链接

酒店如何进行筹资管理

酒店投入流动资产及部分固定资产的资金,往往是依靠短期或中期筹资的方法获得,但是酒店用短期筹资的方法得到的固定资产越多,其风险往往就越大,因此酒店一般很少为购买经济寿命超过一年以上的固定资产而利用短期负债进行筹资。短期筹资一般是指偿还期限在一年以下的负债。某些短期筹资,如银行短期贷款,其偿还期限也可能超过一年。经济寿命在一年以上的固定资产,其投入资金大多是由中、长期筹资来担负。所谓中期筹资一般是指偿还期限在 1~5 年的负债,5 年以上的负债视为长期筹资。

1. 商业信用

商业信用是指在商品交易中由于延期付款或预收货款所形成的企业间的借贷关系。商业信用产生于商品交换之中,属于自发性筹资。它运用广泛,在短期负债筹资中占有相当大的比重。商业信用具体表现为以下几种形式。

(1)应付账款

应付账款是企业用于购买货物暂未付款而欠对方的账款,是卖方允许买方在购货后一定时期内支付货款的一种方式。卖方用这种方式促销,而买方利用卖方的资金购入商品,可以满足短期的资金需要。

应付账款与应收账款对应,有付款期、折扣等信用条件。它分为:免费信用(买方在卖方规定时间内付款);有代价信用(买方放弃卖方规定的折扣而获得的信用);展期信用(买方超过卖方规定的时间付款强制获得的信用)。

① 应付账款的机会成本。倘若买方企业购买货物后在卖方规定的折扣期内付款,便可享受免费信用,这时企业没有因为享受信用而付出代价。

例如,某企业以 $1/10, n/30$ 的条件购入 10 万元的货物。如果该企业在 10 天内付款,便可享受 10 天的免费信用期,并获得 $0.1(10 \times 1\%)$ 万元,免费信用额为 9.9 万元。

如果买方企业放弃折扣,在 10 天后(不超过 30 天)付款,那么该企业便要承受因放弃折扣而付出的代价(机会成本)。放弃现金折扣的资金成本的计算公式如下。

放弃现金折扣的资金成本 = 折扣百分比 ÷ (1 - 折扣百分比) × 360 ÷ (信用期 - 折扣期)

可以计算出,该企业放弃折扣所负担的资金成本为:

$1\% \div (1 - 1\%) \times 360 \div (30 - 10) \approx 18.18\%$

企业在放弃折扣的情况下,推迟付款的时间越长,其成本便会越小,如企业将信用期延长至 40 天,则资金成本为:

$1\% \div (1 - 1\%) \times 360 \div (40 - 10) \approx 12.12\%$

② 折扣策略。在附有信用条件的情况下,因为获得不同的信用条件要负担不同的代价,买方企业要在利用哪种信用条件之间做出决策。一般说来:如能在以低于放弃折扣的隐含资金成本(机会成本)的利率借入资金,便应在现金折扣期内用借入的资金支付货款,享受现金折扣;如在折扣期内将应付账款用于短期投资,所得的投资收益高于放弃折扣的隐含资金成本(机会成本),则应放弃折扣而去追求更高的收益;如企业因缺乏资金预展期付款,则需要在降低了的放弃现金折扣的资金成本与展期付款带来的损失之间做出选择。展期付款带来的损失主要是由于信誉恶化而丧失供应商和其他贷款人的信用,或日后招致苛刻的信用条件。

(2)应付票据

应付票据是企业在进行延期付款时开具的反映债权债务关系的票据。应付票据的资金成本低于银行借款成本,但到期必须归还,如若延期便要交付罚金,其风险较大。

（3）预收账款

预收账款是卖方企业在交付货物之前预先收取部分或全部货款的信用方式。此外，企业在非生产商品交易中还会产生自发性筹资的应付费用，如应付工资、应交税费、其他应付款等。

2. 短期贷款

餐饮和酒店业的短期贷款主要来自商业银行和其他类似的金融机构。这类贷款有些有担保，有些则没有担保。许多信誉良好的企业，往往通过商业信用的方法，为其自身的存货和应收账款进行筹资，这类企业只是在现金收入进入低谷时，才向银行申请短期贷款。

3. 定期贷款

酒店获得定期贷款的渠道主要是银行和其他金融机构。酒店筹资定期贷款的目的主要是增加酒店的运营资金以及购置家具、设备等固定资产。定期贷款的本金和利息通常由酒店分期偿还。这类贷款的期限一般短于所购资产的经济寿命。

商业银行是企业获得定期贷款的一个重要渠道，它向企业提供的定期贷款期限通常为1～5年。企业还可向保险公司、信用社等金融机构申请定期贷款。

定期贷款一般由借款方在贷款期限内，分期向债权人或债权机构偿还贷款的本金及利息。定期贷款的利率通常比短期贷款的利率高出一个以上的百分点。定期贷款的利率根据各借款方的不同情况而有所不同。一般来说，与财务情况良好的企业（如集团化管理的大型联营企业）相比，小型独家经营的企业，所要付出的贷款利息往往要高出几个百分点。

4. 分期付款

有些生产或销售家具、餐饮设施的厂商，采取分期付款的方式向酒店提供资金帮助。也有一些厂商先售给某家金融公司，再由金融公司向购买这些产品的酒店提供分期付款的业务。还有不少的厂商在购货方和金融公司之间充当中间人，帮助它们达成一项双方都能接受的分期付款协议。

酒店采用分期付款的方式购买的资产，其经济寿命一般在5～10年。由于第二手家具和设备的价值很低，难以充当抵押品，所以在采用分期付款方式售货时，提供资金的一方所冒的风险很大。在一般情况下，分期付款的还款期要短于资产的经济寿命，首期付款的数额往往是全部货款的20%～50%，而且利息较定期贷款要高出很多，分期付款的利率一般比优惠利率高5～6个百分点。

由上述分期付款的筹资方式给酒店带来的资金，一般都采用动产抵押的形式进行担保，即贷款机构对该动产拥有留置权，一旦酒店不能如约偿还全部贷款及其利息，贷款机构就有权出售这些资产。分期付款在供货方是促销手段，在购货方是筹资手段，因为购货方在支付首期货款之后就已经得到并使用了自己所需要的资产，相当于自己只出部分资金并且在借到钱款之后购买了所需的资产。

2. 负债筹资

负债筹资方式主要包括商业信用、发行债券、借款、融资租赁等几种。负债筹资的利息是在税前支付的，资金成本相对较低。当酒店的投资收益率大于负债筹资利息率时，通过扩大负债筹资的比例，能提高酒店自有资金利润率，同时负债筹资不易分散原股东对酒店的控制权。

负债筹资的缺点是：负债筹资需要定期偿还本金和利息，财务风险较高，而且筹资时限制的条件较多,筹资额有限。

2.2　各种筹资方式的比较及评价

1. 吸收直接投资

吸收直接投资是指企业以协议等形式吸收国家、其他企业、个人和外商等直接投入的资金,而形成企业资本的一种筹资方式。吸收直接投资不以股票为媒介,是非股份制企业筹措自有资本的一种基本方式。

2. 发行股票

发行股票分为发行普通股和发行优先股筹资两种。

① 发行普通股。普通股筹资是股份公司获取其他类型资金的基础。股票作为一种所有者权凭证,代表着一定经济利益的分配权和支配权。公司股东作为出资人按投入公司的资本数量享有所有者的权利,并以其所持股份为限对公司承担责任。

② 发行优先股。优先股是介于普通股和债券之间的资金来源,是一种混合性证券。通过发行优先股可以防止股权分散化、调剂现金余额、改善资金结构、维持企业举债能力。

3. 留存收益

留存收益是企业在经营中创造的收益,用于企业的后续发展,是指企业将留存收益转化为投资的过程,将企业生产经营所实现的净收益留在企业,而不作为股利分配给股东,实际上是原股东对企业的追加投资。

4. 借款

银行借款是指企业根据借款合同,从有关银行或非银行金融机构借入的需要还本付息的款项。

5. 发行债券

债券是债权人为募集债务资金而发行的,承诺定期付息、到期还本的有价证券。发行债券是企业负债筹资的一种重要方式。

债券的发行有时高于面值,有时低于面值,其发行规律如下。

① 当市场利率 = 票面利率时,债券发行价格 = 面值,债券应采用平价发行方式。

② 当市场利率 > 票面利率时,债券发行价格 < 面值,债券应采用折价发行方式。

③ 当市场利率 < 票面利率时,债券发行价格 > 面值,债券应采用溢价发行方式。

6. 融资租赁

融资租赁又称财务租赁,通常是一种长期租赁,可以解决企业对长期资产的需要。在这种租赁方式下,出租人根据承租人对供货人和租赁标的物的选择,由出租人向供货人购买租赁标的物,然后租给承租人使用。如果是承租人对租赁资产不承担租赁资产日常维护的义务,仅仅支付较短期限内的租金,这种租赁方式为经营租赁。

7. 商业信用

商业信用是指商品交易中的延期付款或延期交货所形成的借贷关系。它主要是因为商品交易中货款在时间上的分离而产生的。

2.3 酒店筹资渠道与筹资方式的综合运用

筹资渠道解决的是"哪里有资金"的问题,筹资方式解决的是"如何获取资金"的问题,它们之间存在着一定的关系:一种筹资方式可能获得某一特定渠道或不同渠道的资金,也可能是同一渠道的资金可以用不同的筹资方式获得。这种关系如表2-1所示。

表2-1 筹资方式比较

筹资渠道＼筹资方式	吸收直接投资	发行股票	留存收益	借款	发行债券	融资租赁	商业信用
国家财政资金	√	√					
银行信贷资金				√			
非银行金融机构资金				√	√	√	
其他企业资金	√	√		√	√	√	√
居民个人资金	√	√				√	
外商资金	√	√			√		√
企业自有资金			√				

在表2-1中可见,吸收直接投资的筹资来源于国家财政资金、其他企业资金、居民个人资金、外商资金。

酒店在选择不同的筹资方式时需要考虑资金成本、筹资风险、筹资期限、资金灵活性、筹资方便程度、资金使用限制等因素。各种筹资方式按上述因素进行比较,结果如表2-2所示。

表2-2 各种筹资方式比较

考虑因素	顺 序	各种筹资方式
资金成本	低→高	商业信用、留存收益、银行借款、发行债券、融资租赁、优先股、普通股
筹资风险	小→大	普通股、优先股、商业信用、融资租赁、发行债券、银行借款、留存收益
筹资期限	长→短	留存收益、普通股、优先股、融资租赁、发行债券、银行借款、商业信用
资金灵活性	大→小	留存收益、商业信用、银行借款、融资租赁、发行债券、普通股、优先股
筹资方便程度	易→难	商业信用、留存收益、融资租赁、银行借款、发行债券、优先股、普通股
资金使用限制	小→大	普通股、优先股、发行债券、银行借款、商业信用、融资租赁、留存收益

项目2 酒店资金需要量的预测

任务1 酒店预测资金需要量的基本步骤

前面介绍了酒店筹集的资金从何处来的问题,也比较了不同筹资方式可能给企业带来的风险。作为酒店管理者面对复杂的经营环境还需要合理预测酒店资金需要量。过高估计资金需要量会加重酒店资金负担或造成资金浪费,过低估计资金需要量则将无法满足生产经营的需要,影响正常业务的开展。

1.1　销售量及销售收入预测

一般而言,酒店餐饮、商品、商务中心、康乐等各营业部门的销售量预测是以酒店客房销售为基础的,所以酒店资金需要量的预测是以客房销售预测为起点。

客房销售预测要综合考虑各种外部和内部因素。外部因素有国家宏观经济形势、酒店所处城市及区域经济发展趋势、可能的突发事件、客源结构的变化、旅游消费模式的转变等。内部因素有广告的投放及其产生的效果、促销手段的选择、定价策略等。

酒店确定各营业部门的销售量后,按照酒店内部管理制度,如应收账款管理制度(现销与赊销的考核指标、酒店的信用政策),确定酒店预算期的现金流入量。

1.2　酒店投资额的预测

酒店投资额是指用于酒店建设在准备开业中所用的全部资金。一般包括土地使用费、建筑物的建造费、设备和家具费、低值易耗品费、库存的物料费、开业前开支及建设期利息等所有费用。酒店投资的预测主要取决于酒店计划建造的客房总数和酒店所确定的建造标准。

客房是酒店收入的主要来源,一般在预测建造的客房数时需要结合酒店的预计出租率、计划接待的顾客人数、顾客平均停留天数考虑。

$$酒店建造规模(客房间数) = \frac{酒店预计年接待人天数 \times 平均每人停留天数}{预计客房出租率 \times 全年天数 \times 平均每间客房住宿人数}$$

其中需注意,酒店客房的出租率为100%的情况较少,一般酒店有淡季和旺季之分,或者酒店因某些需要预留空房待售,所以预计客房出租率为75%~85%是比较合理的。

增加投资数额主要考虑两方面因素:旅游人数的增加对酒店规模的扩大产生影响;酒店服务质量的提高对酒店软硬件设施建设产生影响。

例2-1　某业主自主投资建造一家400间客房的酒店,平均每间客房的建造成本为30万元,按照四星级酒店标准打造。请计算该酒店投资规模。

酒店建造规模(投资) = 400 × 300 000 = 1.2(亿元)

1.3　预计成本费用开支数额

酒店成本费用开支依据与酒店销量之间的数量关系,可以分为固定费用和变动费用。合理预计酒店销售量的指标后,可以依据变动费用与销售量之间的函数关系合理确定变动费用的开支,并逐项分析固定费用的影响因素,确定固定费用的开支范围,从而准确预计酒店成本费用开支。

1.4　预计利润和留存收益数额

预计酒店销售收入和成本费用开支的关系,可以预测酒店的利润,利用预算的酒店利润和酒店股利支付政策,确定酒店的留存收益。

1.5 预测筹资金额

酒店依据以上的预测结果,合理预测所筹集的资金数额。

任务2 酒店预测资金需要量的常用方法

2.1 现金收支法

利用现金收支法预测资金需要量,是通过预测酒店现金流入量、现金流出量来预计酒店现金的多余或不足,从而确定酒店是否需要筹集资金以及所筹集资金的数额。

1. 预测酒店的现金流入量

合理预计酒店的营业收入,根据酒店赊销政策预计可能在预算期的现金回收情况,并对变卖固定资产、无形资产等非营业现金收入做出合理估计,由此综合考虑计算出酒店的现金流入量。

2. 预测酒店的现金流出量

预计酒店各部门的成本费用支付金额、酒店的赊销政策,由此综合考虑计算出酒店的现金流出量。

3. 确定计划期现金的盈余情况

将预计的现金流入量和现金流出量进行比较,计算出期末现金盈余或不足。当计算结果为负值时,即表明现金不足,需要向外筹资以弥补现金的不足;当计算结果为正值时,即表明现金充裕,根据存量资金的多少考虑对外投资,以提高现金的使用效率。

2.2 销售百分比法

销售百分比法是根据销售与资产负债表、利润表之间的关系,预测资金需要量的方法。

1. 基本思路

在分析基期资产负债表相关项目与销售额关系的基础上,根据市场调查和销售预测取得的资料,确定资产、负债、所有者权益的有关项目与销售额的百分比。在假定销售额百分比不变的情况下,根据计划期的销售额及企业内部资金供给状况预测未来资金需要量。

2. 基本步骤

① 将资产负债表上的全部项目,按敏感性项目和非敏感性项目进行分类。通常在酒店的资产负债表中,敏感性资产类项目有现金、应收账款、存货等;敏感性负债类项目有应付账款、短期借款、应缴税金等;非敏感性项目是不随销售的变化而变化的,如实收资本。这些项目的性质划分与酒店的经营模式相关,并非一成不变。

② 计算各敏感性项目其基期的金额占基期销售收入的百分比,并分别计算敏感性资产项目和敏感性负债项目所占基期收入的百分比。

$$敏感性资产项目占基期收入的百分比 = \frac{敏感性资产项目}{基期销售收入} \times 100\%$$

$$敏感性负债项目占基期收入的百分比 = \frac{敏感性负债项目}{基期销售收入} \times 100\%$$

③ 假设销售百分比不变,利用计划期的销售增加额确定计划期酒店资金需要量。

④ 根据计划期的销售收入和销售净利润,结合计划期支付股利的比率,确定计划期内留存收益的增加额。

$$股利支付率 = \frac{支付的现金股利}{净利润} \times 100\%$$

公式中,股利支付率是公司按照经营业绩向股东发放的现金股利和股票股利,在销售百分比下,视同发放的是现金股利。

留存收益的增加意味着酒店可以通过内部积累筹集到更多的资金。在酒店资金需要量一定的情况下,留存收益的增加额越大,说明酒店从外部筹集资金的数额就越小。

⑤ 根据销售收入的增加额,确定酒店计划期需要从外部筹集资金的需要量。

例2-2 某酒店2017年的营业收入为200 000元,2018年预计营业收入为240 000元。预计2018年股利发放比例达到70%,两年的销售净利率均为10%。该酒店2017年的资产负债表如表2-3所示。请预测2018年酒店从外部筹集资金的需要量。

表2-3 酒店2017年资产负债表 元

资 产	金 额	负债与所有者权益	金 额
现金	10 000	应付票据	8 000
应收账款	24 000	应付费用	4 000
存货	50 000	应付账款	20 000
预付费用	4 000	短期借款	50 000
固定资产净值	212 000	长期负债	80 000
		实收资本	128 000
		留存收益	10 000
资产总额	300 000	负债与所有者权益总额	300 000

第一步:根据计算敏感性项目百分比,编制2018年资产负债表,计算结果如表2-4所示。

表2-4 酒店2018年资产负债表中敏感性项目百分比计算 元

项 目	销售百分比/%	预计数	项 目	销售百分比/%	预计数
现金	5	12 000	应付票据	4	9 600
应收账款	12	28 800	应付费用	2	4 800
存货	25	60 000	应付账款	10	24 000
预付费用	2	4 800	短期借款	—	50 000
固定资产净值	—	212 000	长期负债	—	80 000
			实收资本	—	128 000
			留存收益	—	10 000
合计	44	317 600	合计	16	306 400

说明:表中"—"为非敏感性项目

其中,现金占基期收入的百分比 $= \dfrac{10\ 000}{200\ 000} \times 100\% = 5\%$

2018 年现金预计数 = 现金占基期收入的百分比 × 2018 年预计营业收入

$= 5\% \times 240\ 000 = 12\ 000(元)$

其他敏感性资产项目和敏感性负债项目依次按照现金项目的方法进行计算。

第二步:假设销售百分比不变,利用 2018 年的销售增加额确定 2018 年酒店资金需要量。

已知 2018 年营业收入比 2017 年营业收入增加 40 000(240 000 − 200 000)元,敏感性资产项目百分比之和与敏感性负债项目百分比之和的差额为 28%(44% − 16%)。这表明每增加 100 的资产需要增加企业 16 元的负债和 28 元的资金需要量。那么通过计算 2018 年比 2017 年增加的营业收入就可以求得酒店尚需筹资的数额。

$(240\ 000 - 200\ 000) \times (44\% - 16\%) = 40\ 000 \times 28\% = 11\ 200(元)$

或者采用另外一种计算方法,从表 2 − 4 中可以得到,317 600 − 306 400 = 11 200(元),即按照会计的基本等式"资产 = 负债 + 所有者权益",要保证资金的运用与资金来源相等,酒店尚需筹资 11 200 元。

第三步:确定酒店 2018 年留存收益增加额。

可知酒店 2018 年预计实现的净利润为 240 000 × 10% = 24 000 元,当年股利支付率为 70%。则计算酒店发放股利后结存的利润是多少就是 2018 年增加的留存收益。

2018 年留存收益增加额 = 240 000 × 10% × (1 − 70%) = 7 200(元)

第四步:确定 2018 年酒店从外部筹集资金的需要量。

酒店需要从外部筹集的资金数额 = 酒店资金需要量 − 计划期留存收益的增加额

$= 11\ 200 - 7\ 200 = 4\ 000(元)$

根据上述资料,编制该酒店 2018 年预计资产负债表,如表 2 − 5 所示。

表 2 − 5　酒店 2018 年预计资产负债表　　　　　　　　　　　　　　　　元

资　产	2017 年	2018 年	负债与所有者权益	2017 年	2018 年
现金	10 000	12 000	应付票据	8 000	9 600
应收账款	24 000	28 800	应付费用	4 000	4 800
存货	50 000	60 000	应付账款	20 000	24 000
预付费用	4 000	4 800	短期借款	50 000	50 000
固定资产净值	212 000	212 000	长期负债	80 000	80 000
			实收资本	128 000	128 000
			留存收益	10 000	17 200
			外部筹集资金		4 000
资产总额	300 000	317 600	负债与所有者权益总额	300 000	317 600

项目 *3*　资金时间价值及其应用

任务 1　资金时间价值的基本概念

货币时间价值又称资金时间价值,是指资金在周转使用中由于时间因素而形成的增值现象。货币具有时间价值,是利息和时间共同作用的结果。

1.1　单利和复利

单利和复利是计算利息的两种不同方法。单利是指计算利息时,按照本金及规定的利率计算利息,每期的利息不再计入本金重复计算利息。复利是指计算利息时,每经过一个计算期,将利息计入本金中一并计算利息的方法,即通常所说的"利滚利"。

1.2　终值和现值

货币时间价值有两种表示方法:终值和现值。终值是指资金的未来价值,即一定量的资金在将来某一时点的价值,又称本利和、将来值。现值是指资金的现在价值,即将来某一时点的一定资金折合成现在的价值。终值与现值在计算上互为逆运算,如图 2-1 所示。

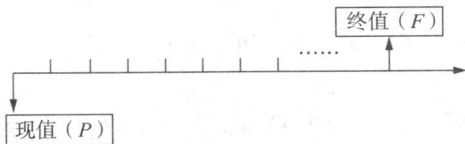

图 2-1　终值与现值

1.3　年金

年金是指在一定时期内每隔相等时间,发生相等数额的收付款项。在经济生活中,年金的现象十分普遍,如酒店等额分期付款、直线法计提折旧、每月相等的薪金、等额收支的现金流量等。

任务 2　单利、复利和年金的计算及其应用

货币按照资金收付在不同时点上的特点,有单利的终值和现值、复利的终值和现值、年金的终值和现值不同的计算方法。

2.1　单利的终值和现值

1. 单利的利息计算

$$利息 = 本金 \times 利率 \times 持有时间$$

用公式表示如下。

$$I = P \times i \times n$$

式中,I 为利息;P 为本金,又称现值;i 为利率,要与持有时间相匹配;n 为持有时间,一般以年为单位,在计算时应与利率相匹配。

例2-3 某酒店存入银行周转资金 10 万元,年利率为 6%。问 2 年后的利息是多少?

$I = P \times i \times n = 100\ 000 \times 6\% \times 2 = 12\ 000(元)$

假定持有了两个月,则利息为:

$I = P \times i \times n = 100\ 000 \times (6\%/12) \times 2 = 1\ 000(元)$

从上述计算可以看出,利率要与持有的时间相匹配,计算结果才正确。

2. 单利的终值计算

单利终值是本金和利息之和。其计算式如下。

$$单利终值 = 本金 + 利息$$

用公式表示如下。

$$F = P + I = P + P \times i \times n = P \times (1 + i \times n)$$

式中,F 为终值,又称本利和。

例2-4 某酒店存入银行周转资金 10 万元,年利率为 6%,按单利计息。问 2 年后的本利和为多少?

$F = P + I = 100\ 000 + 12\ 000 = 112\ 000(元)$

或

$F = P \times (1 + i \times n) = 100\ 000 \times (1 + 6\% \times 2) = 112\ 000(元)$

3. 单利的现值计算

单利的现值是未来某一时点上的价值折合到现在的价值。其计算式如下。

$$单利现值 = 单利终值 - 利息$$

用公式表示如下。

$$P = F - I = \frac{F}{1 + i \times n}$$

例2-5 某酒店计划 2 年后获得 112 000 元,年利率为 6%。问酒店现在应存入银行多少钱?

$P = F - I = 112\ 000 - 12\ 000 = 100\ 000(元)$

或

$P = \dfrac{112\ 000}{1 + 6\% \times 2} = 100\ 000(元)$

例2-6 李先生打算在每年年初存入银行一笔相等的资金,以备第 3 年年末使用。假定存款年利率为 3%,单利计息,李先生第 3 年年末需用的资金总额为 31 800 元。问李先生每年年初存入的资金额为多少?

假定每年年初存入的资金额为 Y 元,则

第 1 年年初存入的资金到期利息 $=Y\times3\%\times3$

第 2 年年初存入的资金到期利息 $=Y\times3\%\times2$

第 3 年年初存入的资金到期利息 $=Y\times3\%\times1$

已知 3 年的本利和为 31 800 元,则

$F=P+I$

解得 $Y=10\,000$(元)

相关链接

中国人民银行关于人民币存贷款计结息问题的通知(节选)

银发〔2005〕129 号

一、中国人民银行对金融机构的存款计、结息规定

(一)金融机构的法定准备金存款和超额准备金存款按日计息,按季结息,计息期间遇到利率调整分段计息,每季度末月的 20 日为结息日。

(二)邮政汇兑资金在人民银行贷方余额执行超额准备金利率,按日计息,按季结息,计息期间遇到利率调整分段计息,每季度末月的 20 日为结息日。

二、金融机构存款的计、结息规定

个人活期存款按季结息,按结息日挂牌活期利率计息,每季末月的 20 日为结息日,未到结息日清户时,按清户日挂牌公告的活期利率计息到清户前一日止。

单位活期存款按日计息,按季结息,计息期间遇到利率调整分段计息,每季度末月的 20 日为结息日。

资料来源:百度文库。

2.2　复利的终值和现值

1. 复利的终值计算

复利终值是本金和利息之和,其中持有期间计息周期获得的利息在下一计息周期还需要计算利息,因此按复利计息方式计算的终值要大于按单利计算的终值。其计算公式如下。

$$F=P\times(1+i)^{n}$$

式中,$(1+i)^{n}$ 称为复利终值系数。

利率为 i、期限为 n 的 1 元复利终值,用符号 $(F/P,i,n)$ 表示。例如,$(F/P,6\%,2)$ 表示利率为 6%,2 年期限的复利终值系数,通过复利终值系数表查得系数为 1.124。

例 2-7　某酒店存入银行周转资金 10 万元,年利率为 6%,按复利计息。问 2 年后的本利和是多少?

$F=P\times(1+i)^{n}=100\,000\times(1+6\%)^{2}=112\,400$(元)

2. 复利的现值计算

复利现值是未来某个时点的资金价值折合到现在的价值。其计算公式如下。

$$P = \frac{F}{(1+i)^n} = F(1+i)^{-n}$$

式中，$(1+i)^{-n}$ 称为复利现值系数。利率为 i、期限为 n 的 1 元复利现值，用符号 $(P/F,i,n)$ 表示。例如，$(P/F,10\%,5)$ 表示利率为 10%，5 年期限的复利现值系数，通过复利现值系数表查得系数为 0.621。

例 2 - 8 某酒店期望 5 年后获得资金 200 000 元，用于改造餐厅，假定年利率为 10%。问酒店现在应投入多少资金？

$$P = \frac{2\,000\,000}{(1+10\%)^5} = 2\,000\,000 \times 0.621 = 124\,200(\text{元})$$

2.3 年金的终值和现值

年金是在一定时期内每隔相等时间、发生相等数额的收付款项。用字母表示为 A（英文单词为 annuity）。在经济生活中，年金的现象十分普遍，如酒店等额分期付款、直线法计提折旧、每月相等的薪金、等额收支的现金流量等。年金的发生按时间的不同分为普通年金和预付年金。

1. 普通年金的终值和现值

普通年金也叫期末年金或后付年金，是指每期期末支出或收入的年金。

（1）普通年金的终值计算

普通年金终值是指其最后一次支付时的本利和，它是每次支付的复利终值的求和。其计算公式如下。

$$F = A \times \frac{(1+i)^n - 1}{i}$$

式中，$\frac{(1+i)^n - 1}{i}$ 称为年金终值系数。利率为 i、期限为 n 的 1 元的年金终值，用符号 $(F/A,i,n)$ 表示，在计算时可通过年金终值系数表查得。上述公式可简化为 $F = A \times (F/A,i,n)$。

例 2 - 9 酒店客房改造项目计划在 5 年建设期内每年年初向银行借款 100 万元，借款年利率为 10%。问项目改造完成时酒店应付本利和是多少？

$$F = 100 \times (F/A,10\%,5) = 100 \times 6.105 = 610.50(\text{万元})$$

偿债基金是指使年金终值达到既定金额应支付的年金数额，它是普通年金的倒数。其计算公式如下。

$$A = F \times \frac{i}{(1+i)^n - 1}$$

式中，$\frac{i}{(1+i)^n - 1}$ 称为偿债基金系数，记为 $(A/F,i,n)$。

例 2 - 10 某酒店有一笔 4 年后到期的借款，金额为 1 000 万元，为此设立偿债基金，年利率为 10%，到期一次还清借款。问每年年末应存入的金额为多少？

$$A = 1\,000 \times \frac{10\%}{(1 + 10\%)^4 - 1}$$
$$= 1\,000 \times 0.215\,47 = 215.47(万元)$$

（2）普通年金的现值计算

普通年金现值是指为在每期期末取得相等金额的款项而现在需要投入的金额。其计算公式如下。

$$P = A \times \frac{1 - (1 + i)^{-n}}{i}$$

式中，$\frac{1 - (1 + i)^{-n}}{i}$ 称为年金现值系数，用符号 $(P/A, i, n)$ 表示，在计算时可通过年金现值系数表查得。上述公式可简化为 $P = A \times (P/A, i, n)$。

例 2-11　某酒店计划在 2018 年年末租入烤箱设备，每年年末需要支付租金 5 000 元，年利率为 10%。问 5 年所支付租金的现值是多少？

$$P = 5\,000 \times \frac{1 - (1 + 10\%)^{-5}}{10\%} = 5\,000 \times 3.791 = 18\,955(元)$$

或

$$P = 5\,000 \times (P/A, 10\%, 5) = 5\,000 \times 3.791 = 18\,955(元)$$

2. 先付年金的终值和现值

先付年金是指在一定时期内，各期期初等额的系列收付款项。先付年金与普通年金的区别仅仅是付款时间的不同，前者在每期期初，后者在每期期末。

（1）先付年金的终值计算

由于 n 期先付年金与 n 期普通年金的付款次数相同，但付款的时间不同，所以，n 期先付年金终值比 n 期普通年金终值要多计算一期利息。其计算公式如下。

$$F = A \times \frac{(1 + i)^{n+1} - 1}{i} - 1$$

例 2-12　某人每年年初支付保险公司 5 000 元保险费，连续支付 5 年，假定保险公司的投资报酬率为 8%。问此人在第 5 年年末可以获得多少款项？

$$F = A[(F/A, i, n+1) - 1]$$
$$= 5\,000 \times [(F/A, 8\%, 5 + 1) - 1]$$
$$= 5\,000 \times (7.336 - 1) = 31\,680(元)$$

（2）先付年金的现值计算

因为 n 期先付年金现值与 n 期普通年金现值的付款次数相同，但是由于付款的时间不同，n 期先付年金现值比 n 期普通年金现值少计算一期利息。其计算公式如下。

$$P = A \times \frac{1 - (1 + i)^{-(n-1)}}{i} + 1$$

与普通年金现值系数相比，期数要减去 1，但是系数要加上 1，可以记为

$$P = A \times [(P/A,i,n-1)+1]$$

例 2 - 13 乙公司拟向甲公司购置一处房产,用于改建成酒店公寓。甲公司提出付款方案为,每年年初支付 30 万元,连续支付 5 次,共 150 万元,假设乙公司的资金成本率为 8%。问乙公司现在购买此处房产应支付多少钱?

$$
\begin{aligned}
P &= A \times [(P/A,i,n-1)+1] \\
&= 30 \times [(P/A,8\%,5-1)+1] \\
&= 30 \times (3.312+1) = 129.24(元)
\end{aligned}
$$

3. 递延年金

递延年金又称延期年金,是指在若干期(m)以后收到或支付在每期期末的年金,它是普通年金的一种特殊形式。

(1) 递延年金的终值计算

假设递延期为 m,一共有 n 期,则计算递延年金终值的方法和计算普通年金终值的方法一致。

$$F = A \times \frac{(1+i)^n - 1}{i}$$

(2) 递延年金的现值计算

递延年金现值的计算方法有两种。

第一种方法是先将(n-m)期的年金按照普通年金求现值的方法折算到递延期末 m 的现值,再按照复利现值的计算方法将其折算到最初这一时间点。其计算公式如下。

$$P = A \times (P/A,i,n-m) \times (P/F,i,m)$$

第二种方法是将总期数 n 年视为一个年金,使其成为一个普通年金,再减去实际并未支付的递延年的 m 年年金。其计算公式如下。

$$P = A \times [(P/A,i,n) - (P/A,i,m)]$$

例 2 - 14 接例 2 - 13。假定甲公司提出第二种付款方案为,从第 5 年开始,每年年末支付 25 万元,连续支付 10 次,共 250 万元,假设乙公司的资金成本率为 8%。问乙公司现在购买此处房产需要多少钱?

$$
\begin{aligned}
按照第一种方法计算的现值 &= 25 \times (P/A,8\%,14-4) \times (P/F,8\%,4) \\
&= 25 \times 6.7101 \times 0.7350 \approx 123.3(万元) \\
按照第一种方法计算的现值 &= 25 \times [(P/A,8\%,14) - (P/A,8\%,4)] \\
&= 25 \times (8.244 - 3.312) = 123.3(万元)
\end{aligned}
$$

4. 永续年金

永续年金是无限期连续收款、付款的年金。例如,英国和加拿大有一种国债就是没有到期日的债券,这种债券的利息可以视同为永续年金。绝大多数企业优先股因为有固定的股利而又无到期日,其定期发放的股利也可以视为永续年金。另外,期限长、利率高的年金现值,可以按照永续年金的计算公式计算其近似值。永续年金没有终值,只计算现值。其现值的计算公式如下。

$$P = \frac{A}{i}$$

例 2-15　某酒店拟设立永久性的高质量服务奖,奖励当年为饭店发展做出特殊贡献的员工,计划每年颁发资金 100 000 元,假定同期银行年利率为 5%。问酒店应在年初一次性存入多少钱?

$$P = \frac{100\ 000}{5\%} = 2\ 000\ 000(元)$$

项目 4　酒店资金成本管理

酒店可以通过权益筹资和负债筹资获得所需资金,进行扩大生产、新建酒店、更新设备。但是酒店在取得这些资金时是要付出代价的,如发行股票,需要向股东支付股息;银行借款,需要定期还本付息;融资租赁,则要支付固定租金和承担设备设施的日常维护保养费,这些都是酒店在使用资金时所付出的代价。酒店要综合考虑做好资金成本的管理,以使企业以最小的成本来使用资金。

任务 1　资金成本的概念和作用

1.1　资金成本的含义

资金成本又称资本成本,是指酒店为了筹措和使用资金所必须支付的各种费用。资金成本包括筹资费用和用资费用。

① 筹资费用是指酒店为了筹措和使用资金所必须支付的费用。例如,酒店短期融资方案中需要向发行机构支付的发行费用、律师费、资信评估费、公证费、广告费、担保费等,如采用借款方式则要向银行等金融机构支付手续费。筹资费用一般是在筹集资金时一次性支付,在使用过程中不再发生,具有种类多、金额小、一次发生、与资金占用时间无关等特点。

② 用资费用是指酒店在使用资金的过程中所支付的费用。例如,酒店短期融资方案中需要向投资者支付的债券利息,向银行借款而支付给银行的利息,发行股票向股东支付的股利等。用资费用一般是在资金使用过程中发生的,具有种类少、金额小、多次发生、与资金占用时间相关的特点(资金使用时间越长,用资费用就越多)。

1.2　资金成本的分类

资金成本有多种形式,按资金成本的用途不同可分为个别资金成本、综合资金成本和边际资金成本。

① 个别资金成本是指单个筹资方式的资金成本,包括债券成本、银行借款成本、普通股成本等。

② 综合资金成本是指分别以各种资金成本占全部成本比重为权数计算的资金成本。

③ 边际资金成本是指每增加一个单位而增加的成本。

酒店在比较各种筹资方式时,使用个别资金成本,如长期借款成本、债券成本、股票成本等;酒店在进行全部资本结构决策时,使用综合资金成本;酒店在追加筹资决策时,使用边际资金成本。

1.3 资金成本在决策中的作用

资金成本在酒店筹资决策中的作用:可以计算并确定酒店筹资来源、酒店筹资规模的大小、酒店筹资方式及确定最优资本结构,进行比较时,资金成本低者为首选方案。

资金成本在酒店投资决策中的作用:可以计算投资项目的净现值,净现值越大,方案可行度越高;利用内含报酬率对投资项目进行评价时,如果投资项目的内含报酬率不低于资金成本时,投资项目才可行。

资金成本在酒店经营业绩评价中的作用:可以作为衡量酒店经营业绩的标准,如投资利率低于资金成本,说明酒店经营不力,需要改善经营。

任务2 个别资金成本的计算

资金成本可以用绝对数表示,也可以用相对数来表示。在财务管理中,一般多用相对数表示,即资金成本为用资费用与筹得的资金净额(筹资总额扣除筹资费用后的差额)之间的比率。其计算公式如下。

$$资金成本 = \frac{用资费用}{筹资数额 \times (1 - 筹资费用率)} \times 100\%$$

或

$$K = \frac{D}{P - f} \times 100\% = \frac{D}{P \times (1 - F)} \times 100\%$$

式中,K 为资金成本,用百分率表示;D 为用资费用;P 为筹资数额;f 为筹资费用;F 为筹资费用率,即筹资费用与筹资数额的比率。

2.1 长期借款成本

酒店长期借款的成本(cost of long-term loan)可用下列公式计算。

$$K = \frac{I \times (1 - T)}{L \times (1 - F)} \times 100\%$$

式中,K 为长期借款成本;I 长期借款年利息;T 为酒店所得税税率;L 为长期借款筹资额,即借款金额;F 为长期借款筹资费用率。

因为长期借款的利息可以在所得税税前支付,所以,酒店实际负担的利息(用资费用)为 $I \times (1 - T)$,其中利息 $I = L \times i$(利率)。由此,长期借款资金成本公式还可以表示如下。

$$K = \frac{i \times (1 - T)}{1 - F} \times 100\%$$

例 2-16 某酒店筹得长期借款150万元,年利率10%,期限3年,每年付息一次,到期一次还本。筹措这笔借款的费用率为 0.5%。酒店所得税税率为 20%。问长期借款的资金成本为多少?

$$K = \frac{150 \times 10\% \times (1-20\%)}{150 \times (1-0.5\%)} \approx 8.04\%$$

2.2 债券成本

债券成本(cost of bond)中的利息也在所得税前列支,但发行债券的筹资费用一般较高,所以在计算时不得忽略。债券的筹资费用即债券发行费用,包括申请发行债券的手续费、债券注册费、印刷费、上市费及推销费用等。其中有些费用按一定的标准(定额或定律)支付,有的并无固定的标准。债券成本的计算公式如下。

$$K_b = \frac{I_b \times (1-T)}{B \times (1-F_b)}$$

式中,K_b 为债券成本;I_b 为债券年利息;B 为债券筹资额,按发行价格和发行数量确定;F_b 为债券筹资费用率。

例 2-17 某公司发行一种面值为 1 000 元、票面年利率 12%、10 年期、每年付息一次、到期还本的债券。若发行价格为 980 元,发行费用占发行价格的 5%,公司所得税税率为 25%。问该债券成本为多少?

$$K_b = \frac{1\,000 \times 12\% \times (1-25\%)}{980 \times (1-5\%)} = 9.67\%$$

本例中的债券是按折价发行,如果采用平价发行方式,则债券成本为:

$$K_b = \frac{1\,000 \times 12\% \times (1-25\%)}{1\,000 \times (1-5\%)} \approx 9.47\%$$

2.3 普通股成本

普通股成本(cost of common stock)是股东所要求的最低投资报酬率。正常情况下,这种最低报酬率应表现为逐渐递增的趋势。如果股利每年以固定比率增长,第一年股利为 D_c,则第二年为 $D_c(1+G)$,第三年为 $D_c(1+G)^2$,…,第 n 年为 $D_c(1+G)^n$。因此,普通股成本的计算公式经推导可简化如下。

$$K_c = \frac{D_c}{P_c \times (1-F_c)} + G$$

式中,K_c 为普通股成本;D_c 为第一年预计股利额;P_c 为普通股筹资额;F_c 为普通股筹资费用率;G 为股利预计年增长率。

例 2-18 某公司发行普通股总价格为 500 万元,筹资费用率为 4%,第一年股利率为 12%,以后每年增长 5%。问普通股成本为多少?

$$K_c = \frac{500 \times 12\%}{500 \times (1-4\%)} + 5\% = 12.5\% + 5\% = 17.5\%$$

2.4 优先股成本

优先股成本(cost of preferred)是优先股股东投资的期望报酬率。发行优先股筹资需要支付发行费用,如注册费、代销费,还要定期支付股利。它与债券的区别为,股利是在税后支付,不减少应上缴的所得税,且没有固定到期日。一般优先股股利是固定的,计算公式如下。

$$K_p = \frac{D_p}{P_p \times (1 - F_p)}$$

式中,K_p 为优先股成本;D_p 为优先股年股利;P_p 为优先股筹资额(应按实际发行价格确定);F_p 为优先股筹资费用率。

✏️ **例 2 - 19** 某旅游企业发行优先股总面额为 100 万元,总价为 125 万元,筹资费用率为 6%,规定年股利率为 14%。问优先股成本为多少?

$$K_p = \frac{100 \times 14\%}{125 \times (1 - 6\%)} \approx 11.91\%$$

由于优先股股利在税后支付,而债券利息在税前支付。当企业破产清算时,优先股持有人的求偿权在债券持有人之后,故其风险大于债券。因此,优先股成本明显高于债券成本。

📋 **相关链接**

经济型酒店如家上市融资策略

传统产业 + 资本力量—传统产业 + 新经济—传统产业 + 可复制的商业模式,这是各经济型酒店在美国市场成功的一条基本的逻辑路线。

随着中国大众旅游的兴起和商务旅游的蓬勃发展,经济型酒店已经成为中国酒店业的投资热点。目前,中国已形成了如家、锦江之星等品牌。由于中国经济型酒店巨大的市场需求,一些著名的国际酒店集团也以特许经营、租赁等方式将其经济型酒店品牌引入中国经济型酒店市场,并在中国迅速"注资""布点"和"圈地",抢占中国经济型酒店市场,如法国雅高集团"宜必思"、假日集团"假日快线"、美国"速8"等,并进行了快速扩张。

2002 年 6 月,首旅集团和携程网共同投资组建了经济型酒店——如家快捷酒店。2003—2005 年,如家进入快速发展期,拥有的酒店数量由 10 家上升为 68 家,净收入由 150 万元增至 2 000 万元人民币。截至 2006 年 6 月底,如家经营及授权管理的酒店数量已达 82 家,筹建数量为 57 家。2006 年上半年,如家已实现总营业收入 2.490 59 亿元,净利润 2 724.9 万元,公司总资产 5.027 8 亿元。

北京时间 2006 年 10 月 26 日 21 时 30 分,如家快捷酒店正式在美国纳斯达克挂牌上市,开盘价 22 美元,高出发行价 59.4%;中小企业融资金额达 1.09 亿美元。这条消息在北京、华盛顿和纽约瞬间引起了中外投资者的关注。这是 2003 年沈南鹏和他的创业团队将携程网带上纳斯达克后,第二次带领企业登陆纳斯达克。

在如家进行 IPO 的过程中,孙坚和吴亦泓一方面快速搭建起一个包括投资银行、国际和中国的法律顾问与财务审计的 IPO 团队,另一方面充分发挥出两个人的单兵作战能力,比之众多中国公司海外上市中常见的庞大团队而言,如家自始至终只有孙坚和吴亦泓两个人作为公司代表来面对投资人。吴亦泓讲道:"IPO 需要一系列精彩的故事,这些故事包括快速增长的中国旅行市场和中国经济,消费者对干净、舒适、便捷和有限服务的需求。更重要的是,如家建立了领先者的地位和品牌优势,它的运营体系和管理系统能够确保如家持续、高速地给消费者提供符合他们需求的产品和服务。"

汉庭酒店成功进行中小企业融资标志着中国的连锁经济型酒店第二轮中小企业融资和扩张高潮的到来。有报道显示,仅 2006 年,如家、锦江之星、7 天和莫泰等中国经济型酒店"四强"新增客房将近 1 万间,扩张速度几近"疯狂"。而支持如此疯狂扩张的是经济型酒店不断进行的中小企业融资。

资料来源:全国中小微企业服务联盟.http://www.ecsme.com.cn/tzrz/rzal/265458.shtml。

2.5　留存收益

留存收益(cost of retained earning)是酒店内部积累形成的资金来源,相当于股东对企业的追加投资。从表面上分析,留存收益好像没有资金成本,但是股东愿意放弃股利而将资金留存企业并再给予投资,是期望获得与普通股相同的报酬,至少是应该与股东自行从事风险相近投资项目所能获得的报酬相等。因此,留存收益也有资金成本,不过是机会成本。

留存收益的确定方法与普通股成本基本相同,只是不考虑筹资费用。其计算公式如下。

$$K_R = \frac{D}{P} + G$$

例 2-20　某公司发行普通股价格为 500 万元,筹资费用率为 4%,第一年股利率为 12%,以后每年增长 5%,该公司的留存收益为 50 万元。问留存收益的成本是多少?

$$K_R = \frac{50 \times 12\%}{50} + 5\% = 17\%$$

任务 3　综合资金成本的计算

酒店可以从多种渠道,采用多种方式来筹集资金,而不同方式和渠道下的筹资成本是不一样的。为了正确进行筹资和投资决策,就必须计算酒店综合资金成本。

综合资金成本(overall cost of capital)是分别以各种资金成本为基础,以各种资金占全部资金的比重为权数,对个别资金成本进行加权平均确定的,故也称加权平均资金成本(Weighted Average Cost of Capital,WACC)。其计算公式如下。

$$K_w = \sum_{j=1}^{n} (K_J \times W_J) \left(\text{其中}, \sum_{j=1}^{n} W_j = 1 \right)$$

式中,K_w 为综合资本成本,即加权平均资金成本;K_j 为第 j 种个别资金成本;W_j 为第 j 种个别资金占全部资金的比重,即权数。

例 2-21　某酒店股份有限公司共有长期资本(账面价值)1 000 万元,其中长期借款 150 万元、债券 200 万元、优先股 100 万元、普通股 300 万元、留存收益 250 万元,其成本分别为 5.64%、6.25%、10.5%、15.7%、15%。计算该酒店的综合资金成本。

第一步:计算各种资金占全部资金的比重。

长期借款:$W_t = \dfrac{150}{1\,000} = 0.15$

债券:$W_b = \dfrac{200}{1\,000} = 0.2$

优先股:$W_p = \dfrac{100}{1\,000} = 0.1$

普通股:$W_c = \dfrac{300}{1\,000} = 0.3$

留存收益:$W_R = \dfrac{250}{1\,000} = 0.25$

第二步:计算加权平均资金成本。

$K_w = 5.64\% \times 0.15 + 6.25\% \times 0.2 + 10.5\% \times 0.1 + 15.7\% \times 0.3 + 15\% \times 0.25$

$\approx 0.85\% + 1.25\% + 1.05\% + 4.71\% + 3.75\% = 11.61\%$

上述计算过程也可以通过列表计算完成,如表2-6所示。

表2-6　加权平均资金成本的计算

资金种类	金额/万元	所占比重 (1)	个别资金成本/% (2)	加权平均资金成本/% (3)=(1)×(2)
长期借款	150	0.15	5.64	0.85
债券	200	0.2	6.25	1.25
优先股	100	0.1	10.5	1.05
普通股	300	0.3	15.7	4.71
留存收益	250	0.25	15	3.75
合计	1 000	1		11.61

值得注意的是,上述综合资金成本计算中的权数是按账面价值确定的。使用账面价值权数易于从资产负债表上取得这种资料,但若债券和股票的市场价值与账面价值出现较大差距时,就会误估加权平均资本成本,不利于筹资决策。

在实际工作中,权数还有两种选择,即市场价值权数和目标价值权数。市场价值权数(market value weights)是指债券、股票等以现行市场价格确定权数,用以计算加权平均资金成本。目标价值权数是指债券、股票等以未来预计的目标市场价值确定权数,用以估计加权平均资金成本。

任务4　酒店筹资结构优化分析

资本结构是酒店筹资决策的核心问题。酒店应综合考虑有关影响因素,运用适当的方法确定最佳资本结构,并在以后追加筹资中继续保持。酒店现有资本结构不合理的,应通过筹资活动进行调整,使其趋于合理,以至达到最优化。

4.1　资本结构的定义

资本结构是指企业各种资本的构成及其比例关系,实质上就是酒店负债和所有者权益之间的比例关系。

酒店的资本结构是由酒店采用各种筹资方式筹资而形成的。各种筹资方式的不同组合决定着酒店的资本结构及其变化。通常情况下,酒店都采用债务筹资和权益筹资的组合,由此形成的资本结构又称"杠杆资本结构",其杠杆比率(债务资本比率)表示资本结构中债务资本和权益资本的比例关系。在资本结构决策中,合理利用债务筹资,安排债务资本的比率,对酒店具有重要的影响。

4.2　影响资本结构的因素

在实际工作中,制约资本结构决策的因素,除了前述资本成本、财务风险以外,还包括酒店社会责任、酒店所有者和管理人员的态度、贷款银行和资信机构的态度、酒店的获利能力、酒店的现金流量状况、酒店发展速度、税收因素、行业差别等重要因素。酒店在资本结构决策中应予以综合考虑。

4.3　最佳资本结构

最佳资本结构是指酒店在一定时期、在最适宜的有关条件下,使其加权平均资金成本最低、酒店价值最大的资本结构。它应作为酒店的目标资本结构,企业应通过降低平均资本成本率或提高普通股每股收益来实现资本结构优化。

4.4　确定最佳资本结构的方法

在资本结构决策中,确定最佳资本结构可以运用比较资本成本法、每股利润分析法和企业价值分析法。

1. 比较资本成本法

比较资本成本法是计算不同资本结构(或筹资方案)的加权平均资金成本,并以此为标准相互比较进行资本结构决策。其决策步骤如下。

第一步:计算各备选方案的个别资本成本和加权平均资金成本。

第二步:比较各备选方案的加权平均资金成本,选择最优资本结构。

例2-22　假定某酒店股份有限公司计划筹资1 000万元,现有三种方案可供选择,如表2-7所示。问应选择哪种方案?

表2-7　某酒店三种筹资方案　　　　　　　　　　　　　　　万元

筹资方式	方案A		方案B		方案C	
	筹资额	个别资金成本/%	筹资额	个别资金成本/%	筹资额	个别资金成本/%
长期借款	150	5.64	200	6.00	250	6.50
债券	200	6.25	300	6.25	200	6.25
优先股	100	10.50	—	—	100	10.50
普通股	300	15.70	300	15.70	300	15.70
留存收益	250	15.00	200	15.00	150	15.00
合计	1 000	—	1 000	—	1 000	—

计算每种筹资方案的加权平均资金成本：

$$K_a = \frac{150}{1\,000} \times 5.64\% + \frac{200}{1\,000} \times 6.25\% + \frac{100}{1\,000} \times 10.5\% + \frac{300}{1\,000} \times 15.7\% + \frac{250}{1\,000} \times 15\%$$
$$\approx 11.61\%$$

$$K_b = \frac{200}{1\,000} \times 6\% + \frac{300}{1\,000} \times 6.25\% + \frac{300}{1\,000} \times 15.7\% + \frac{200}{1\,000} \times 15\% \approx 10.79\%$$

$$K_c = \frac{250}{1\,000} \times 6.5\% + \frac{200}{1\,000} \times 6.25\% + \frac{100}{1\,000} \times 10.5\% + \frac{300}{1\,000} \times 15.7\% + \frac{150}{1\,000} \times 15\%$$
$$\approx 10.89\%$$

比较分析，B方案的资金成本最低，所以三个方案中应该选择B方案。

比较资本成本法的优点是：计算简便，通俗易懂。其缺点是：仅限于各种备选方案的比较，可能遗漏最优方案。

2. 每股利润分析法

每股利润分析法是利用每股利润无差别点来进行资本结构决策的方法。每股利润无差别点是指两种筹资方式下普通股每股利润等同息税前利润点，也称息税前利润平衡点，也可称之为筹资无差别点。根据每股利润无差别点，可以分析判断在什么情况下运用债务筹资安排和调整资本结构。其计算步骤如下。

第一步：列出不同筹资方式下每股收益的计算公式。

$$EPS = \frac{(EBIT - I) \times (1 - T) - D}{N}$$

式中，EBIT 为息税前利润；I 为每年支付的利息；T 为所得税税率；D 为优先股股利；N 为普通股股数。

第二步：设息税前利润为未知数，罗列使每股收益相等的等式。

$$\frac{(EBIT - I_1) \times (1 - T) - D_1}{N_1} = \frac{(EBIT - I_2) \times (1 - T) - D_2}{N_2}$$

式中，EBIT 为每股收益无差别点息税前利润。其他字母所示内容同前。

第三步：计算上式中的息税前利润，即每股收益无差别点。

第四步：做出决策。

一般选择方案的基本要求如下。

① 当实际或预计息税前利润大于每股收益无差别点的息税前利润时，运用负债筹资方式可以获得更高的每股收益。

② 当实际或预计息税前利润小于每股收益无差别点的息税前利润时，运用权益筹资方式可以获得更高的每股收益。

③ 当实际或预计息税前利润等于每股收益无差别点的息税前利润时，运用负债筹资和权益筹资方式可以获得相同的每股收益，两种方式均可以采用。

例2-23 假定某酒店餐厅目前有资金75万元，现因为经营需要，准备再筹资25万元。筹资考虑采用两种方式募集：一种是发行普通股1万股，每股发行价格为25万元，募集资金25万元；另一种是发行债券，预计债券的年利率为8%，期限为3年，募集资金25万元。餐厅增资后预计息税前利润为 10 万元。该餐厅原资本结构和增资后的资本结构如表 2－8 所示。问应选择哪种筹资方式?

表 2－8　某餐厅资本结构变化情况

筹资方式	原资本结构	增加筹资后资本结构	
		增发普通股	增发公司债券
公司债券/元	100 000	100 000	350 000
普通股股本/元	200 000	300 000	200 000
资本公积/元	250 000	400 000	250 000
留存收益/元	200 000	200 000	200 000
筹资总额合计/元	750 000	1 000 000	1 000 000
普通股股数	20 000	30 000	20 000

根据公式:

$$\frac{(EBIT-I_1)\times(1-T)-D_1}{N_1}=\frac{(EBIT-I_2)\times(1-T)-D_2}{N_2}$$

代入数据,可以计算出每股收益无差别点:

$$\frac{(EBIT-100\,000\times8\%)\times(1-25\%)}{30\,000}=\frac{(EBIT-350\,000\times8\%)\times(1-25\%)}{20\,000}$$

$$EBIT=68\,000(元)$$

假设该餐厅预计的息税前利润为 100 000 元,大于每股收益无差别点,所以应该选择发行债券的方式筹资。

每股利润分析法的原理比较容易理解,但是计算过程比较复杂,尤其该方法是假定在股票价格不变、风险一定的情况下的每股收益,这种理解是不全面的。从理论上分析,最优资本结构应该是企业价值最大化,而不是股票价值最大化的资本结构。所以这种方法适用于资本规模不大、资本结构比较简单的公司。

3. 企业价值分析法

企业价值分析法是在充分考虑企业财务风险,以企业市场价值为标准,经过测算确定企业最佳资本结构的方法。采用企业价值分析法进行资本结构决策,更符合企业价值最大化的财务目标,但是其计算过程较为复杂,通常适用于资本规模较大的上市公司。其计算步骤如下。

第一步:确定企业市场价值模型。企业价值等于其债务资本和权益资本的折现价值之和。

第二步:计算债务资本价值和权益资本价值。

第三步:计算不同资本结构下的加权平均资金成本。

第四步:确定决策方案。企业价值最高,且加权平均资金成本最低的资本结构为合理的资本结构。

例2－24　某酒店 2018 年债券和股票的市场价值、个别资金成本情况如表 2－9 所示。请分析该酒店的最佳资本结构。

表2-9　某酒店2018年债券和股票的市场价值、个别资金成本情况　　　　万元

股票市场价值	债券市场价值	公司总价值	个别资金成本		加权平均资金成本/%
			债务资本成本/%	普通股资本成本/%	
2 000	2 800	4 800	9.10	12.20	10.39
2 200	2 200	4 400	8.50	11.20	9.85
2 300	1 800	4 100	8.00	10.50	9.40
2 500	1 500	4 000	6.90	10.00	8.84
2 700	1 400	4 100	6.50	9.80	8.67
3 000	1 300	4 300	6.00	9.20	8.23
3 240	600	3 840	5.60	9.00	8.63
4 800	0	4 800	5.20	8.50	8.50

从表2-9中可以看出,在没有债务资本的时候,某酒店的总价值等于股票的账面价值。当酒店增加债务资本时,财务杠杆开始发生作用,股票市场价值逐步增加,公司总价值上升。当债务达到1 300万元,公司的总价值最高,加权平均资金成本最低,当债务成本超过1 300万元时,虽然公司价值逐步上升,但是此时加权平均资金成本也在逐步增加。所以,该酒店当债务为1 300万元的资本结构为最佳的资本结构。

相关链接

资金成本是一种预测成本

计算资金成本的目的在于,通过成本大小的比较来规划筹资方案,从而为将要实施的投资方案提供资金。因此,规划方案在前,实施方案在后。作为规划筹资方案的一种有效手段,计算在不同筹资方式下的成本,有利于降低其投资成本,提高投资收益。因此,资金成本计算是规划筹资方案的一项基础性工作,其计算结果即为预测数。例如,借款预测不是基于现行银行借款的利率成本,而是基于筹资方案实施时的资金可得数、利率走向及利率期限结构等因素的预测;又如,对于债券筹资,它不以债券现时的贴现成本而定,而是视公司债务未来到期时,收益率与能否偿还本金的风险大小等主要因素的预测结果而定;再如,对于股票筹资成本,它着眼于投资者希望付出多大的成本(股票发行价)以及对于股票未来收益的期望值是否得到满足等因素而定。

作为预测成本,应该有一定的预测基础:一是它可借助于历史数据为参照来完成;二是有些变量可以借助宏观经济分析来预测,如利率走势、利率的期限结构预期等;三是有些变量是可借助于其他媒体来取得,如股票风险系数大小等;四是有些变量相对稳定,如税率等。

资料来源:朱辛华.简论资本成本及其计算[J].广西会计,2001(08)。

同步训练

一、思考题

1. 货币时间价值在酒店财务管理中起到哪些作用?
2. 什么是单利、复利、年金?比较三者的不同。

3. 终值系数与现值系数有何不同?

4. 普通年金与先付年金在计算中应注意哪些问题?

5. 试比较普通年金、先付年金、递延年金、永续年金的不同。

6. 风险和报酬的关系是什么? 如何确定风险报酬额?

7. 风险控制的方法有哪些?

8. 了解你所熟悉的酒店管理者对资金时间价值和风险价值的态度,是否引起足够的重视,建立了哪些管理制度? 还需进行哪些改进? 并请与同学们进行交流。

9. 简述酒店筹资的来源。

10. 试比较权益筹资和负债筹资的不同。

11. 分析资金成本在决策中的作用。

12. 酒店应如何运用杠杆效应? 请举例说明。

13. 如何准确进行酒店资金需要量的预测? 一般采用哪几种方法? 请分别加以说明。

14. 什么是资金结构? 如何确定是最优资金结构?

二、判断题

1. 发行公司债券属于债券资金筹集方式。　　　　　　　　　　　　( )

2. 与经营租赁相比较,融资租赁的设备所有权归出租人。　　　　　　( )

3. 酒店筹集资金的目的是获得利息收入,偿还债务、扩大企业生产经营规模。　( )

4. 商业信用、短期债券都是属于短期资金筹资方式。　　　　　　　( )

5. 当酒店的投资收益率大于债务资本成本时,企业可以开展负债经营,获得财务杠杆收益。　　　　　　　　　　　　　　　　　　　　　　　( )

6. 在财务管理中,可以用来衡量风险大小的指标有风险报酬率、标准离差、方差、期望值、标准离差率。　　　　　　　　　　　　　　　　　　( )

7. 在相同的期间内,如果复利折现率相同,复利次数越多,则复利终值就越大。　( )

8. 风险是无法转移的,但是可以采用措施进行分散。　　　　　　　( )

三、单项选择题

1. 已知 $(F/A,10\%,9) = 13.579$,$(F/A,10\%,11) = 18.531$,10 年期,利率为 10% 的即付年金终值系数值为( )。

　　A. 17.531　　　　B. 15.937　　　　C. 14.579　　　　D. 12.579

2. 某酒店拟于 5 年后一次还清所欠债务 100 000 元,假定银行年利率为 10%,5 年 10% 的年金终值系数为 6.105 1,5 年 10% 的年金现值系数为 3.790 8,则从现在起每年年末应等额存入银行的偿债基金为( )元。

　　A. 16 379.75　　B. 26 379.66　　C. 379 080　　　D. 610 510

3. 假设某酒店计划购入一台设备,付款条件是从第二年起每年年末支付 5 万元,连续支付 10 年,如果资金成本率为 10%,则相当于该公司现在一次性支付( )万元。

　　A. $5[(P/A,10\%,12) - (P/A,10\%,2)]$　　B. $5[(P/A,10\%,13) - (P/A,10\%,3)]$

　　C. $5[(P/A,10\%,10) - (P/A,10\%,2)]$　　D. $5[(P/A,10\%,11) - (P/A,10\%,2)]$

4. 选择资金机构不需要考虑的因素是( )。

　　A. 财务风险　　　　　　　　　　B. 企业的资产结构

　　C. 企业的筹资策略　　　　　　　D. 企业的生产经营政策

5. 在个别资金成本的计算中,不必考虑筹资费用影响因素的是(　　　)。

    A. 长期借款成本　　　B. 留存收益成本　　　C. 债券成本　　　　　D. 优先股成本

6. 一般而言,下列筹资方式中,资金成本最高的是(　　　)。

    A. 发行普通股　　　　B. 发行债券　　　　　C. 发行优先股　　　　D. 长期借款

7. 不属于确定最佳资本结构的方法是(　　　)。

    A. 比较资金成本法　　　　　　　　　　　B. 每股利润分析法

    C. 企业价值分析法　　　　　　　　　　　D. 目标价值分析法

8. S 酒店发行优先股 100 万股,每股面值 100 元,固定年股利率为 12%,发行费用为 4%, 发行价格为每股市价 110 元,则优先股成本为(　　　)。

    A. 12%　　　　　　　B. 12.5%　　　　　　C. 11.36%　　　　　　D. 8%

四、多项选择题

1. 属于外部筹资方式的有(　　　　　)。

    A. 商业信用　　　　　B. 银行借款　　　　　C. 融资租赁　　　　　D. 留存收益

2. 属于商业信用的有(　　　　　)。

    A. 应付账款　　　　　B. 应付票据　　　　　C. 预收货款　　　　　D. 应付费用

3. 属于酒店预测资金需要量的方法有(　　　　　)。

    A. 现金收支法　　　　　　　　　　　　　B. 销售百分比法

    C. 资本成本比较法　　　　　　　　　　　D. 每股利润分析法

五、计算题

1. A 酒店将留存收益 100 万元用于追加投资,预计下一年股利率为 15%,以后每年增长 3%,则酒店使用留存收益的成本是多少?

2. 酒店发行 1 450 万股票面值为 1 元的普通股,每股发行价格为 2.89 元,预计年股利率为 28%,以后每年增长 5%,发行费用是实收金额的 6%,则普通股的成本是多少?

3. A 酒店发行优先股筹资,采用面值发行,发行总额 200 万元,发行费用 10 万元,年股利率 14%,则优先股资金成本为多少?

4. 某股份酒店按面值发行 5 年期的债券 2 000 万元,票面利率为年利率 13%,筹资费用率为 3.5%,假如该酒店所得税税率为 33%,则该债券的资金成本为多少?

5. 某酒店权益和负债筹资额的比例为 5∶4,当负债增加在 100 万元以内时,综合资金成本率为 10%。若资金成本和资本结构不变,当另外发行 100 万元的负债时,筹资总额分界点为多少?

模块 3

酒店投资管理

知识目标

- 熟悉酒店投资的目的和种类。
- 掌握项目投资现金流量的计算方法。
- 掌握投资决策评价指标的决策依据和计算方法。
- 掌握现金流量与利润的区别。

能力目标

- 会计算投资项目各阶段的现金净流量。
- 会计算投资决策评价指标,能根据指标值进行投资决策分析。
- 能结合多种投资决策评价方法进行投资项目综合决策分析。
- 能运用投资决策方法对固定资产投资进行决策分析。

项目 1 酒店投资的现金流量分析

任务 1 酒店投资的目的和种类

投资是酒店为在将来获得经济利益或为降低经营风险而将资金投放于某一特定对象的经济行为。投资活动对于酒店的生存和发展具有重要意义,在激烈的市场竞争中,为保证投资决策的科学有效性,酒店必须充分论证投资项目的可行性,并认真分析酒店所处的内外部环境,以寻求最佳的投资时机和投资项目。

1.1 酒店投资的目的

1. 有效利用闲置资金

酒店若将闲置的资金存放在银行,除可获得较少的利息外,并不能产生额外收益,如果考虑通货膨胀等因素的影响,若闲置资金不能得到有效利用将会产生贬值等损失。因此,酒店有必要在保证正常经营周转资金需要的前提下,尽可能少的持有货币资金,为经营中多余的资金寻找出路,将暂时闲置的资金投放于可随时变现的证券或其他资产,以取得一定的收益。

2. 降低酒店经营风险

酒店把资金投向内部经营管理的关键环节或薄弱环节,可以提升酒店整体服务质量和市场竞争力,在达到有限资源有效配置的同时,促进酒店经营管理各方面的均衡发展,降低经营风险。

3. 控制或影响其他企业

酒店把资金投向外部单位或其他企业,实行股权投资或并购,可以实现酒店产品服务的多元化,拓宽销售渠道,同时通过股权来影响上游或下游企业的经营行为,保证酒店销售和盈利的持续增长。

4. 扩大酒店经营规模

酒店在进行长期经营决策时,可以将资金对外投资,若干年后,用于对外投资的资金本息就能满足酒店扩大经营规模的需要。

虽然投资可以为酒店带来投资收益,但在投资时必须考虑收益和风险,只有在收益和风险达到均衡时,才有可能不断增加酒店价值。同时,为了降低投资风险,在投资决策过程中,酒店应注意不同投资项目、不同投资工具和不同投资期限的组合。

1.2 酒店投资的种类

投资有广义和狭义之分。广义的投资包括酒店内部的资金投放和使用,及对外部进行的资金投放;狭义的投资仅指对外投资,即酒店未来通过分配来增加财富或使资金增值,而将资产让渡给其他单位使用的行为。

1. 按投资期限的长短分为短期投资和长期投资

短期投资又称流动资产投资,指酒店购入的各种能随时变现、持有时间不超过一年或一个营业周期的投资,主要指对货币资金、应收款项、存货、短期有价证券等的投资。长期投资指回收期限超过一年的投资,主要是对长期资产,如固定资产、无形资产和长期有价证券的投资。由于长期投资中固定资产占的比重最大,所以长期投资有时专指固定资产投资。值得注意的是,长期证券如果能够随时变现可以视为短期投资。

2. 按投资的性质分为直接投资和间接投资

直接投资是指由投资人直接介入的投资行为,即将资金直接投放于生产经营性资产,以便获取利润的投资。在非融资性企业中,直接投资所占比重很大。间接投资又称证券投资,是指酒店以其资本购买证券、基金、股票等金融资产,以便获得股利或利息收入的投资。

3. 按投资的方向分为对内投资和对外投资

对内投资是指将资金投放于酒店内部,用来购置各种生产经营用资产的投资,如购买酒店生产经营使用的固定资产、无形资产、其他资产投资,以及垫支流动资金等。对外投资是指将资金投放于酒店外部的投资,酒店以现金、实物、无形资产等方式,或者以购买股票、债券等有价证券方式向其他单位的投资。

此外,按照投资的内容不同还可以分为固定资产投资、无形资产投资、存货投资、有价证券投资和其他资产投资等多种形式。

任务2 项目投资分析

2.1 项目投资的特点

项目投资是一种以特定项目为对象,直接与新建项目或更新改造项目有关的长期投资行为。项目投资通常包括固定资产投资、无形资产投资和流动资产投资等,但对于酒店来说,固定资产投资比重较大。项目投资具有以下特点。

1. 投资金额大

酒店进行项目投资时,一般都需要投入大量的资金,其投资资金的来源往往是酒店或投资者多年的资金积累。项目投资所形成的资产在酒店总资产中占有相当大的比重。因此,项目投资对酒店未来的现金流量和财务状况都会产生较大的影响。

2. 回收周期长

项目投资的受益期限较长,可以达到几年甚至几十年才能收回投资。因此,项目投资对酒店未来的生产经营活动和长期经济效益将产生重大推动作用,投资决策的成败对酒店未来的生存与发展将产生决定性影响。

3. 变现能力差

项目投资的实物形态主要是房屋和设备等固定资产,是酒店从事生产经营活动所必需的劳动手段,并且这些资产不易改变其最初用途。因此,项目投资一旦完成,要改变其用途或变卖是十分困难的,酒店要注意投资的有效性,避免盲目投资带来的损失。

4. 发生频率低

与流动资产投资和金融投资相比,项目投资并不经常发生,特别是作为决定酒店发展方向的大规模的战略性投资,这些项目的经济寿命往往比较长,投资发生的频率较低。

5. 投资风险大

影响项目投资未来收益的因素很多,加上投资金额大、回收周期长和变现能力差,项目投资的风险必定会大于其他类型的投资,一旦市场环境发生不利变化或生产经营面临困难时,不仅不能为酒店带来收益,甚至原始投资额都有可能无法收回。

2.2 项目投资额的确定

1. 原始投资

原始投资又称初始投资,是反映项目所需现实资金水平的价值指标。从项目投资的角度看,原始投资是酒店为使项目完全达到设计生产经营服务能力、开展正常经营活动而投入的全部资金,包括建设投资和流动资金投资。

① 建设投资。建设投资是指在建设期内按一定生产经营规模和建设内容进行的投资,包括固定资产投资、无形资产投资和其他资产投资。

固定资产投资是项目用于购置或安装固定资产发生的投资,也是任何类型项目投资中不可缺少的投资内容。计算折旧的固定资产原值与固定资产投资之间可能存在差异,原因在于固定资产原值可能包括建设期内应予以资本化的借款利息。

无形资产投资是指项目投资中用于取得无形资产而发生的投资。

其他资产投资是指项目建设中除固定资产投资和无形资产投资以外的投资,如生产准备和开办费投资。

② 流动资金投资。流动资金投资是指项目投产前后分数次或一次投放于流动资产项目的投资增加额,又称垫支流动资金或垫支营运资金。

2. 项目投资总额

项目投资总额是一个反映项目投资总体规模的价值指标,它等于原始投资与建设期资本化利息之和。其中,建设期资本化利息是指在建设期发生的与购建固定资产、无形资产等长期资产有关的借款利息。

2.3 项目投资的程序

项目投资的风险大、周期长、环节多,因此项目投资是一项复杂的决策过程,其一般经过以下程序。

1. 项目投资的提出

项目投资是根据酒店的长远发展战略、中长期投资计划和投资环境的变化,在把握好投资机会的情况下提出的。它可以由投资方或酒店高层管理人员提出,也可以由酒店的各级管理部门和相关部门领导提出。

2. 项目投资的评价

项目投资的评价主要包括以下工作。

① 对提出的投资项目进行适当分类,为分析评价做好准备。

② 计算有关项目的建设周期,测算项目投产后的收入、成本和经济效益,预测有关项目的现金流量。

③ 运用各种投资评价指标,把各投资项目按可行程度进行排序。

④ 写出详细的评价报告提交酒店管理层。

3. 项目投资的决策

投资项目经过评价之后,应按分权管理的决策权限由酒店高层管理人员或相关部门领导进行最后决策。投资额较大的项目投资一般由酒店管理方或酒店高层管理人员进行决策,必要时报经董事会或股东大会批准;金额较小的战术性或维持性项目投资一般可由部门领导做出决策。不论由谁进行最后决策,其结论一般都是以下三种情况。

① 接受该项目,可以进行投资。

② 拒绝该项目,不能进行投资。

③ 退还项目提出部门,经重新论证后再处理。

4. 项目投资的执行

在确定投资项目后,要积极筹集资金,执行项目投资。在执行过程中,要对项目进度、项目质量、项目成本和项目预算进行监督、控制和审核,确保投资项目按时保质保量地完成。

5. 项目投资的再评价

在项目投资的执行过程中,还应注意评价原来做出的投资决策是否科学合理,一旦出现新情况,要及时根据变化的情况做出新的评价。如果情况发生重大变化,原来投资决策已变得不合理,就要及时进行是否终止投资或怎样终止投资的决策,以将损失控制到最低程度。

任务3 现金流量的计算分析

所谓现金流量(Cash Flow,CF),是指在投资决策中一个项目引起的酒店现金支出和现金收入增加的数量。这时的"现金"是广义的现金,它不仅包括各种货币资金,而且还包括项目需要投入的酒店现有的非货币资源的变现价值(或重置成本)。例如,一个项目需要使用原有的房屋、设备和材料等,则相关的现金流量是指它们的变现价值,而不是其账面价值。

3.1 现金流量的构成

现金流量是一个"增量"概念,包括现金流出量、现金流入量和净现金流量三个部分。

1. 现金流出量

一个项目投资中的现金流出量(Cash Outflow,CO)是指由该项目投资引起的酒店现金支出的增加额。现金流出量主要包括以下四个方面。

(1)固定资产投资

固定资产投资由工程直接费用、工程间接费用、预备费用和建设期借款利息构成。

① 工程直接费用。工程直接费用是指用于各种工程项目的直接费用支出,如土建工程费、设备购置费、运输费和安装调试费等。

② 工程间接费用。工程间接费用是指在固定资产项目投资建设期内,除了工程直接费用以外发生的其他各项费用,一般包括勘测设计费、研究试验费、临时设施费、工程监理费、工程保险费、办公费及施工机构迁移费等。

③ 预备费用。预备费用包括基本预备费用和涨价预备费用。基本预备费用是指为弥补项目规划设计中难以预料而在项目实施过程中可能增加工程量的费用;涨价预备费用是指在建设期内由于物价上涨而增加的项目投资费用。

④ 建设期借款利息。建设期内的借款利息按现行会计制度的规定也应计入固定资产价值,因而也属于固定资产投资的构成内容。

(2)无形资产投资

无形资产投资主要包括土地使用权、专利权、商标权、专有技术、商誉、特许权等方面的投资。

(3)递延资产投资

递延资产投资主要包括开办费和其他递延资产投资。开办费包括项目筹建期间发生的咨询调查费、人员培训费、筹建人员工资、汇兑损益和利息支出等;其他递延资产投资包括经营租入固定资产的改良支出投资等。

(4)流动资产投资

流动资产投资是指项目投入生产经营后为保证其生产经营活动得以正常进行所必需的周转资金。

2. 现金流入量

一个项目投资的现金流入量(Cash Inflow,CI)是指由该项目投资引起的酒店现金收入的增加额。现金流入量主要包括以下四个方面。

（1）营业现金流入

营业现金流入是指项目投入生产经营后所取得的营业收入与付现成本（营业成本减去折旧及无形资产和递延资产摊销后的余额）的差额。

（2）固定资产净残值收入

固定资产净残值收入是指固定资产清理所获得的收入扣除清理成本（拆卸费、搬运费等）后的差额。

（3）回收流动资金

项目出售或报废时，该项目配套的流动资产投资可以收回用于其他用途。

（4）其他现金流入量

其他现金流入量是指以上三项收入以外的现金流入量项目。

3. 净现金流量

净现金流量（Net Cash Flow，NCF）是指项目周期内现金流入量与现金流出量的差额。当现金流入量大于现金流出量时，净现金流量为正值；反之净现金流量为负值。一般地，在酒店投资项目建设期内，净现金流量为负值；在经营期内，净现金流量多为正值。

3.2　现金流量的计算

根据现金流入量、现金流出量和净现金流量的构成内容，可以得到现金流量的计算公式。

1. 现金流入量

$$现金流入量 = \sum 各年营业现金流入 + 固定资产净残值 + 回收流动资金$$

$$= \sum (各年营业收入 - 各年付现成本) + 固定资产净残值 + 回收流动资金$$

$$= \sum [各年营业收入 - (各年营业成本 + 各年营业税金 + 各年营业费用 + 各年管理费用 + 各年财务费用 + 所得税 - 各年折旧、摊销)] + 固定资产净残值 + 回收流动资金$$

$$= \sum [各年营业收入 - (各年营业成本 + 各年营业税金 + 各年营业费用 + 各年管理费用 + 各年财务费用) - 所得税 + 各年折旧、摊销] + 固定资产净残值 + 回收流动资金$$

$$= \sum \{[各年营业收入 - (各年营业成本 + 各年营业税金 + 各年营业费用 + 各年管理费用 + 各年财务费用)] \times (1 - 所得税税率) + 各年折旧、摊销\} + 固定资产净残值 + 回收流动资金$$

$$= \sum [各年营业利润 \times (1 - 所得税税率) + 各年折旧、摊销] + 固定资产净残值 + 回收流动资金$$

$$= \sum (各年净利润 + 各年折旧、摊销) + 固定资产净残值 + 回收流动资金$$

2. 现金流出量

现金流出量＝固定资产投资＋无形资产投资＋递延资产投资＋流动资产投资

3. 净现金流量

净现金流量＝现金流入量－现金流出量

$$= \sum (各年净利润＋各年折旧、摊销)＋固定资产净残值＋回收流动资金$$
$$－固定资产投资－无形资产投资－递延资产投资－流动资产投资$$

例 3−1　某酒店拟投资一项目,现有甲、乙两个方案可供选择,甲方案需要投资180 000 元,使用寿命 5 年,采用直线法计提折旧,5 年后该项目无残值收入,5 年中每年营业收入为 80 000 元,每年付现成本为 20 000 元;乙方案需要投资 280 000 元,使用寿命和计提折旧方法同甲方案,5 年后残值收入 10 000 元,5 年中每年营业收入为 120 000 元,付现成本第一年为 30 000 元,以后随设备损耗逐年增加修理费 1 000 元,另需一次性垫支营运资金10 000 元。假设所得税税率为 25%。计算甲、乙两个方案的现金流量。

要计算两个方案的现金流量,首先应计算两个方案的年折旧额:

$$甲方案年折旧额 = \frac{180\,000}{5} = 36\,000(元)$$

$$乙方案年折旧额 = \frac{280\,000 - 10\,000}{5} = 54\,000(元)$$

甲、乙两个方案的营业现金流量及全部现金流量分别如表 3−1 和表 3−2 所示。

表 3−1　甲、乙两个方案营业现金流量计算　　　　　　　　　　　元

项目 \ 年度		1	2	3	4	5
甲方案	营业收入①	80 000	80 000	80 000	80 000	80 000
	付现成本②	20 000	20 000	20 000	20 000	20 000
	折旧③	36 000	36 000	36 000	36 000	36 000
	税前利润④＝①－②－③	24 000	24 000	24 000	24 000	24 000
	所得税⑤＝④×25%	6 000	6 000	6 000	6 000	6 000
	净利润⑥＝④－⑤	18 000	18 000	18 000	18 000	18 000
	营业现金净流量⑦＝③＋⑥	54 000	54 000	54 000	54 000	54 000
乙方案	营业收入①	120 000	120 000	120 000	120 000	120 000
	付现成本②	30 000	31 000	32 000	33 000	34 000
	折旧③	54 000	54 000	54 000	54 000	54 000
	税前利润④＝①－②－③	36 000	35 000	34 000	33 000	32 000
	所得税⑤＝④×25%	9 000	8 750	8 500	8 250	8 000
	净利润⑥＝④－⑤	27 000	26 250	25 500	24 750	24 000
	营业现金净流量⑦＝③＋⑥	81 000	80 250	79 500	78 750	78 000

表3-2　甲、乙两个方案现金流量计算　　　　　　　　　元

项 目 \ 年 度		0	1	2	3	4	5
甲方案	固定资产投资	-180 000					
	营业现金净流量		54 000	54 000	54 000	54 000	54 000
	现金流量合计	-180 000	54 000	54 000	54 000	54 000	54 000
乙方案	固定资产投资	-280 000					
	垫支营运资金	-10 000					
	营业现金净流量		81 000	80 250	79 500	78 750	78 000
	固定资产净残值						10 000
	回收流动资金						10 000
	现金流量合计	-290 000	81 000	80 250	79 500	78 750	98 000

相关链接

如何预防和避免投资陷阱

目前,国内投资市场呈现欣欣向荣的景象,但同时,相关法律法规还较为滞后,因此很多浑水摸鱼的骗子也混迹于这个行业。无论是投资人,还是创业者,如果在选择的时候不小心就会落入骗子的圈套。

下面就投资项目市场几种常见的骗术予以揭秘,请广大投资者和创业者引以为戒,不要重蹈覆辙。

1. 跨国投资集团式诈骗

目前,中国法律对类似的商业诈骗没有很好的制裁手段,造成了此类犯罪行为在投资领域和贸易领域都很猖狂,他们往往冠以 XX 国际集团的名义,也有的以风险投资公司和基金的面目出现。首先他们会多方寻找急于获得投资的项目持有人和专利持有人,然后对项目给予高度评价,并做出高额的投资承诺,在项目方以为梦想成真的时候,他们立刻会以项目评估、可行性分析、财务顾问、律师公证等诸多借口向项目方索要费用。一旦项目方支付了上述费用,他们往往用几份完全没有价值的文件搪塞项目方,同时投资的事就会一拖再推没有了下文。

往往每个项目方将项目公布之后都会遇到很多类似投资公司的骚扰,当然也会有真正对项目感兴趣的投资人,这时分辨真假就很重要了。其实,项目方只要摆正心态,细心观察,很容易发现所谓"投资公司"的破绽。

看网站:无论正规或是骗子公司一般都会有自己的网站,骗子公司往往打着国际集团的名头,所以可以观察他们的英文版网站,如果英文网站比中文内容更少或制作粗糙,那么此公司是诈骗公司无疑。因为如果是国外公司制作的网站,风格跟国内公司网站有较大区别,同时设计精良。

看热情:真正的投资人不会在一开始就对你很热情,就算他真的对你的项目感兴趣,他也不会在一开始就对你的项目给出很高的评价,而是尽量挑你的毛病。而骗子公司有很大的区别,他们往往很主动,经常主动联络你,同时对项目中明显的缺点视而不见。

看收费:投资中介公司收取中介费很正常,同时大多也是在项目成功融资才收取,但是作为投资主体的投资人不可能向项目人收取任何费用。

看成功案例:大型投资集团往往投资过很多企业和项目,这些都是有据可查的,在自身的网站和新闻报道中都可以查证这些信息,如果没有这方面记录的投资公司基本上可以肯定是骗子公司。

2. 1万元加盟,年利100万元

现在很多招商网刊登大量的项目招商信息,这些信息无一例外都宣称有着很优厚的回报,不排除这其中有些可以赚钱的项目,但是绝大多数实际上就是利用了国内就业困难,很多人急于创业的心态进行诈骗的陷阱。因为他们都有合法手续,各种证件齐全,同时也签订合同,给投资者造成了损失他们可以以经营不善为借口推卸责任,法律基本上没有办法制裁他们。所以同一批骗子不断制造出不同行业的暴富神话,一个项目骗得差不多马上换另外一个新的项目,总之就是越来越诱人,越来越专业。

对于这类的诈骗分辨相对困难一些,因为他们针对的往往是一些基于创业致富的小投资人,这些人往往没有很深的行业经验和投资经验,所以很容易被巧妙包装的投资项目蒙骗。提醒创业者,如果加盟,一定要选择有品牌有信誉的企业加盟,不要相信一夜暴富的神话,做小本生意,所有财富都是凭借辛苦的劳动换来的。

提示:

不要相信所谓提供材料,产品100%回收的加工项目。因为将材料发给加盟者再回收制成品,这样的运作成本远远高于自己办厂的成本,而且没法保证质量,真正的经营者怎么会干这种傻事?投资回报率明显高于行业平均值的项目肯定存在欺诈性。对加盟者投入和收入估计不准确的项目,如一个餐饮项目,计算租金和店面成本按照偏僻地段的费用计算,算收入却是按照繁华地段的人流量计算,这样加盟哪有不亏损的道理?高科技产品民间造,简单设备和土办法就能生产出性能更优秀、价格更低廉的高科技产品,这样的好事可不多,如果谁有这个能耐,那诺贝尔奖他早就拿了,也不会在这里向你传授了。

资料来源:中国风险投资网。

项目2 酒店投资决策评价指标的运用

酒店投资项目评价指标可分为两大类:一类是静态评价指标(非贴现指标),即没有考虑货币时间价值因素的指标,主要包括投资回收期、平均报酬率等;另一类是动态评价指标(贴现指标),即考虑了货币时间价值因素的指标,主要包括净现值、现值指数、内含报酬率等。

任务1 静态评价指标的计算与分析

1.1 投资回收期

投资回收期(Payback Period,PP)是指以项目历年所获净现金流量回收该项目最初总投资所需时间。这一评价指标以建设期投资回收的快慢作为分析投资效益的依据,通常以年为单位,回收年限越短,就越为优选方案。

如果每年的净现金流量相等,则投资回收期可按下式计算。

$$投资回收期(PP) = \frac{原始投资额}{每年净现金流量}$$

如果每年的营业现金净流量不相等,则投资回收期要根据累计净现金流量首次为正值的年份加以确定,计算公式如下。

$$投资回收期(PP) = (T-1) + \frac{第(T-1)年的累计净现金流量的绝对值}{第T年的净现金流量}$$

式中,T为项目各年累计净现金流量首次为正值的年份。

例3-2　某酒店有关固定资产的投资资料如表3-3所示。请分别计算甲、乙两个方案的投资回收期。

表3-3　投资项目现金流量计算　　　　　　　　　　　元

项　目		年　度					
		0	1	2	3	4	5
甲方案	固定资产投资	-16 000					
	营业现金流量		4 300	4 300	4 300	4 300	4 300
	现金流量合计	-16 000	4 300	4 300	4 300	4 300	4 300
乙方案	固定资产投资	-14 000					
	营运资金垫支	-2 000					
	营业现金流量		3 800	3 900	3 600	3 400	3 500
	固定资产残值						1 800
	营运资金回收						2 000
	现金流量合计	-16 000	3 800	3 900	3 600	3 400	7 300

甲方案每年营业现金净流量相等,所以有:

$$甲方案投资回收期 = \frac{16\ 000}{4\ 300} \approx 3.72(年)$$

乙方案每年营业现金净流量不相等,所以应先计算其各年尚未回收的投资额,如表3-4所示。

表3-4　乙方案现金净流量计算　　　　　　　　　　　元

年　度	每年现金净流量	累计现金流入量	累计净现金流量
0	-16 000	0	-16 000
1	3 800	3 800	-12 200
2	3 900	7 700	-8 300
3	3 600	11 300	-4 700
4	3 400	14 700	-1 300
5	7 300	22 000	6 000

$$乙方案投资回收期 = 4 + \frac{16\,000 - 14\,700}{7\,300} \approx 4.18(年)$$

从以上计算可知,甲方案的投资回收期短于乙方案的投资回收期,在不考虑其他因素影响的情况下,应选择回收期较短的甲方案。

投资回收期指标能够直观地反映原始总投资的回本期限,便于理解,计算简单,可从一定程度上反映项目投资方案的变现能力及风险大小;但该指标没有考虑投资回收后的现金流量,只能反映投资回收的速度,不能反映该项目投资在整个寿命期内的盈利能力;同时也没有考虑资金的时间价值。因此,该指标主要作为辅助的评价指标使用。

1.2　平均报酬率

平均报酬率(Average Rate of Return,ARR)又称投资报酬率、投资利润率,是投资项目寿命周期内的年均净利润占投资总额的百分比。其计算公式如下。

$$平均报酬率(ARR) = \frac{年均现金流入量}{原始投资总额} \times 100\%$$

利用平均报酬率指标进行互斥选择投资决策时,应优先选择平均报酬率高的方案。在进行采纳与否投资决策时,应设基准平均报酬率 R_c,若 $ARR \geqslant R_c$,项目可以接受;若 $ARR \leqslant R_c$,则拒绝。

例3-3　仍采用例3-2的数据资料。请分别计算甲、乙两个方案的平均报酬率。

$$甲方案平均报酬率 = \frac{4\,300}{16\,000} \times 100\% \approx 26.88\%$$

$$乙方案平均报酬率 = \frac{(3\,800 + 3\,900 + 3\,600 + 3\,400 + 7\,300) \div 5}{16\,000} \times 100\% = 27.5\%$$

上述结果表明,若两个方案为互斥方案,应选择平均报酬率较高的乙方案。

平均报酬率指标计算简便,能在一定程度上反映投资所产生的盈利水平,比投资回收期指标更客观、全面;但该指标依然没有考虑资金时间价值因素,忽略了不同时间收益的差异,没有考虑投资的回收情况。因此,该指标在实际投资决策中往往配合其他指标综合运用。

任务2　动态评价指标的计算与分析

动态评价指标分析又称现金流量法,它是把现金流入量、现金流出量和时间这三个基本因素相互联系起来考虑的评价方法。采用这种方法,要把不同时点上的现金流量贴现为同一时点的现金流量进行比较。这里说的现金流量是项目整个寿命周期内的现金流量,而不是某一年或某一时期的现金流量。

2.1　净现值

净现值(Net Present Value,NPV)是指特定方案未来现金流入量的现值与未来现金流出量的现值之间的差额。它表明特定方案在整个寿命周期内考虑到货币时间价值后,以现值表现的净收益。所用的贴现率可以是项目的资金成本,也可以是投资者所要求的最低投资报酬率。

净现值的计算公式如下。

$$NPV = \sum_{K=0}^{n} \frac{I_K}{(1+i)^K} - \sum_{K=0}^{n} \frac{O_K}{(1+i)^K} = \sum_{K=0}^{n} \frac{NCF_K}{(1+i)^K}$$

式中,NPV 为净现值;NCF_K 为第 K 年的净现金流量;n 为项目投资年限;I_K 为第 K 年的现金流入量;O_K 为第 K 年的现金流出量;i 为行业基准贴现率或设定的贴现率。

净现值还可以理解为未来净现金流量的现值之和与原始投资额之间的差额,计算公式如下。

$$NPV = \sum_{K=1}^{n} \frac{NCF_K}{(1+i)^K} - I$$

式中,I 为原始投资额。

净现值的计算一般按下列步骤进行。

第一步:计算每年的营业净现金流量。

第二步:计算未来报酬的总现值。这又可分成三步。一是将每年的营业净现金流量折算成现值。如果每年的营业净现金流量相等,则按年金折成现值;如果每年的营业净现金流量不相等,则先对每年的营业净现金流量进行复利折现,然后加以合计。二是将终结现金流量折算成现值。三是将未来营业净现金流量的现值和终结现金流量的现值相加,计算未来报酬的总现值。

第三步:计算投资项目净现值。

净现值 = 未来报酬的总现值 - 原始投资额

净现值的计算结果可能有以下三种情况。

① NPV = 0,投资项目的投资报酬率 = 设定的贴现率。

② NPV > 0,投资项目的投资报酬率 > 设定的贴现率。

③ NPV < 0,投资项目的投资报酬率 < 设定的贴现率。

运用净现值指标进行互斥选择投资决策时,应选择净现值为正值且金额最大的方案。对于采纳与否的投资决策,若 NPV ≥ 0,则方案可接受;若 NPV < 0 则拒绝。

例 3-4 仍采用例 3-2 的数据资料,假设贴现率为 10%。请分别计算甲、乙两个方案的净现值。

甲、乙两个方案的净现值计算过程和结果如表 3-5 所示。

表 3-5　甲、乙两个方案的净现值计算　　　　　　　　　　　　　　　　元

年　度	甲方案			乙方案		
	现金流量	现值系数	现　值	现金流量	现值系数	现　值
0	-16 000	1.000 0	-16 000	-16 000	1.000 0	-16 000
1	4 300	0.909 1	3 909	3 800	0.909 1	3 455
2	4 300	0.826 4	3 554	3 900	0.826 4	3 223
3	4 300	0.751 3	3 231	3 600	0.751 3	2 705
4	4 300	0.683 0	2 937	3 400	0.683 0	2 322
5	4 300	0.620 9	2 670	7 300	0.620 9	4 533
净现值			301			238

甲方案每年的现金净流量相等,也可按年金现值一次计算。$i=10\%$,$n=5$的年金现值系数为3.7908,因而甲方案的净现值可按下式计算。

净现值(甲方案)=4 300×3.790 8−16 000≈300(元)

通过计算可以看出,两个方案的净现值都大于0,所以都是可取方案,但由于甲方案的净现值大于乙方案的净现值,所以在互斥的情况下应选择甲方案。

净现值指标的优点是考虑了货币的时间价值,能够反映各种投资方案的净收益,因而是一种较好的方法。其缺点是项目不同或方案的投资额不同,单纯看净现值的绝对值并不能做出正确的评价。因为在投资额不同的情况下,不同方案的净现值实际上不具有可比性。因此,在这种情况下应采用现值指数进行评价。

2.2　现值指数

现值指数(Present Value Index,PVI)是指未来现金流入量现值与现金流出量现值的比率,亦称现值比率、获利指数、贴现后收益—成本比率等。

现值指数的计算公式如下。

$$PVI = \frac{\sum_{K=0}^{n} \dfrac{I_K}{(1+i)^K}}{\sum_{K=0}^{n} \dfrac{O_K}{(1+i)^K}}$$

或者

$$PVI = \frac{\sum_{K=1}^{n} \dfrac{NCF_K}{(1+i)^K}}{I}$$

从公式可以看出,如果作为分子投资方案的现金流入量现值大于分母投资方案的现金流出量现值,则现值指数大于1。利用现值指数进行决策,只有当现值指数大于1时才是可接受的。在不同方案之间进行决策时,应选择现值指数较大的投资方案。

例3−5　某酒店有A、B两个投资项目,现金流量如表3−6所示,假设贴现率为10%。分别计算A、B两个投资项目的现值指数。

表3−6　A、B两个项目现金流量　　　　　　　　　　　　　　　　　元

年　度	0	1	2	3	4	5	6
现金流量A	−150 000	39 000	38 000	38 000	40 000	38 000	37 000
现金流量B	−90 000	28 000	22 000	25 000	25 000	24 000	21 000

首先计算A、B两个项目的现值,计算过程和结果如表3−7所示。

表3-7　A、B两个项目现值计算 元

年 度	A 项目			B 项目		
	现金流量	现值系数	现 值	现金流量	现值系数	现 值
0	-150 000	1.000 0	-150 000	-90 000	1.000 0	-90 000
1	39 000	0.909 1	35 455	28 000	0.909 1	25 455
2	38 000	0.826 4	31 403	22 000	0.826 4	18 181
3	38 000	0.751 3	28 549	25 000	0.751 3	18 783
4	40 000	0.683 0	27 320	25 000	0.683 0	17 075
5	38 000	0.620 9	23 594	24 000	0.620 9	14 902
6	37 000	0.564 5	20 887	21 000	0.564 5	11 855
流入量现值			167 208			106 251
净现值			17 208			16 251

然后分别计算 A、B 两个项目的现值指数：

A 项目现值指数 =167 208÷150 000≈1.11

B 项目现值指数 =106 251÷90 000≈1.18

从现值指数来看,B 项目优于 A 项目,所以应选择 B 投资项目。

现值指数指标的优点是,可以进行独立投资机会获利能力的比较。在例 3-5 中,项目 A 的净现值 17 208 元大于项目 B 的净现值 16 251 元。如果两个项目之间是互斥的,当然 A 项目较好;如果两个项目是独立的,哪一个优先给予考虑,可以根据现值指数来考虑,B 项目的现值指数为 1.18,大于 A 项目的现值指数 1.11,所以 B 项目优于 A 项目。现值指数可以看成是 1 元原始投资可望获得的现值净收益,因此,可以作为评价投资项目的一个指标。它是一个相对数指标,反映投资的效率;而净现值是绝对数指标,反映投资项目的收益额。但是,现值指数和净现值一样不能揭示各个投资方案本身可能达到的实际收益率是多少,要想知道投资项目的实际收益率是多少,则需计算其他评价指标。

2.3　内含报酬率

内含报酬率(Internal Rate of Return,IRR)是指投资项目净现值为零时的贴现率或未来现金流入量现值与未来现金流出量现值相等时的贴现率,又称内部收益率。它反映了投资项目本身的真实报酬率,不受预定报酬率的影响,从理论上和实际上都具有更强的说服力,因此被广泛应用。

内含报酬率的计算公式如下。

$$\text{NPV} = \sum_{K=0}^{n} \frac{\text{NCF}_K}{(1+\text{IRR})^K} = \sum_{K=0}^{n} \frac{I_K}{(1+\text{IRR})^K} - \sum_{K=0}^{n} \frac{O_K}{(1+\text{IRR})^K} = 0$$

式中,IRR 为内含报酬率。

内含报酬率的计算和净现值实际上是一样的。但是,净现值公式中折现率是已知的,要求出净现值;而内含报酬率是令净现值为零,要求出使净现值等于零的折现率(即内含报酬率)。

使用内含报酬率指标进行互斥投资决策时,应优先选择内含报酬率超过期望报酬率(资金成本或最低报酬率)最多的方案。使用内含报酬率指标进行采纳与否投资决策时,应设置基准贴现率i_c,当IRR$\geq i_c$,方案可行;若IRR$< i_c$,方案不可行。

根据未来现金流量的情况,内含报酬率的计算分为两类。

1. 未来各年净现金流量相等时

其计算步骤如下。

① 计算年金现值系数。由NPV = 年净现金流量 $\times (P/A, \text{IRR}, n)$ - 原始投资额 $= 0$,可得:

$$(P/A, \text{IRR}, n) = \frac{原始投资额}{年净现金流量}$$

② 根据计算出来的年金现值系数和n,查表找出与该系数相邻近的两个临界系数及其对应的贴现率。

③ 利用插值法计算该项目的内含报酬率IRR,可直接通过以下公式求得:

$$\text{IRR} = r_1 + \frac{(P/A, r_1, n) - (P/A, \text{IRR}, n)}{(P/A, r_1, n) - (P/A, r_2, n)} \times (r_2 - r_1)$$

式中,r_1为与IRR相邻贴现率中较小的贴现率;r_2为与IRR相邻贴现率中较大的贴现率;$(P/A, r_1, n)$为与r_1相对应的年金现值系数;$(P/A, r_2, n)$为与r_2相对应的年金现值系数;$(P/A, \text{IRR}, n)$为计算出来的该项目的年金现值系数。

2. 未来各年净现金流量不相等时

这时要采用逐步测试法进行计算。

① 估计贴现率,按此计算净现值NPV。若NPV>0,说明该项目的内含报酬率大于估计的贴现率,应进一步提高贴现率(因为在n和原始投资额相等的情况下,贴现率与年金现值系数、净现值成反方向变化),再计算NPV;若NPV<0,则应降低贴现率,再计算NPV。

② 如此反复测算,直至找出使NPV由正到负或由负到正且NPV接近于0的两个贴现率。

③ 利用插值法求得该项目的内含报酬率IRR。公式如下。

$$\text{IRR} = r_1 + \frac{\text{NPV}_1 - 0}{\text{NPV}_1 - \text{NPV}_2} \times (r_2 - r_1)$$

式中,r_1为与IRR相邻贴现率中较小的贴现率;r_2为与IRR相邻贴现率中较大的贴现率;NPV_1为与r_1相对应的年金现值系数;NPV_2为与r_2相对应的年金现值系数。

例3-6 某酒店有甲、乙两个投资方案,预计税后营业净现金流量如表3-8所示,期望报酬率为5%。分别计算两个投资方案的内含报酬率并进行分析。

表3-8　甲、乙两个方案净现金流量　　　　　　　　　　　元

年　度	甲方案净现金流量	乙方案净现金流量
0	-150 000	-200 000
1	35 000	60 000
2	35 000	50 000

（续表）

年 度	甲方案净现金流量	乙方案净现金流量
3	35 000	40 000
4	35 000	30 000
5	35 000	70 000

甲方案每年营业净现金流量相等，其年金现值系数为：

$$(P/A, \text{IRR}, 5) = \frac{150\,000}{35\,000} \approx 4.285\,7$$

查阅年金现值系数表，与 4.285 7 接近的现值系数分别为 4.329 5 和 4.212 4，其对应的贴现率分别为 5% 和 6%。则甲方案的内含报酬率为：

$$\text{IRR}_\text{甲} = 5\% + \frac{4.329\,5 - 4.285\,7}{4.329\,5 - 4.212\,4} \times (6\% - 5\%) \approx 5.35\%$$

乙方案每年净现金流量不相等，必须逐步进行测算，测算过程如表 3-9 所示。

表 3-9　乙方案内含报酬率测试

年 度	净现金流量（NCF）	贴现率=4%		贴现率=6%		贴现率=8%	
		现值系数	现 值	现值系数	现 值	现值系数	现 值
0	-200 000	1.000 0	-200 000	1.000 0	-200 000	1.000 0	-200 000
1	60 000	0.961 5	57 690	0.943 4	56 604	0.925 9	55 554
2	50 000	0.924 6	46 230	0.890 0	44 500	0.857 3	42 865
3	40 000	0.889 0	35 560	0.839 6	33 584	0.793 8	31 752
4	30 000	0.854 8	25 644	0.792 1	23 763	0.735 0	22 050
5	70 000	0.821 9	57 533	0.747 3	52 311	0.680 6	47 642
NPV			22 657		10 762		-137

通过试算，可以得知乙方案的内含报酬率在 6%~8% 之间，根据公式可得：

$$\text{IRR}_\text{乙} = 6\% + \frac{10\,762 - 0}{10\,762 + 137} \times (8\% - 6\%) \approx 7.97\%$$

由计算结果可知，若为独立方案，甲、乙两个方案均可行；若为互斥方案，则应选择内含报酬率较大的乙方案。

内含报酬率指标充分考虑了货币的时间价值，能反映投资项目的真实报酬率，并且内含报酬率的概念容易理解，易被人接受。但是该指标的计算过程比较复杂，需要经过一次或多次的测算；如果投资项目的净现金流量是正负交错的，则可能会没有内含报酬率或存在多个内含报酬率，给决策带来困难。

2.4　动态评价指标的比较

从以上内容可以看出，净现值、现值指数和内含报酬率三个动态指标之间存在同方向变动关系，详见表 3-10。

表3-10 NPV、PVI及IRR关系

NPV > 0	PVI > 1, IRR > 设定贴现率
NPV = 0	PVI = 1, IRR = 设定贴现率
NPV < 0	PVI < 1, IRR < 设定贴现率

在多数情况下,运用净现值和内含报酬率这两个指标得出的结论是相同的。但在以下两种情况下会产生差异。

① 在原始投资额不同,即投资规模不同的情况下。净现值是绝对指标,而内含报酬率是相对指标,比率高的方案绝对数不一定大,反之也一样。因而当原始投资额不同时,两者得出的结果就会出现差异。

② 在现金流量的模式不同的情况下。净现值和内含报酬率两个指标假定中期产生的现金流量进行再投资时会产生不同的收益率。净现值指标假定产生的现金流入量重新投资时产生与酒店资金成本率或贴现率相等的收益率;而内含报酬率指标却假定现金流入量重新投资产生的收益率与该项目特定的内含报酬率相同。在这两种比率不同的情况下,最后得出的结果就很可能不同。

由于净现值和现值指数使用的是相同的信息,在评价项目计算期相同情况下的采纳与否项目和同等投资规模的互斥项目时得到的结论是一致的。但是,在评价原始投资额不同的互斥项目时得到的结论有可能不同。

在无资本量限制的情况下,利用净现值指标进行原始投资额和项目计算期相等的投资评价中都能做出正确的决策,而利用内含报酬率和现值指数的采纳与否决策中也能做出正确的决策,但在互斥选择决策中有时会做出错误的决策。

案例分析

酒店投资方初始投资额均为 50 000 元,假设贴现率为 10%,两个方案每年的现金流量如表3-11所示。

表3-11 某酒店两个互斥投资方案现金流量 元

年 度	甲方案现金流量	乙方案现金流量
0	-50 000	-50 000
1	2 200	20 000
2	8 500	13 000
3	9 300	11 000
4	11 000	9 000
5	13 000	4 000
6	31 000	9 000
IRR	14.72%	15.28%

分析:请计算每个投资方案的投资回收期并进行方案评价;计算每个投资方案的净现值并进行投资方案评价。

任务3 固定资产投资决策方法的运用

3.1 固定资产更新决策

固定资产更新决策是指在原有旧设备还能继续使用,但市场上出现了性能更好、生产效率更高,并且能降低生产成本或能生产出质量更好的产品的同类机器设备时,酒店能否选择更新设备以替换旧设备的决策。

更新决策可考虑采用差量分析法,计算使用新设备与继续使用旧设备的现金流量差额,然后再利用资本成本作为贴现率,计算增减额的净现值,据以判断是否应该更新旧设备。

例 3-7 某酒店现有 4 年前购买的设备一套,原购置成本为 180 000 元,估计仍可使用 6 年,假定使用期满无残值,年折旧额 18 000 元(按直线法计提),账面资产净值为 120 000 元,如果现在出售可得价款 100 000 元。新设备的买价和安装费共计 260 000 元,可使用 6 年,6 年后的残值为 20 000 元,使用新设备每年可增加营业收入 25 000 元,并使付现成本降低 5 000 元。若该酒店的资金成本为 10%,所得税税率为 25%,试对该酒店的设备更新方案进行决策分析。

① 计算采用新设备的现金流量差额:

Δ 设备投资 $= -260\,000 + 100\,000 = -160\,000$(元)

Δ 年折旧额 $= (260\,000 - 20\,000) \div 6 - 18\,000 = 22\,000$(元)

Δ 残值回收 $= 20\,000 - 0 = 20\,000$(元)

采用新设备的 Δ 年营业现金流量如表 3-12 所示。

表 3-12 Δ 年营业现金流量计算

元

项 目	Δ 年营业现金流量
Δ 营业收入	+25 000
Δ 付现成本	-5 000
Δ 年折旧额	+22 000
Δ 税前利润	+8 000
Δ 所得税	+2 000
Δ 税后净利	+6 000
Δ 年折旧额	+22 000
Δ 营业现金流量	+28 000

将表 3-12 中的计算结果进行汇总,计算出采用新设备的各年 Δ 现金流量,如表 3-13 所示。

表3-13　Δ现金流量计算　　　　　　　　　　　　　　　　　　　元

项　目	年　度		
	0	1~5	6
Δ设备投资	-160 000		
Δ营业现金流量		28 000	28 000
Δ设备残值回收			20 000
Δ现金流量	-160 000	28 000	48 000

② 用资本成本作为贴现率,计算贴现Δ现金净流量:

Δ现金净流量 = -160 000 +28 000×(P/A,10%,5) +48 000×(P/F,10%,6)

　　　　　　 = -160 000 +28 000×3.790 8 +48 000×0.564 5

　　　　　　 = -160 000 +106 142.4 +27 096

　　　　　　 = -26 761.6(元)

由以上计算可知,由于采用新设备替代旧设备的Δ现金净流量为-26 761.6元,说明进行设备更新不可行。

3.2　固定资产购买或租赁决策

在酒店财力有限的情况下,如果需要增加某项固定资产时,可选择举债购置或向租赁公司租入,应根据有关资料进行分析判断。

对于举债购置方案,可采用净现值指标或内含报酬率指标进行分析判断;对于租赁方案,应先计算租金的内部利率。租金内部利率是使各期租金的总现值等于租赁资产市价的贴现率。其计算步骤如下。

① 计算租金内部利率系数,由于租金每期相等,故可采用年金现值系数的公式,即:

$$租金内部利率系数 = \frac{租赁资产原价}{每年支付的租金}$$

② 查阅年金现值系数表,利用插值法计算租金内部利率。

③ 用租金的内部利率与举债购置方案的资本成本进行比较,若租金内部利率小于举债购置方案的资本成本率,则租赁方案优;若租金内部利率大于举债方案的资本成本率,则举债购置方案优。

例3-8　某酒店准备购置一台设备,价款200 000元,预计可使用10年,假定期满无残值。使用该设备预计每年可增加营业收入160 000元,折旧按直线法计提,折旧以外的每年付现成本为115 000元,所得税税率为25%。这项设备的取得有两种方案可供选择:一是向银行贷款,年利率为10%(复利);二是向租赁公司租赁,年租金为35 000元。试对这两种方案进行比较分析。

① 对举债购置方案采用净现值法进行评价。

年折旧额 =200 000÷10 =20 000(元)

税前利润 =营业收入 -付现成本 -折旧

　　　　 =160 000 -115 000 -20 000 =25 000(元)

税后净利 =税前利润×(1 -所得税税率) =25 000×(1 -25%) =18 750(元)

年现金净流量 = 税后净利 + 折旧 = 18 750 + 20 000 = 38 750(元)

举债购置净现值 = 未来报酬总现值 − 原投资额

$\qquad$ = 38 750 × (P/A,10%,10) − 200 000

$\qquad$ = 38 750 × 6.144 6 − 200 000 = 38 103.25(元)

② 对举债购置方案采用内含报酬率法进行评价。

$$年金现值系数 = \frac{原始投资额}{每年现金净流量} = \frac{200\ 000}{38\ 750} = 5.161\ 3$$

查阅年金现值系数表,找出第 10 期一行中与 5.161 3 相邻的两个折现率(15% 和 14%),再用插值法计算。

$$内含报酬率 = 14\% + \frac{5.216\ 1 - 5.161\ 3}{5.216\ 1 - 5.018\ 8} × (15\% - 14\%) \approx 14.28\%$$

根据以上计算结果可知举债购置是可行的。因为其净现值为正数,内含报酬率 14.28% 大于借款利率(资本成本率),可为酒店带来收益。

③ 对租赁方案采用租金内部利率进行评价。

$$租金内部利率系数 = \frac{租赁资产原价}{每年支付的租金} = \frac{200\ 000}{35\ 000} \approx 5.714\ 3$$

查阅年金现值系数表,找出第 10 期一行中与 5.714 3 相邻的两个折现率(12% 和 11%),再用插值法计算。

$$租金内部利率 = 11\% + \frac{5.889\ 2 - 5.714\ 3}{5.889\ 2 - 5.650\ 2} × (12\% - 11\%) \approx 11.74\%$$

④ 用租金内部利率 11.74% 与举债购置方案的借款利率 10% 相比较,显然,前者大于后者,说明举债购置方案优于租赁方案。

3.3 设备购置决策的分析评价

酒店因生产设备陈旧,或因扩大经营规模等原因而需要增加新的设备时,就要进行设备的购置决策。在决策时,除了要考虑其技术上的先进性外,还应着重比较各个方案的经济效益,通过指标的计算与分析对比,选择最优方案。

在进行设备购置决策时,一般要以净现值法为判断依据,即选择能给酒店带来最大净现值的项目。

例 3 - 9 某酒店准备购置西餐烹饪设备一套,预计菜肴产品单位售价为 30 元,预定投资收益率为 15%。目前市场上有 A、B 两种型号的同类设备供选择,其有关资料如表 3 - 14 所示。试对该酒店的设备购置进行决策分析。

表 3 - 14 购置设备决策分析资料

项 目	A 设备	B 设备
设备价格	30 000 元	45 000 元
使用年限	6 年	8 年
年生产服务能力	1 500 份	1 800 份
菜肴单位成本	18 元	19 元
残值收入	1 000 元	1 000 元

有关计算过程如表 3 − 15 所示。

表 3 − 15　A、B 设备净现值计算　　　　　　　　　　　　　元

项　目	A 设备	B 设备
现金流出量	30 000	45 000
年现金流入量	1 500 × (30 − 18) = 18 000	1 800 × (30 − 19) = 19 800
现金流入量现值	18 000 × 3.784 5 + 1 000 × 0.432 3 = 68 553	19 800 × 4.487 3 + 1 000 × 0.326 9 = 68 553
净现值	38 553	44 175

说明:3.784 5 为(P/A,15%,6);0.432 3 为(P/F,15%,6);4.487 3 为(P/A,15%,8);0.326 9 为(P/F,15%,8)。

　　根据计算结果可以看出,由于 B 设备购置方案的净现值大于 A 设备购置方案的净现值,所以,在资金允许的情况下,购置 B 设备的方案优于购置 A 设备的方案,酒店应采纳购置 B 设备的方案。

相关链接

货币时间价值与酒店的投资决策

　　酒店是一个大型的家庭,时间价值又是一个客观存在的经济范畴,任何酒店都像家庭一样在时空中经营、活动。排除时间价值,酒店的收支和盈亏就无从计量和评价,因此,在酒店的各项经营活动中,我们也应适当考虑到货币时间价值。酒店的货币资金如果闲置不用是不会产生时间价值的,同样,酒店在经营发展过程中,肯定会赚得比原始投资额多的资金,闲置的资金不会增值,而且还可能随着通货膨胀贬值,所以酒店必须很好地利用闲置资金,最好的办法就是找一个好的投资项目将资金投入进去,让它进入生产流通活动中,产生增值。

　　酒店的投资需要占用一部分资金,这部分资金是否应被占用、可以被占用多长时间,均是决策者需要运用科学方法确定的问题。因为,一项投资虽然有利可图,但伴随着它的还有风险,如果决策失误,将会给酒店带来很大的灾难。1997 年,受东南亚金融危机和自身经济因素的影响,韩国一些大企业集团频频陷入危机,先后有起亚集团、韩宝集团等 10 家大企业集团因债台高筑,资金周转困难而宣告破产,其中一个重要的财务原因便是酒店往往不进行深入的调查研究便乱上投资项目,导致投资决策失误较多。在我国,有很多企业正走着与韩国集团相同的道路,乱投资、瞎投资,造成公司寿命缩短。酒店的管理者必须注意,投资决策要科学合理,要利用好酒店的每一分资金。

资料来源:中华会计网校。

同步训练

一、思考题

1. 什么是现金流量? 其构成内容有哪些?

2. 投资项目的现金流量如何计算?

3. 请解释静态评价指标和动态评价指标,并比较两者的区别。

4. 常用的投资决策指标有哪些? 各有何特点?

5. 简述酒店投资的目的和分类。

6. 固定资产投资决策的内容有哪些? 如何进行决策评价?

二、判断题

1. 酒店在进行固定资产投资时,在固定资产购买与租赁决策中应选择成本较低的投资方案。 （ ）

2. 一般情况下,使某投资方案的净现值小于零的折现率,一定高于该投资方案的内含报酬率。 （ ）

3. 一个投资项目的现值指数大于零,该项目不一定可行。 （ ）

4. 对项目投资进行评价时,动态评价指标会得出完全相同的结论,静态评价指标和动态评价指标也会得出相同的结论。 （ ）

5. 采用逐步测试法计算内含报酬率时,如果净现值大于零,说明该方案的内含报酬率比估计的报酬率要低,应以更低的贴现率测试。 （ ）

6. 在项目投资时,某一方案的净现值比较大,那么该方案的内含报酬率也相应较大。 （ ）

7. 净现值的优点是考虑了货币的时间价值,能够反映各种投资方案的净收益,因而在投资决策时,单纯看净现值的绝对值就能做出正确的评价。 （ ）

8. 一般地,在酒店投资项目建设期内,净现金流量为负值;在经营期内,净现金流量多为正值。 （ ）

三、单项选择题

1. 现金流量是指在投资决策中一个项目所引起的(   )。
   A. 现金支出和现金收入金额　　　　　B. 货币资金支出和货币资金收入
   C. 现金支出和现金收入增加的数量　　D. 流动资金增加和减少数量

2. 一个投资项目原始投资额为 100 万元,使用寿命 8 年,已知该项目第 8 年的经营净现金流量为 22.6 万元,期满处置固定资产残值收入 2.8 万元,回收流动资金 8 万元,则该项目第 8 年的净现金流量为(   )万元。
   A. 22.6　　　　　B. 10.8　　　　　C. 33.4　　　　　D. 30.6

3. 不属于动态评价指标的是(   )。
   A. 现值指数　　　B. 净现值　　　　C. 平均报酬率　　D. 内含报酬率

4. 一个投资方案年销售收入 250 万元,年销售成本 180 万元,其中折旧 50 万元,所得税税率为 25%,则该方案年现金流量净额为(   )万元。
   A. 70　　　　　　B. 102.5　　　　　C. 120　　　　　　D. 250

5. 某酒店有一投资项目,折现率为 10% 时,净现值为 300 元,折现率为 15% 时,净现值为 -120 元,则该项目的内含报酬率为(   )。
   A. 11.43%　　　　B. 17.14%　　　　C. 10.71%　　　　D. 13.57%

6. 当贴现率为 12% 时,某酒店投资项目的净现值为 200 元,则说明该项目的内含报酬率(   )。
   A. 高于 12%　　　B. 低于 12%　　　C. 等于 12%　　　D. 无法确定

7. 无法直接利用净现金流量信息计算的指标是(   )。
   A. 投资回收期　　B. 平均报酬率　　C. 净现值　　　　D. 内含报酬率

8. 某酒店计划投资 15 万元建设康乐设施,预计投资后每年可获净利润 2.5 万元,年折旧率 10%,则该项目的投资回收期为(   )。

A. 10 年　　　　　B. 3.75 年　　　　C. 6 年　　　　D. 4 年

9. 现值指数大于 1 时意味着(　　　)。

A. 投资的报酬率大于预定的贴现率

B. 投资的报酬率等于预定的贴现率

C. 投资的报酬率小于预定的贴现率

D. 现金流入量的现值大于现金流出量的现值

10. 如果某一投资方案的净现值为正数,则必然存在的结论是(　　　)。

A. 投资回收期在 1 年以内　　　　　B. 现值指数大于 1

C. 平均报酬率高于 100%　　　　　D. 年均现金净流量大于原始投资额

11. 现值指数与净现值指标相比,其优点表现在(　　　)。

A. 便于比较投资额相同的方案　　　　B. 便于比较投资额不同的方案

C. 考虑了现金流量的时间价值　　　　D. 考虑了投资风险

12. 某项目原始投资额为 300 万元,建设期为零,经营期为 10 年,每年可获得净现金流量 60 万元,则该项目的年金现值系数为(　　　)。

A. 4　　　　　B. 5　　　　　C. 0.2　　　　　D. 5.5

四、多项选择题

1. 投资回收期指标的主要缺点有(　　　　)。

A. 不能衡量酒店的投资风险　　　　B. 没有考虑资金时间价值

C. 没有考虑回收期后的现金流量　　　D. 不能衡量投资方案投资报酬率的高低

2. 净现值指标的优点主要有(　　　　)。

A. 考虑了资金时间价值　　　　　B. 考虑项目计算期的全部现金流量

C. 考虑了投资风险　　　　　D. 可以反映项目的实际收益率

3. 对净现值指标的论述正确的有(　　　　)。

A. 净现值是一个折现的绝对指标

B. 净现值可以利用项目期内的全部净现金流量

C. 净现值能够反映项目的实际收益率水平

D. 只有当该指标大于 1 时投资项目才具有财务可行性

4. 长期投资决策评价指标中,其数值越大越好的指标有(　　　　)。

A. 投资回收期　　　B. 平均报酬率　　　C. 净现值　　　D. 内含报酬率

5. 净现值指标的缺点主要有(　　　　)。

A. 净现值没有考虑资金时间价值

B. 净现值没有考虑项目期内的全部净现金流量

C. 计算复杂,难以掌握和理解

D. 不能从动态的角度反映投资项目的实际投资报酬率水平

6. (　　　　)指标不能直接反映投资项目的实际投资收益率水平。

A. 投资回收期　　　B. 现值指数　　　C. 净现值　　　D. 内含报酬率

7. 考虑资金时间价值的指标有(　　　　)。

A. 投资回收期　　　B. 营业现金流量　　　C. 净现值　　　D. 内含报酬率

8. 对于投资决策指标优缺点的表述中正确的有(　　　　)。

A. 投资回收期的优点是可以直观地反映原始总投资的返本期限

B. 平均报酬率的缺点是无法直接利用净现金流量信息

C. 现值指数的缺点是无法直接反映投资项目的实际收益率

D. 内含报酬率的优点是既可以从动态的角度直接反映投资项目的实际收益水平，又不受基准收益率的影响，比较客观

五、计算题

1. 某酒店投资项目初始投资额 8 000 元,在第 1 年年末现金流入 3 200 元,第 2 年年末现金流入 3 600 元,第 3 年年末现金流入 4 300 元。求该投资项目在资金成本为 12% 时的净现值。

2. 某酒店投资项目的现金流量信息如下表所示,分别计算该项目的 PP、NPV 和 IRR 指标。

项目现金流量信息 元

项　目	0	1	2	3	4	5
NCF	− 200 000	42 600	53 400	61 800	72 000	78 100
累计 NCF	− 200 000	− 157 400	− 104 000	− 42 200	29 800	107 900

3. 某酒店打算对现有餐厅进行大装修,现有两套方案可供选择:甲方案的内含报酬率为 15%,净现值为 400 000 元;乙方案的内含报酬率为 16%,净现值为 340 000 元。请从财务角度分析评价哪个方案更可取。

4. 某酒店现有 3 年前购买的设备一套,原始价值为 40 000 元,预计可用 8 年,第 4 年需支出大修理费 3 000 元,期满残值为 2 000 元。该设备每年的付现成本为 8 000 元,如果现在出售可得价款 16 000 元。市场上同类设备售价为 48 000 元,预计可以使用 10 年,期满后残值 3 000 元。新设备每年付现成本为 9 000 元,并且在使用过程中无须大修理,酒店要求的投资报酬率为 15%。请分析该酒店是否应该更新设备。

六、案例分析

李珊是某酒店的财务部经理,该酒店拟于今年购入一套营业设备,现有 A、B 两个互斥方案可供选择:A 方案需要投资 20 000 元,使用寿命 5 年,采用直线法计提折旧,5 年后设备无残值,每年营业收入为 15 000 元,每年的付现成本为 6 000 元;B 方案需投资 25 000 元,使用寿命 5 年,采用直线法计提折旧,5 年后残值 1 000 元,每年营业收入为 18 000 元,付现成本第 1 年为 7 000 元,以后逐年增加 600 元,另需垫付营运资金 6 000 元。假设所得税税率为 25%,资金成本为 10%,预期投资报酬率为 20%。

要求:

1. 分别计算 A、B 两个方案的 NCF、PP、NPV、PVI 和 IRR 指标。

2. 如果你是财务部经理,根据上述指标分析该酒店应选择哪个方案。

模块 4

酒店营运资金管理

知识目标
- 了解酒店营运资金的概念和特点。
- 熟悉酒店营运资金三个主要项目(现金、应收账款、存货)的功能和成本。
- 熟悉现金、应收账款、存货的日常管理。
- 掌握最佳现金持有量的确定,存货经济批量的决策方法,酒店的信用政策和应收账款的考核。

能力目标
- 能够制定合理的酒店信用政策,做好应收账款管理。
- 能够确定合理的存货定额,减少酒店的资金占用。
- 能够运用酒店营运资金管理的方法解决具体问题,提高营运资金的管理水平。

营运资金是指酒店在经营过程中在流动资产上占用的资金。营运资金有广义和狭义之分。广义的营运资金是指酒店的流动资产总额,包括现金、银行存款、短期投资、应收账款、应收票据、预付账款、存货等。狭义的营运资金是净营运资金,是酒店的流动资产减去流动负债后的余额。流动负债主要包括短期借款、应付票据、应付账款、预收账款、应付职工薪酬、应交税金等。营运资金管理包括酒店的流动资产和流动负债管理,其中最主要的有三项内容:现金管理、应收账款管理和存货管理。

项目 1　酒店现金管理

现金是酒店在经营过程中以货币形态存在的资金。其具有普遍可接受性,可随时用来购买其他资产和清偿债务。它包括库存现金、银行存款及其他一切可被普遍接受的流通工具,如银行本票、银行汇票等。

任务 1　酒店现金管理的内容

现金是酒店流动性最强的资产,但它与其他资产相比盈利性较差。如果酒店现金结余过多,将会降低酒店的收益,增加酒店现金管理的成本;但现金不足又会导致酒店偿债能力下降,同时影响酒店的正常经营活动需要。所以现金管理的目的,是在保证酒店日常经营所需现金的同时节约使用现金,减少酒店闲置的现金数量,提高资金的收益。

1.1 酒店持有现金的动机

1. 交易性动机

交易性动机是指满足酒店日常经营管理的现金支付需要,如购买原材料、支付工资、缴纳税款、发放现金股利等。酒店每天的现金收入和现金支出很少同时等额发生,酒店必须保持适当的现金余额,才能保证正常的经营。

2. 预防性动机

预防性动机是指酒店持有现金以防发生意外支付的需要,如地震、火灾等自然灾害和意外生产事故等。所需现金的多少取决于酒店现金收支预测的可靠程度、酒店临时调度资金的能力和风险承受能力。

3. 投机性动机

投机性动机是指酒店持有一定量的现金以便从事投机活动,并从中获得收益。例如,原材料市场价格下跌时可大量购入,适当的时候可低价购入股票或其他短期有价证券以赚取额外收益。

1.2 酒店现金管理的内容

酒店现金管理的内容如下。

① 编制酒店现金收支预算,以便合理估计未来的现金需求。

② 对日常的现金收支进行控制,力求加速收款,延缓付款。

③ 用一定的方法确定最佳现金持有量。当酒店实际的现金余额与最佳现金持有量不一致时,应采用短期融资或短期投资等策略来达到现金结余的最佳水平。

任务2 酒店最佳现金持有量的确定

最佳现金持有量是指酒店持有多少数额的现金对酒店最为有利。酒店应在不影响正常运营效率的基础上,尽可能地减少现金的持有量。确定最佳现金持有量的方法主要有现金周转期模式、成本分析模式和存货模式。

2.1 现金周转期模式

现金周转期模式是从现金周转的角度出发,根据现金的周转速度来确定最佳现金持有量。现金周转期是指从现金投入生产经营开始,到最终转化为现金的过程。这个过程经历三个周转期。

① 存货周转期。这是将原材料转化成产成品并出售所需要的时间。

② 应收账款周转期。这是指将应收账款转换为现金所需要的时间,即从产品销售到收回现金的期间。

③ 应付账款周转期。这是从收到尚未付款的材料开始到现金支出之间所用的时间。

计算公式如下。

$$现金周转期 = 存货周转期 + 应收账款周转期 - 应付账款周转期$$
$$最佳现金持有量 = (酒店年现金需求总额/365) \times 现金周转期$$

例4-1　某酒店预计年度存货周转期为120天,应收账款周转期为80天,应付账款周转期为70天,预计全年需要现金140万元。求最佳现金持有量是多少?

现金周转期 = 120 + 80 - 70 = 130(天)

最佳现金持有量 = (140/365) × 130 ≈ 49.86(万元)

需要注意的是,该方法能够成立,是基于以下几点假设:①假设现金流出的时间发生在应付款支付的时间;②假设现金流入等于现金流出,即不存在着利润;③假设酒店的采购—生产—销售过程在一年中持续稳定地进行;④假设酒店的现金需求不存在着不确定因素,这些不确定因素可能会影响酒店现金的最佳持有量。

2.2　成本分析模式

成本分析模式是根据持有现金的成本,分析预测其总成本最低时现金持有量为最佳的一种方法。酒店持有现金的成本包括以下几个。

① 机会成本。这是酒店把一定的资金投放在现金资产上所付的代价,这个代价实际上就是放弃有更高报酬率的投资机会成本。机会成本与现金的持有量正相关,现金持有量越大,放弃的投资收益越高,机会成本就越大。

② 管理成本。这是对酒店置存的现金资产进行管理而支付的代价,包括建立、执行、监督、考核现金管理内部控制制度的成本,编制执行现金预算的成本以及相应的安全装置购买、维护成本等。管理成本在一定范围内是固定不变的,与现金持有量无明显比例关系。

③ 短缺成本。这是指酒店由于缺乏必要的现金资产,而无法应付各种必要的开支或抓住宝贵的投资机会而造成的损失。现金的短缺成本随现金持有量的增加而下降,随现金持有量的减少而上升,即与现金持有量负相关。

机会成本、管理成本、短缺成本三者之间的关系如图4-1所示。

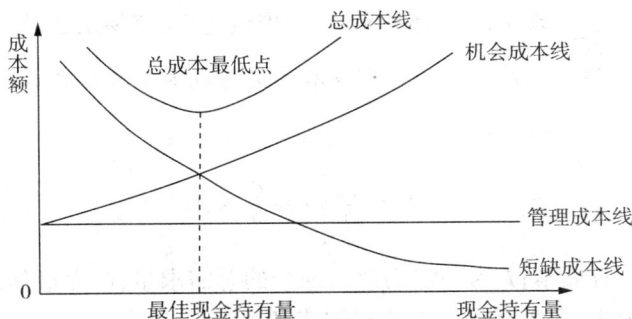

图4-1　成本分析模式

由于各项成本同现金持有量的变动关系不同,使得总成本线呈抛物线形。抛物线的最低点即为成本最低点,该点所对应的现金持有量便是最佳现金持有量,此时总成本最低。

🐻 *例 4 - 2*　某酒店有四种现金持有方案,各方案有关现金持有成本如表 4 - 1 所示。请确定该酒店的最佳现金持有量。

表 4 - 1　现金持有备选方案　　　　　　　　　　万元

方案 项目	A	B	C	D
现金持有量	15	25	35	45
管理成本	3	3	3	3
机会成本率	10%	10%	10%	10%
短缺成本	5	4	2.5	0

最佳现金持有量分析如表 4 - 2 所示。

表 4 - 2　最佳现金持有量分析　　　　　　　　　万元

方案 项目	A	B	C	D
管理成本	3	3	3	3
机会成本	1.5	2.5	3.5	4.5
短缺成本	5	4	2.5	0
总成本	9.5	11.5	9	7.5

通过表 4 - 2 分析比较各方案的总成本可知,D 方案的总成本最低,因此,酒店持有 45 万元的现金时,总成本最低,45 万元为最佳现金持有量。

2.3　存货模式

存货模式是通过证券市场将现金管理与短期有价证券的管理结合起来,现金充足时可购买短期有价证券,以获得收益;现金短缺时可出售短期有价证券,换取现金。在存货模式下,现金持有成本包括机会成本和交易成本。交易成本是指现金与短期有价证券的转换代价(如手续费、佣金),它与现金的持有量成反比,现金越少,交易次数越多,交易成本越高。

存货模式下现金持有成本 = 交易成本 + 机会成本

计算公式如下。

$$TC = \frac{T}{C} \times F + \frac{C}{2} \times R$$

式中,TC 为现金的持有成本;T 为一定周期内现金的总需求量;C 为最佳现金持有量;F 为有价证券交易的固定成本;R 为有价证券的报酬或利率。

当持有现金的机会成本与交易成本相等时,现金持有成本最低,此时最佳现金持有量如下。

$$C = \sqrt{\frac{2 \times T \times F}{R}}$$

最低现金持有成本如下。

$$TC = \sqrt{2 \times T \times F \times R}$$

例 4-3 某酒店每年现金总需求量是10 000 000元,每次现金交易的固定成本为100 元,有价证券的年利率为5%。计算该酒店的最佳现金持有量和最低现金持有成本。

$$C = \sqrt{\frac{2 \times T \times F}{R}} = \sqrt{\frac{2 \times 10\,000\,000 \times 100}{5\%}} = 20\,000(元)$$

$$TC = \sqrt{2 \times T \times F \times R} = \sqrt{2 \times 10\,000\,000 \times 100 \times 5\%} = 10\,000(元)$$

该酒店最佳现金持有量为 20 000 元,最低现金持有成本为 10 000 元。

任务3 酒店现金的日常管理

3.1 酒店现金管理规定

酒店现金管理的规定如下。

① 酒店收入的现金,主要是收到的营业款和其他应收款、从银行提取现金、收取转账起点以下的现款、职工交回的差旅费剩余款等。

② 各营业场所收取的现金、转账支票、信用卡卡单等必须投入酒店指定的专用保险箱并做好相应的台账登记。

③ 对于保险箱内的营业款必须由双人同时开启,由总出纳进行清点并每日送存银行,任何人不得从营业收入中坐支现金。

④ 加强现金库存限额的管理,超过库存限额的现金应及时存入银行。

⑤ 酒店支出现金必须遵守国家有关现金管理制度的规定,在允许的范围内办理现金支付业务。根据《现金管理条例》的规定,酒店的现金开支范围如下。

• 支付职工工资、津贴,支付个人劳务报酬。

• 根据有关规定发给个人的各种现金,支付各种劳保、福利以及国家规定的对个人的其他支出。

• 出差人员必须随身携带的差旅费、结算起点(1 000 元)以下的零星支出。

• 中国人民银行确定需要支付现金的其他支出。

不属于现金开支范围的业务应当通过银行办理转账结算。

⑥ 现金收支必须当日登记现金日记账,做到日清日结、账款相符,严禁白条或原始凭证抵库。

⑦ 各部门的收付款项都应通过财务部门入账,任何部门和个人都不得自行保留现金,不得私设小金库。

⑧ 各部门因工作原因需要配备备用金时,应向财务部门提出申请,经财务部负责人审核批准后由专人负责办理。备用金支用不得超过规定范围和业务内容,不得挪作他用。财务部门应定期抽查备用金使用情况。

3.2 酒店现金的内部控制

1. 人民币现钞控制

（1）人民币现钞检测

对于每天收取现金的酒店收银员，必须进行人民币防伪识别的岗前培训，正确掌握人民币的防伪特征和鉴别方法，避免误收假币，给酒店造成损失。

（2）现金收付控制

酒店收银员在办理现金收付业务时，必须当面点清且唱收、唱付。出现短款会导致酒店或收银员个人蒙受损失；出现长款会造成客人的不满和投诉，影响酒店声誉。在实际收付过程中，无论是对客办理现金结算，还是员工之间的钱款交接，都必须严格执行规范操作流程，以明确各自的责任，减少差错的出现。

（3）现金收入解缴控制

酒店收取现金的环节很多，收银服务具有分散性和零散性，为防止现金收取后在解缴环节流失，要求收银员必须严格按照标准操作流程执行。

① 收银员要根据当班所开立的账单，填制营业点收银员收入明细表。

② 将营业点收银员收入明细表与电脑系统打出的收银员收入日报表进行核对，做到账表相符、账款相符。

③ 经旁证复核后，将现金、票证等封入缴款袋并签封，直接投入保险箱，并登记缴款袋入柜记录。

2. 外币的控制

（1）外币兑换汇率及交易价格

汇率是指两种不同货币之间的兑换比率，又称汇价。如果把外汇也看成是一种商品，那么汇率即是在外，汇市场上用一种货币购买另一种货币的价格，通常有两种标价方法。

① 直接标价法，以一定单位的外国货币为标准，标出应付若干本国货币金额的方法。

② 间接标价法，以一定单位的本国货币为标准，标出应付若干外国货币金额的方法。

目前世界上绝大多数国家均使用直接标价法，我国的外汇牌价也采用此方法。外汇牌价，即外汇指定银行外汇兑换挂牌价，是各银行根据中国人民银行公布的人民币市场中间价以及国际外汇市场行情，制定的各种外币与人民币之间的买卖价格。这种外汇牌价实时变动，即使同一天牌价也有所不同。

（2）外币兑换证明

酒店可以为客人提供外币兑换服务，需要填写外币兑换证明（即水单）。其作用是：为客人提供详细的兑换证明，作为账务处理的原始依据；当客人需要兑回外币时，可作为兑换依据。

（3）外币兑换业务操作程序

根据酒店与银行签订的代兑外币业务协议内容规定，银行向酒店提供一定数额的兑换周转金，由外币兑换专人管理，并单设保险柜存放，在兑换过程中，需执行下列程序。

① 兑换员每天早上要按银行公布的外汇牌价及时更换显示牌上的牌价表。

② 准备好当天使用的水单，检查是否连号，有无缺号现象。

③ 当客人办理兑换时，经办员必须请客人填写水单。填写内容必须齐全完整一致，不

得涂改。

④ 经办员接过客人所要兑换的外币现钞或旅行支票和填写齐全合规的水单及有效证件后,审核填写内容是否与客人的证件相符。核点外币现钞或旅行支票的金额,币种与水单上的外币金额栏内的金额数字、货币符号是否相符。鉴别外币现钞或旅行支票的真伪,审核是否属于兑换范围。

⑤ 办理旅行支票兑付业务时,必须要求客人在柜台上当面进行复签,并认真核对旅行支票的初签、复签是否一致,初复签与客人证件上的签字及水单上的签字是否一样。

⑥ 经审核上述内容符合要求后,经办人在牌价栏内写上当日人民币市场现钞买入价,计算出兑换人民币的数额,填写在实付人民币金额栏内。兑换旅行支票时,将外币金额扣除贴息数额,得出净额写在净额栏内,乘以外汇买入价,得出实付人民币数额,填写在实付人民币金额栏内。在摘要栏内注明现钞(CASH)或旅行支票(T/C),在水单一式三栏加盖经办人个人名章,经复核员复核无误后,加盖清晰的外汇兑换专用章。

⑦ 将应付人民币连同水单客人联一同交予客人复点。

⑧ 每班结束,填制外币兑换明细表。

3. 备用金的控制

备用金是指酒店内部各营业部门作为日常零用的款项。酒店各营业部门的收银点、采购部门都需要一定数量的备用金用于收银找零、处理外币兑换业务、支付垫付款等。

(1) 备用金分类

酒店备用金包括营运性备用金、总出纳处备用金和零用现金。

① 营运性备用金。营运性备用金有三种形式。一是专管备用金,由保管人专人专用,只限于保管人当班时间在指定当班地点运作,下班时需锁入指定的保险箱中。二是滚存备用金,按照某部门营运特点(如前台为 24 小时运作)而授予该岗位运作而非个人,此类备用金由当班保管人下班时移交给接班的保管人,双方点算金额无误后在特设的备用金交接本上签字交收。三是临时备用金。各营业点按特殊情形需领用临时备用金时,填写备用金申请单,注明该临时备用金的金额、用途及退还时间,按酒店规定流程逐级审批后方可借支。

② 总出纳处备用金。这是用于应付营业性备用金的变化情形及临时性需要。总出纳员下班时需将备用金锁入其专用保险箱中。

③ 零用现金。财务部门可另设零用现金,由专人负责,以便各部门报销小额费用,如小额差旅费等。

(2) 备用金的数量控制

① 备用金的份数控制,取决于酒店营业网点的多少和营业规模的大小。

② 备用金的数额控制,取决于营业部门收费标准的高低、营业部门的业务量和业务范围、客人的付款方式等。现款消费客人多的,备用金需求量就多;挂账消费客人多的,备用金需求量就少。

(3) 备用金的保管与控制

① 备用金的使用范围仅限于备用金申请单上指定的用途,保管人不得移作他用,更不得带离酒店。

② 备用金由酒店财务部统一建账,负责登记和清理工作。

③ 备用金的借支应严格按照制度执行,若前款未结清,不得再申请借款。需补足备用

金时,应需办理相关借款手续,报财务部审核。

④ 员工因故调岗、离职,必须先结清所欠个人备用金,才能办理相应手续。

⑤ 财务部应定期检查备用金的使用情况,核对备用金的金额,并填制备用金核查情况表说明检查结果。对于核查出的长短款,要说明原因并提出处理意见。

4. 银行存款的管理规定

银行存款的管理规定如下。

① 酒店严格按照国家有关《支付结算方法》,正确地进行银行存款收支业务的结算,并按照《企业会计制度》规定核算银行存款的各项收支业务。

② 酒店除了按规定留存的库存现金以外,所有的货币资金都必须存入银行。酒店与其他单位之间的一切收付款项,除制度规定可以用现金支付的部分外,都必须通过银行办理转账结算。

③ 银行账户开设需由财务部负责人申请,经酒店总经理批准;严禁擅自开设、出租、出借银行账户。

④ 严格遵守银行结算纪律,不准签发没有资金保证的票据或远期支票,套取银行信用。

⑤ 支票领取者在完成审批程序后需在支票登记簿上写明领用日期、付款内容并签字后,方可领用。

⑥ 财务部门签发转账支票时,应登记并将支票项目填写齐全,当无法明确收款单位名称、金额时,也应把支票用途、签发日期填写清楚,不得签发空头支票。

⑦ 为准确掌握银行存款实际金额,防止银行存款账目发生差错,必须定期对银行账户进行核对,每月至少核对一次,如发现未达账项,应编制银行存款余额调节表进行调节,将银行存款日记账与银行对账单调节相符。若发现不符情况应查明原因,及时处理。

5. 应对现金短缺的措施

应对现金短缺的措施如下。

① 控制应付款的支出时间。在不影响酒店信誉的前提下,可尽量推迟应付款的支出时间,充分运用供应商给予的信用优惠,如现金周转不力,甚至可以放弃对方给予的现金折扣。

② 加速应收款的回收。酒店可以向销售客户提供现金折扣,鼓励其在信用期内提前付款,同时尽量缩短应收账款的收账期。

③ 注重酒店潜在的现金流。注重对酒店现金流动的预测分析,挖掘现金流动潜力。

④ 及时变更经营方案。及时根据酒店经营情况和资金周转情况,对收款和付款正常进行调整。

相关链接

逸柏酒店集团开创"无现金酒店"时代

互联网时代的推进,已经让我们的生活发生翻天覆地的变化。20世纪70年代用粮票,80年代用现金,90年代用储蓄卡;21世纪初用信用卡,10年代用手机。从时代趋势来看,我们的世界开始正式步入"无现金"消费时代。

逸柏酒店集团成了第一个吃螃蟹的人,首次开创"无现金酒店"!

对于所有的酒店来说,"无现金"技术不是不可实现的,而难度在于使用"无现金"模式对于现有的酒店业务来说是个打击。但是换一种思维来说,这恰恰体现了逸柏酒店集团的前瞻性。

对于现代人来说,时间成本非常高。据酒店人群抽样调查,78.2%的顾客称在前台的手续时间越短越好,其中88%属于45岁以下的客群。事实上也确实如此,在前台的时间越长,对于排队等候的客人来说就会浪费更多时间。等待的时间是酒店体验最差的时候,而"无现金酒店"对于消费者意味着更便捷的酒店体验,多重线上支付方式让入住与退房变得更快速,因此更适合互联网时代的发展趋势,同时将消费者在酒店内所能体验的时间最大化,也最大限度发挥酒店在产品和运营两端的优势。

另外一层,逸柏酒店集团创造易佰品牌以来,始终秉持着"中小旅馆整合者"的使命,其初衷就是致力改善中国中小旅馆条件差、卫生差、服务差的现状。逸柏酒店集团关注每一个客人的身体健康,始终将卫生与安全放在首位。因此,逸柏酒店集团毅然决然地决定推进"无现金"模式,一则是为了完全杜绝现金带来的交叉感染与疾病携带,二则是完全解决假币给客人带来损失。

为此,对时代发展极为敏感的逸柏酒店集团在经过一年多的准备后,与银联商务达成战略合作,推出MIS-POS合作项目,正式开始投入应用于集团旗下的易佰酒店品牌,计划将在半年内引入锐思特与途客中国,完成"无现金"连锁酒店大市场战略。

MIS-POS是在原有系统的网络和收银系统基础上,通过增加商户端前置系统,并对原收银终端和收银系统进行改造,增加银行卡受理功能的银行卡支付交易系统。此系统可以将所有在中国境内使用的银行卡、企业内部发行的会员卡及汉卡等通用型预防卡程序接入系统中。

对酒店来说,采用MIS-POS受理银联卡交易可以大大减轻酒店收银员、财会部门和管理人员的负担,促进财务管理的数字化及资金流的优化,同时提高账务系统的准确性、可靠性,提高酒店的管理水平。对酒店业的发展具有长远意义。

MIS-POS的运用拓展了银行卡的支付渠道,完善了酒店的用卡环境,节省了POS硬件的投放成本,免除了以往POS硬件的维护,简洁了收银员的操作流程,缩短了银行卡交易的时间,提高了银行卡交易的成功率。再配合微信、支付宝等手机支付,全面开启"无现金酒店"时代。

资料来源:逸柏酒店集团网站。

项目2　酒店应收账款管理

应收账款是酒店采取签单或赊账消费的方式,提供给客人产品或服务而应收取的一种款项。应收账款管理作为酒店营运资金管理的重要方面,直接影响酒店的现金流量和经济效益。只有加强对应收账款的科学管理,才能更好地发挥应收账款的商业信用作用。

任务1 应收账款对酒店的影响

1.1 应收账款产生的原因

1. 商业竞争

在激烈的市场竞争环境下,酒店需要采用各种手段扩大销售以增加营业收入,除依靠价格优势、提高服务品质、加大广告宣传等手段外,赊销也是酒店吸引客源提高市场占有率常用的手段之一。对于同等档次的酒店,在其他条件相差不大的情况下,实行赊销的酒店销售额将大于实行现销的酒店销售额,因为客户可从延缓付款时间这一商业信用中获得利益。

2. 销售与收款的时间差

酒店提供服务产品与收取客人消费款的时间不一致,也导致了应收账款的产生。酒店允许住店客人在店期间赊账消费,离店时通过各种结算方式结账。各种结算方式下资金到账的时间长短不同,资金到账时间越长,产生的应收账款就越多。

1.2 应收账款对酒店的影响

1. 有利影响

应收账款对酒店的有利影响如下。

① 扩大销售,增加营业收入,提高市场占有率。酒店提供商业信用,能有效吸引部分资金周转暂时不灵或不愿及时付款的客户来店消费,从而增加酒店的销售收入,提高市场占有率。

② 减少存货积压,加速营业资金的周转。酒店扩大了销售,能及时消耗酒店积压的存货,减少存货占用资金,加速酒店营业资金的周转。

2. 不利影响

应收账款对酒店的不利影响如下。

① 降低酒店的资金利用效率。客人通过签单或赊账消费,酒店不能及时回收消费款,酒店应收账款占用大量流动资金,将造成酒店资金周转困难,严重时会影响酒店正常的经营活动。

② 夸大酒店的经营成果。由于我国酒店实行的记账基础是权责发生制,发生的当期赊销全部记入当期收入。因此,酒店的账面上收入的增长不代表现金流的增加。酒店大量应收账款的存在,虚增了账面收入,在一定程度上夸大了经营成果,增加了酒店的财务风险。

③ 加速酒店的现金流出。签单挂账消费能产生较多的账面利润,但并不是真正使酒店现金流量增加,反而增加了酒店各种税费,加速了酒店的现金流出。

④ 应收账款管理成本增加,酒店承担坏账损失风险。酒店面对大量的应收账款,需安排专人进行管理,对应收账款进行动态监控,及时了解和分析应收账款动态情况,还要对应收账款的相关重要账款资料进行妥善保管,使应收账款能按时按量收回。如果酒店收款不及时,或是客户有意拖欠、赖账,尤其是客户破产,酒店都要承担坏账损失的风险。

1.3 应收账款的成本

1. 机会成本

应收账款的存在使得资金被客户占用,酒店就会丧失将该笔资金用于投资其他项目获取收益的机会,从而产生机会成本。这是一种隐性成本,酒店不需现实支付,但在进行应收账款决策时需加以考虑。

2. 管理成本

管理成本是指从应收账款的产生到收回过程中,所有与应收账款管理有关的费用总和。其主要包括制定信用政策产生的费用、对客户资信调查和跟踪费用、信息收集费用、专职信用管理部门的管理费用、收账费用等。

3. 坏账损失

应收账款不能及时收回而发生的损失,就是坏账损失。一般而言,应收账款拖欠时间越长,发生坏账的可能性就越大。

总之,一定时期内酒店应收账款成本是持有应收账款的机会成本、管理成本和坏账损失之和。通常情况下,应收账款数额越大,所发生的应收账款成本也越大。

任务2 酒店信用政策

应收账款管理的目标是要制定科学合理的应收账款信用管理政策,加强应收账款日常风险管理,及时收回账款,降低风险损失,以求得利润最大化。酒店的信用政策主要包括信用标准、信用条件和收账政策三部分。

2.1 信用标准

信用标准是指客户获得酒店信用所应具备的基本条件,也是酒店向客户提供信用的最低要求。信用标准的意义在于酒店用此标准去衡量客户的信用状况,以决定是否向客户予以赊销,如果达不到,客户只能付现款消费。确定是否向客户提供信用,必须做好以下两项工作:调查评估客户的资信状况;确定合理的信用标准。

1. 调查评估客户的资信状况

酒店可通过客户提供的财务报告、开户银行出具的资信证明、专业的信用评估机构及酒店同行的信用评价等途径收集客户的信息资料,从而对客户的信用状况进行评估。目前国际上通用的是资信调查的6C系统。所谓6C系统,即品德(Character)、能力(Capacity)、资本(Capital)、抵押品(Collateral)、经营环境(Condition)和连续性(Continuity)。

① 品德是客户的信用品质,直接反映在回款速度和数额上。每一笔信用交易,都隐含了客户对酒店的付款承诺,如果客户没有付款的诚意,则该应收账款的风险就大大增加了。因此,品德被认为是评估信用最重要的因素。

② 能力包括客户的经营能力、管理能力和偿债能力。能力越强,酒店的应收账款风险就越低。

③ 资本是指客户的财务实力和财务状况,表明客户可能偿还债务的背景。

④ 抵押品是客户在拒付或无力支付时被用作抵押的资产。这对于不知底细或信用状况有争议的客户尤其重要。一旦收不到这些客户的款项,酒店作为债权方就可以通过处理抵押品获得补偿。

⑤ 经营环境主要是指客户运营的内部和外部环境,当这些环境发生变化时,是否对客户的偿债能力产生影响。如果影响很大,则客户的信用水平就将受到威胁。

⑥ 连续性是指客户持续经营的可能性。这需要从客户内部的财务状况、产品更新换代,以及科学技术发展情况等来进行综合评价。

2. 确定合理的信用标准

饭店在确定信用标准时,通常是以预期的坏账损失率作为判断标准。酒店所允许的坏账损失率越低,表明其信用标准越严格。如果酒店的信用标准较严,只对信誉好的客户提供信用,则会降低酒店的坏账风险,但会因条件过于严格而降低销售额;宽松的信用标准虽然会增加销售额,但发生坏账的风险加大,应收账款的机会成本就会提高。合理的信用标准应当是使得增加赊销额所取得的收益大于机会成本和风险损失。

2.2 信用条件

信用条件是指酒店要求客户支付赊销款项的条件,包括信用期限、信用额度和现金折扣。

1. 信用期限

信用期限是酒店为客户规定的最长的付款时间界限,需在信用合同中加以明确。信用期限越长,能吸引的客户越多,增加酒店的销售额;但信用期限过长,会加大应收账款的管理成本、机会成本和坏账损失风险。酒店需权衡利弊,合理确定信用期限,在成本效益原则下,使酒店总收益最大。

2. 信用额度

信用额度是酒店允许客户在一定信用期限内的最高赊销额,超过该额度客户必须现结或结清欠款后方可继续签单挂账。酒店合理确定某客户的信用额度,需要综合考虑自身的资金实力、销售政策、外部的竞争压力和客户的信用等级。例如,南京某酒店对客户的信用额度规定如表4-3所示。

表4-3 某酒店信用分级及额度、结算方式

信用等级	适用范围	信用额度	结算方式
A级	信誉优良的各类机关、团体事业单位	5万元/月	月结
B级	信誉良好的大型企业、知名外企、部队、金融保险单位、高等科研院校等	3万元/月	月结或超限即结
C级	中小企业等消费次数较少的客户	2万元/月	月结或超限即结
D级	经营部门单独签订优惠协议的客户	合同约定	月结或超限即结

3. 现金折扣

现金折扣是酒店给客户以适当的折扣,以吸引客户提前付款,缩短酒店收账期。例如,现金折扣表示为"2/10,1/20,n/30",即客户履约最迟付款期为30天,如果客户能在10天内

付款,则可以享受2%的折扣,在20天内付款可以享受1%的折扣,在超过20天的30天内付款则不享受任何折扣。酒店是否愿意提供现金折扣主要是看加速收款所获得的收益能否补偿现金折扣的成本。

2.3　收账政策

收账政策亦称收账方针,是指当客户违反信用条件,拖欠甚至拒付账款时所采用的收款策略与措施,即酒店采取何种合理的方法最大限度收回被拖欠的账款。

酒店对各种不同过期账款的催收方式,即收账政策是不同的。对过期较短的客户,不过多地打扰,以免将来失去这一市场;对过期较长的客户,频繁地信件催款并电话催询;对过期很长的客户,可在催款时措辞严厉,必要时提请有关部门仲裁或提请诉讼等。

当账款经常被客户拖欠或拒付时,酒店首先应分析现有的信用标准及信用审批制度是否存在纰漏,然后重新对违约客户的资信状况进行调查评估。对于信用品质恶劣的客户应当从信用名单中排除,对其所拖欠的款项可先通过信函、电话或派员前往等方式进行催收,态度可渐加强硬,并提出警告。当这些措施无效时,则可以通过法院裁决。对于信用记录一向正常的客户,在去电、去函基础上,可派人与客户直接协商,彼此沟通意见,达成谅解妥协,既可加强相互间的关系,又有利于较为理想地解决账款拖欠问题。

一般来说,收账费用越大,收账措施越有力,可收回的账款应越大,坏账损失也就越小。因此,酒店在确定收账政策时,要在增加的收账费用与减少应收账款而节约的存置成本和坏账损失之间进行权衡。

案例分析

恒大酒店集团旗下酒店全面实现"信用住"

近日,恒大酒店集团正式与阿里巴巴旗下旅行品牌"去啊"针对"未来酒店"计划开展战略合作,打造一个基于信用体系之上的酒店用户体验服务平台,推动酒店业与互联网的深度融合。合作的第一阶段就是联合芝麻信用上线"信用住"服务,信用良好的用户在阿里旅行预订恒大酒店集团旗下酒店,就可体验"零押金无担保急速退房"服务。

"信用住"的体验与传统模式相比明显更方便,用户在阿里旅行预订酒店时,芝麻分达到600分即可选择信用住。用户先入住后付款,无须支付押金,离店时也无须排队,只需把门卡放到前台,系统会自动从用户的支付宝账户里扣除房费,一切涉及资金的环节都在离店后,真正做到结账只需1秒钟。

"恒大酒店始终关注宾客需求,并致力于通过创新提供更好的消费体验。"恒大酒店集团营销品牌中心总经理陈莹女士说,"我们将在全国的恒大酒店上线信用住服务,实现无等待入住、退房,持续提升用户体验。"这种依托信用记录可体验的先入住、后付款、免排队"信用住"服务,是对当下中国客人支付习惯所做出的积极改变,恒大酒店借此服务与科技创新手段为住店客人,特别是始终在路上的商旅客们提供更加便捷高效的入住体验,将逐步与"未来酒店"无缝衔接。

截至目前,全国有近5 500家酒店加入"信用住"计划,包括香格里拉、喜达屋、金陵、开元、雷迪森等高端酒店集团,以及如家、华住、布丁、银座、易佰等经济型酒店集团等。恒大酒店正在逐步摆脱常规发展模式,进入拥抱"互联网+"的新常态、新趋势。

资料来源:迈点网。

分析:"信用住"服务体现了新形势下酒店业信用政策发展的哪些新变化?

任务3　应收账款的日常管理

3.1　应收账款账龄分析

应收账款账龄分析也称应收账款账龄结构分析,是对各笔应收账款按照发生的时间顺序归类,并计算出各账龄应收账款的余额占总计余额的百分比。一般来说,应收账款的账龄越长,形成坏账的可能性就越大。通过定期编制账龄分析表,可以掌握不同收账期的应收账款分布情况,如表4-4所示。

表4-4　某酒店应收账款账龄分析

账　龄	金额/元	百分比/%
0~30天	12 000	40
31~60天	8 500	28
61~90天	6 000	20
91天以上	3 500	12
合计	30 000	100

从表4-4可以看出该酒店应收账款的分布和变化情况。账龄1个月内的应收账款金额所占比重最大,酒店的信用政策制定得较为严格,对于账龄3个月以上的应收账款酒店也需加强管理。

3.2　应收账款的考核分析

酒店采用赊销方式在扩大销售的同时也导致了应收账款的增加,现金净流入减少,增加了应收账款的机会成本(资金占用成本)。如果酒店不对应收账款采取合理有效的考核措施,势必导致应收账款的管理失控,坏账风险加大,经济效益下降,甚至无法保证酒店的持续健康发展。酒店一般通过赊销百分比、应收账款周转率、应收账款回收率、坏账损失率等指标对应收账款进行考核。

1. 赊销百分比

赊销百分比是指酒店营业收入中赊销收入所占比例。其计算公式如下。

$$赊销百分比 = \frac{计算期赊销收入净额}{计算期销售收入净额} \times 100\%$$

2. 应收账款周转率

应收账款周转率是指一定时期内(通常为1年)应收账款转变为现金的次数。其计算公式如下。

$$应收账款周转率 = \frac{计算期赊销收入净额}{应收账款平均余额} \times 100\%$$

式中

$$计算期赊销收入净额 = 计算期销售收入总额 - 现销收入 - 销售折扣$$

$$应收账款平均余额 = \frac{期末应收账款余额 + 期初应收账款余额}{2}$$

在实际工作中,经常运用应收账款平均收账期反映应收账款的周转速度,即指 1 年内应收账款收回平均所需的时间。其计算公式如下。

$$应收账款平均收账期 = \frac{365}{应收账款周转率}$$

应收账款周转率越高,平均收账期越短,说明应收账款的收回越快。

3. 应收账款回收率

应收账款回收率是指酒店在一定时期内收回的应收账款与应收账款的占用及发生额之间的比率。影响应收账款回收率的主要因素是时间、债务人偿债能力和客户的信用等级。其计算公式如下。

$$应收账款回收率 = \frac{应收账款回收额}{应收账款占用及发生额} \times 100\%$$

式中,应收账款回收额为应收账款全年贷方发生额(即收回的金额)扣除核销的坏账损失;应收账款占用及发生额为应收账款年初余额与应收账款全年借方发生额的合计数。

应收账款回收率指标能够真实、正确地反映酒店应收账款的变现速度。加快应收账款回收速度,使在流动资产中占较大份额的应收账款能及时收回,能够减少营运资金在应收账款上的呆滞占用,从而搞活酒店营运资金,提高企业的资金利用效率。该指标越高,说明客户付款及时,酒店收款迅速,发生坏账损失减少,酒店信用政策执行情况良好。并且,通过该指标的计算,还可以间接反映酒店的赊销规模大小。

4. 坏账损失率

坏账损失率是指酒店一定时期内发生的坏账损失与应收账款占用及发生额的比率。该指标越低,说明酒店发生的坏账损失越少,酒店信用政策执行情况越好。

例 4-4　某酒店是一家商务酒店,拥有客房 360 间。酒店在今年设定销售人员的收入考核指标如表 4-5 所示。

表 4-5　某酒店营业收入全年考核指标　万元

指标＼月份		1	2	3	4	5	6	7	8	9	10	11	12
必考	1 000	80	40	90	90	100	80	90	80	110	100	80	70
力争	1 160	92	46	105	105	115	92	105	92	127	115	92	81

由表 4-5 中可见,销售人员必须完成全年 1 000 万元的销售指标,同时酒店鼓励销售业绩达到设定的力争指标为 1 160 万元。如果销售人员所实现的销售收入均为赊销,酒店

应考虑同时设定约束指标。

财务部根据酒店的资金实力、销售政策和相关历史经验数据,设置了应收账款管理的考核指标,如表 4-6 所示。

表 4-6 某酒店应收账款考核指标　　　　　　　　　　　　万元

收入指标	赊销指标	应收账款指标	坏账损失率
1 000 万元	年末应收账款余额不得超过年营业收入的 20%	全年应收账款平均收账期不得超过 30 天	年坏账损失率低于 1%

同时酒店还制定了相应的销售奖惩方案:超出必考指标部分按 1.5% 提奖,超出力争指标部分按 3% 提奖,不足必考指标按 0.7% 扣罚;并规定当月营业收入应扣除应收账款,应收账款在 3 个月内正常收回后补提奖励,3 个月至 6 个月收回的按 50% 计提奖励,6 个月以上收回的不再奖励。

经验交流

酒店加快应收账款回笼的要诀

随着酒店业竞争的日益激烈,信用挂账消费自然地成为酒店施展营销策略、稳定客源、增加市场份额的一大举措,由此而产生了应收账款。酒店生意既要做得大、做得活,应收账款也要收得来、收得快,这始终是摆在酒店经营者与管理者面前的重要课题。某酒店在加快应收账款回笼方面有五点做法可供借鉴。

1. 成立催款小组

成立以酒店领导为组长,营销、餐饮、客房、财务四大部门负责人及有关人员为成员的酒店应收账款催款小组,在春节前突击收款。每天事先排出催款路线,收款返回后及时汇总反馈,并及时安排好次日的催款计划。平时,分餐饮、客房两大块进行催款(一般以一个月为挂账收款周期),但分工不分家。例如,遇上餐饮吧台人员无暇外出,有同一挂账客户单位的,客房部则将餐饮账单一并带走收款,反之亦然。这样既明确了各部门的催款责任,又树立了酒店一盘棋的思想,同时也增进了有关部门、人员的配合协作精神。

2. 签订信用消费协议书

以诚信为前提,根据客户单位的企业规模、信用程度、客户往来频率及酒店对其熟悉、了解程度,采取分级消费优惠政策。同时,在签约书上要求客户提供授权签字者名单,并及时分发到相关业务部门,以便严格把关。对于一些未签约的客户要求消费挂账的,酒店规定必须经酒店相关部门领导同意。特别是对于个人消费挂账,规定凡由酒店有关人员签字担保的,本着谁担保谁负责的原则,超过当月未收回账款的,则在担保人当月工资中予以扣除,直至扣完为止,从而在一定程度上避免了客户消费挂账的坏账风险。

3. 编制账龄分析单

应收账款账期越长,形成坏账损失的可能性就越大。通过编制应收账款账龄分析单,可以及时了解挂账客户的账款动态和比例,以便及时采取相应对策,清理拖欠款,加速资金回笼,避免坏账损失。酒店的应收账款账龄分析单主要包含挂账客户名单、挂账金额、账龄分析、总计及比例等项目,其中账龄一栏又分为 30 天以内、30~60 天、61~90 天、91~120 天、120 天以上及备注六个分项目。账龄分析单统一由财务部负责编制,每月 10 号和 25

号各一次,分别呈送总经理及分管餐饮、客房部的副总经理。通过对应收账款的账龄分析,客户单位挂账时间长短、多少都一目了然,由此可以基本了解客户的消费状况及信用程度,以便有的放矢、对症下药,加快应收账款的回笼速度,保证应收账款的安全。因此,编制账龄分析单对于加快应收账款的管理很有必要。

4. 召开应收账款专题分析会

酒店每月 25 号全面盘点后,定期召开一次由酒店领导牵头,营销、餐饮、客房、财务部主要负责人和相关人员参加的应收账款专题分析会,着重研究应收账款问题,核账单、排难点、寻原因,做到账账、账表、账实相符。对于一些久欠未清的款项,逐笔进行分析讨论,决不轻易放弃可以催讨的途径和机会。对于个别一段时间没来酒店消费的老客户,则认真分析原因,及时改进服务、菜肴等自身方面存在的不足之处,力争使其最终成为酒店的忠诚客户。

5. 实施奖罚考核制度

为了进一步加强酒店应收账款管理,明确职责,落实到人,确保资金安全,提高经济效益,调动催款人员工作主动性和积极性,酒店根据实际出台了《应收账款回笼奖罚考核暂行办法》。①餐饮应收账款每月余额高于或低于 15 万元、客房应收账款每月余额高于或低于 3 万元的,各按其差额分别对相关部门予以 1% 的奖励或扣罚。②应收账款统计截止时间为每月 25 日,以财务部提供的账龄分析单上的余额为准。③各业务部门需及时上交有关账单,做到当月收入当月反映。④应收账款回笼奖罚款每月结算一次。予以奖励的,由业务部门填写领款单,经财务审签后报总经理审批领取(具体奖励分配由各有关业务部门负责人自行处理);予以扣罚的,由财务部在有关业务部门负责人的当月工资中直接予以扣除(具体扣罚由该业务部门负责人视情况分解)。⑤凡有财务人员配合外出催款的,有关业务部门应在当月的应收账款回笼奖励中对其予以适当的奖励。⑥各业务部门及有关催款人员,需妥善保管好账单、发票等凭证,因工作疏忽而丢失的,需承担相应的责任。酒店自实施《应收账款回笼奖罚考核暂行办法》以来,效果较为显著,餐饮、客房等有关部门的催款责任心明显增强,积极性大大提高,应收账款余额均未超过预计的控制额度范围。

总之,酒店必须高度重视应收账款管理工作,群策群力,周密布置,精心安排,灵活应对,千方百计加快资金周转速度,提高资金运营效益与效率,努力避免和减少坏账损失,永葆酒店的生机和活力。

项目 *3*　存货管理

存货是指酒店在经营过程中为销售或耗用而储备的实物资产,包括食品酒水、棉织品、低值易耗品、物料用品、商品、工程材料、动力燃料等。随着物价指数地不断上涨,酒店的经营成本压力越来越大,存货作为酒店流动资产的重要组成部分,经常处于不断销售、耗用、购买或重置中,且由于酒店经营产品(如菜肴)的不断调整创新,酒店存货在品种和数量上存在着更大的可变性和不可控性,这就对存货管理工作提出了更高的要求。存货管理的好坏,不仅直接影响着酒店的资金周转效率,还关系到酒店经营成本的大小,最终影响酒店的经济效益。

任务1 酒店存货管理决策

1.1 酒店存货的分类

存货按在酒店经营中的经济用途可分为以下几种。

① 原材料,是指经过生产加工后能成为产品对外出售的各种餐饮原材料(包括食品原材料、酒水饮料),以及各种工程维修、消耗材料(如水暖、电器、照明、电机的维修材料和涂料、小五金等日常消耗材料)。

② 物料用品,是指用于生产加工的各种辅助杂件、客用品、办公用品、清洁用品、印刷品、工程维修零配件等。

③ 低值易耗品,是指在规定的使用年限内(一般为1年以内)、价值低于固定资产标准的各种物品,如餐厨具、瓷器、玻璃器皿、棉织品、员工制服、小家具、包装物等。

④ 燃料,是指酒店在生产、服务和经营过程中所需用的各种液体、气体和固体燃料,如汽油、液化气、煤、酒精等。

⑤ 商品,是指酒店购入准备直接销售给顾客的各种物品,如烟、酒、日用百货等。

1.2 酒店存货的成本

酒店持有存货,一方面是为了保障酒店日常经营需要,以便在为客人提供服务产品的过程中随时可用,不至于因为存货短缺而造成服务中止,影响酒店服务质量;另一方面是为了从批量采购中获得供应商有优势的供应价格和服务。但是,酒店如果库存的存货过多,又会增加相应的成本,还可能给酒店带来一定的损失。所以,酒店需要在存货成本和存货效益之间做出权衡,以实现存货管理的最佳水平。酒店的存货成本主要包括四项:采购成本、订货成本、储存成本和缺货成本。

1. 采购成本

采购成本是存货本身的价值,等于购买存货的数量与单价的乘积。在物价稳定、无数量折扣的前提下,采购成本的高低取决于采购数量的多少。

2. 订货成本

订货成本是在采购过程中发生的各项费用支出,包括采购人员的差旅费、通信费、办公费,存货的物流费用、搬运费等。订货成本的高低有些与订货次数无关,是固定成本,如酒店采购部门的办公费、人员工资等;有些与订货次数相关,是变动成本,订货次数越多,订货成本就越高,如采购人员的差旅费、通信费、存货的物流费用等。

3. 储存成本

储存成本是酒店为持有存货而发生的成本费用支出,包括存货的仓储费用、库存损耗、仓库的日常开支、保险费用等,还有因存货资金的占用而丧失的机会成本,即酒店利用资金购买存货而失去的其他投资机会可能带来的投资收益。储存成本一般与存货的持有量成正比关系。

4. 缺货成本

缺货成本是由于存货供应不足而给酒店造成的损失,包括因缺货丧失的销售机会、紧急采购而发生的超出正常采购的成本、对酒店商誉的影响等。缺货成本与存货的持有量成反比关系。

1.3　酒店存货管理的目标

酒店存货管理的目标,就是在保证生产或销售经营需要的前提下,最大限度地降低存货成本,具体包括以下几个方面。

1. 保证生产经营正常进行

酒店生产过程中需要的原材料和在产品是生产的物质保证。为保障生产的正常进行,必须储备一定量的存货;否则可能会造成生产中断、停工待料的现象。

2. 有利于销售

一定数量的存货储备能够增加酒店在生产和销售方面的机动性和适应市场变化的能力。当企业市场需求量增加时,若产品储备不足就有可能失去销售良机,所以保持一定量的存货是有利于市场销售的。

3. 降低存货取得成本

一般情况下,当酒店进行采购时,进货总成本与采购物资的单价和采购次数有密切关系。而许多供应商为鼓励客户多购买其产品,往往在客户采购量达到一定数量时,给予价格折扣,所以酒店通过大批量集中进货,既可以享受价格折扣,降低购置成本,也因减少订货次数,降低了订货成本,使总的进货成本降低。

4. 防止意外事件的发生

酒店在采购、运输、生产和销售过程中,都可能发生意料之外的事故,保持必要的存货保险储备,可以避免和减少意外事件的损失。

1.4　存货管理的财务决策

存货管理决策是依据存货管理的目标要求确定合理的进货批量和进货时间,以使得存货的总成本最低的决策过程。

1. 经济订货批量的确定

经济订货批量(Economic Order Quantity,EOQ)也称最佳订货量,是通过平衡采购进货成本和保管仓储成本核算,以实现总库存成本最低的最佳订货量。经济订货批量是固定订货批量模型的一种,可以用来确定酒店一次订货的数量。当企业按照经济订货批量来订货时,可实现订货成本和储存成本之和最小化。存货的持有成本用公式表示如下。

$$TC = \frac{D}{Q} \times K + \frac{Q}{2} \times C$$

式中,TC 为存货的持有成本;D 为全年需求量;Q 为每次的订货量;K 为每次的订货成本;C 为单位存货的储存成本。

通过对上述公式求导,可求出使存货持有成本最小的经济订货批量(Q')。

$$Q' = \sqrt{\frac{2 \times D \times K}{C}}$$

经济订货批量下的最低存货持有成本如下。

$$TC = \sqrt{2 \times D \times K \times C}$$

全年最佳订货次数如下。

$$N = \frac{D}{Q'} = \sqrt{\frac{D \times C}{2 \times K}}$$

例 4 - 5 某酒店预计客用洗浴用品的年需求量为 6 000 套,单位采购成本 10 元,单位储存成本 9 元,平均每次进货费用 30 元。假设客用洗浴用品不存在缺货的情况,且采购单价稳定,无商业折扣,存货市场供应充足,酒店资金充足。求该酒店客用洗浴用品的经济订货批量、最低存货持有成本、最佳订货次数。

$$Q = \sqrt{\frac{2 \times D \times K}{C}} = \sqrt{\frac{2 \times 6\,000 \times 30}{9}} = 200(套)$$

$$TC = \sqrt{2 \times D \times K \times C} = \sqrt{2 \times 6\,000 \times 30 \times 9} = 1\,800(元)$$

$$N = \frac{D}{Q'} = \frac{6\,000}{200} = 30(次)$$

该酒店客用洗浴用品的经济订货批量为 200 套,最低存货持有成本为 1 800 元,最佳订货次数为 30 次。

经济订货批量也可以通过在坐标图上画图确定。先计算出不同批量的各有关成本,在坐标上描出各有关成本构成的订货成本线、储存成本线、采购成本线和存货总成本线。订货成本线和储存成本线的交点即为总成本的最低点,对应的订货量即为经济订货批量(最佳订货量),如图 4 - 2 所示。

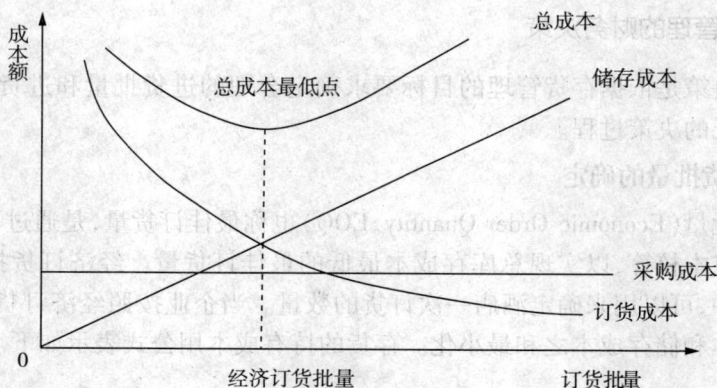

图 4 - 2 经济订货批量模型

2. 再订货点的确定

存货的再订货点是达到订购下一批存货时间要求的最低储存量。最低储存量也称安全储备量,是指存货在仓库中应储存的最少数量,低于此数量就有可能造成存货短缺,进而影响酒店的正常生产经营需要。现有库存量必须满足"申购及采购下批货到货"期间的用量。

设置最低储存量需考虑四个关键因素:①存货的日耗用量,使用部门需定期核验,以保证其准确度;②申购周期,即采购申请单审批所需的时间;③采购周期。即供应商接到订单组织货源,到送达酒店的时间;④安全周期,采购需考虑可能的不确定因素,适当增加一定的安全天数。其计算公式如下。

$$最低储存量 = 存货的日耗用量 \times (申购周期 + 采购周期 + 安全周期)$$

例 4-6 某酒店订购的沐浴液包装规格为 1 箱 ×4 盒/箱 ×50 瓶/盒(即 200 瓶/箱),客房部月用量估计 2 000 瓶,申购周期需 7 天,采购周期需 45 天,设置安全周期为 10 天,供应商的起订量为每批 20 箱。求该沐浴液的最低储存量是多少?

$$
\begin{aligned}
最低储存量 &= 存货的日耗用量 \times (申购周期 + 采购周期 + 安全周期) \\
&= \frac{2\ 000}{30} \times (7 + 45 + 10) \approx 4\ 133 (瓶)
\end{aligned}
$$

因沐浴液的包装规格为 200 瓶/箱,最终核定最低储存量为 4 200 瓶(即 21 箱),一旦达到或低于该数量警戒线,仓库需立即申请采购下一批。

任务 2 存货的日常管理

在存货管理过程中,不仅需要考虑存货的购进数量和购进时间对存货成本的影响,而且需要在存货的日常流转过程中加强管理和监控,合理使用存货,提高存货资金的使用效率。

2.1 定额管理

存货定额是指酒店在一定时期、一定技术水平和管理水平下,为完成生产经营所必须消耗的存货数量标准。酒店在经营过程中对存货进行定额管理,目的在于找出存货消耗的规律,降低存货消耗量,节约成本,提高酒店的经济效益。

1. 影响存货消耗定额的因素

影响存货消耗定额的因素主要有酒店的等级规格、存货折损率、不同操作技术水平、存货的生命周期、存货的储存或保养条件、设备性能等。

① 酒店的等级规格。一般来说,酒店的等级规格越高,存货消耗品种越多、数量越大,存货定额的确定就越复杂。

② 存货折损率。不同存货的折损率是不同的。蔬菜、肉类、水产、干货等食品原材料在经过初加工后有明显的折损率;而餐厨具、设备、棉织品的折损率是隐性的,需要经过一个完整的生命周期才能确定。

③ 不同操作技术水平。标准、科学的操作技术水平能减少存货的消耗,反之,则会造成存货的浪费。例如,棉织品的洗涤,为达到一定的洗净度,如果操作人员采用科学的洗涤方式,不仅可以节约洗涤剂用量,而且会减轻棉织品的磨损程度,延长其使用寿命;但如果洗涤方式不科学,则会加速棉织品的磨损,缩短其使用寿命,导致棉织品的消耗增加。

④ 存货的生命周期。生命周期短的存货,消耗定额大,如纸巾、洗浴用品等一次性客用品;生命周期长的存货,消耗定额小,如小家具等耐用品。

⑤ 存货的储存或保养条件。如果酒店的仓储条件好,达到存货储存要求的温度、湿度、通风等条件,且在使用过程中注意保养,如皮具经常擦拭,瓷器、玻璃器皿轻拿轻放,可以减

少存货的消耗定额。

⑥ 设备性能。酒店的设备性能好,与之相关的存货消耗定额就少。例如,酒店的洗碗机、洗衣房设备等,如果性能好,不但可以提高餐具、棉织品的洗净率,而且可以减少其磨损程度,降低消耗定额。

2. 确定酒店存货消耗定额的程序

确定酒店存货消耗定额的程序如下。

① 将存货消耗定额任务下达到各部门,详细说明存货消耗定额的意义和内涵,根据酒店各部门存货消耗工作的要求,确定存货消耗定额标准。

② 各部门根据工作特点,详细制定单位产品或商品、单位接待能力所需存货配备表。

③ 确定一次性用品单位时间或单位产品消耗定额,注意按照不同用品的不同特性选用不同计量单位和计算标准。

④ 确定多次性用品在寿命期内的损耗率或一段时期内的更新率。

⑤ 综合汇总。

在确定酒店存货消耗定额的过程中,要注意区分客用存货和店用存货。客用存货消耗定额制定时尽量从宽,以应付特殊情况的发生;而店用存货消耗定额制定时应从严,在酒店员工中树立节能观念。

3. 存货消耗定额的确定

(1) 客房用品消耗定额的确定

酒店客房用品一般分为一次性客用品和多次性客用品。一次性客用品,如供客人使用的牙膏、牙刷、香皂、拖鞋、纸、笔、洗衣袋等;多次性客用品,如毛巾、浴袍、床单、被套等。客房用品的消耗取决于客房的数量、出租率、每间客房用品配备量、用品的使用时间等。其计算公式如下。

$$一次性客用品消耗量 = 间房用品配备量 \times 客房出租间天数 \times (1-配备未使用系数)$$

$$多次性客用品消耗量 = \frac{间房用品配备量 \times 客房出租间天数 \times (1-配备未使用系数)}{用品平均使用次数}$$

$$客用品消耗定额 = \sum (客用品消耗量 \times 单价)$$

例 4-7 某酒店有标准间 400 间,全年客房平均出租率为 80%。每间客房配备供客人使用的一次性洗涤用品 2 套,单价 10 元,未使用系数为 0.1;布草毛巾配备 2 套,单价 30 元,可使用次数 200 次,未使用系数为 0.3。假设酒店客用品需储备 30 天用量。求该酒店客用品平均每月消耗资金定额。

$$一次性洗涤用品月消耗量 = 间房用品配备量 \times 客房出租间天数 \times (1-配备未使用系数)$$
$$= 2 \times 400 \times 80\% \times 30 \times (1-0.1) = 17\ 280 (套)$$

$$布草毛巾月消耗量 = \frac{间房用品配备量 \times 客房出租间天数 \times (1-配备未使用系数)}{用品平均使用次数}$$
$$= \frac{2 \times 400 \times 80\% \times 30 \times (1-0.3)}{200} = 67.2 (套)$$

酒店客用品消耗资金定额 = 17 280 × 10 + 67.2 × 30 = 174 816(元)

该酒店客用品平均每月消耗资金定额为 174 816 元。

（2）餐饮用品消耗定额的确定

餐饮用品主要是指餐具、桌布、餐巾、牙签、器皿、牙签、纸巾等。除牙签、纸巾外,酒店大部分的餐饮用品都是可以多次使用的。其计算公式如下。

$$一次性餐饮用品日均消耗量 = 餐位数量 \times 餐位平均利用率 \times 每餐位用品配备量$$

$$多次性餐饮用品日均消耗量 = \frac{餐位数量 \times 餐位平均利用率 \times 每餐位用品配备量}{用品平均使用天数}$$

$$餐饮用品消耗定额 = \sum（餐饮用品日均消耗量 \times 单价 \times 定额日数）$$

例 4-8 某酒店西餐厅拥有餐位 200 个,餐位平均利用率为 60%。平均每餐位配备餐碟 2 个,每个餐碟单价为 3 元,每个餐碟平均能够使用 20 天。假设酒店客用品定额日数为 30 天。求该西餐厅餐碟消耗定额。

$$西餐厅餐碟消耗定额 = \frac{200 \times 60\% \times 2}{20} \times 3 \times 30 = 1\,080（元）$$

该西餐厅餐碟消耗定额为 1 080 元。

2.2　采购管理

酒店存货采购是参照既定存货定额,在一定时期内购入不同品种、不同数量的存货,以保证酒店正常经营的需要。采购管理是建立在酒店存货定额基础上的,是对采购过程的管理和控制。

1. 采购管理的内容

采购管理的内容如下。

① 认真分析酒店各项经营业务的存货需要,依据市场存货供应情况,科学合理地确定采购存货的种类和数量。

② 根据酒店业务部门对存货数量和质量的需求,通过比较存货供给价格,选择合适的供应商,及时订货或直接采购。

③ 控制采购活动全过程,使存货采购按时、按质、按量完成。

④ 严格采购管理制度和规范,制定严密的采购工作流程,使采购工作前后衔接、相互监督,并保证采购过程中的所有原始凭证得以妥善收集、整理和保存。

2. 酒店采购工作流程

酒店采购工作流程分为三个环节:采购计划流程、物品采购流程和采购付款流程,具体如图 4-3、图 4-4、图 4-5 所示。

市场	仓库	采购部	财务部

计划依据

开始 → 市场调查 ← 采购计划表

计划细分

物品需求计划表

核对库存 → 制订采购计划 ← 采购计划表

审核 否 / 是

物品采购

物料采购流程

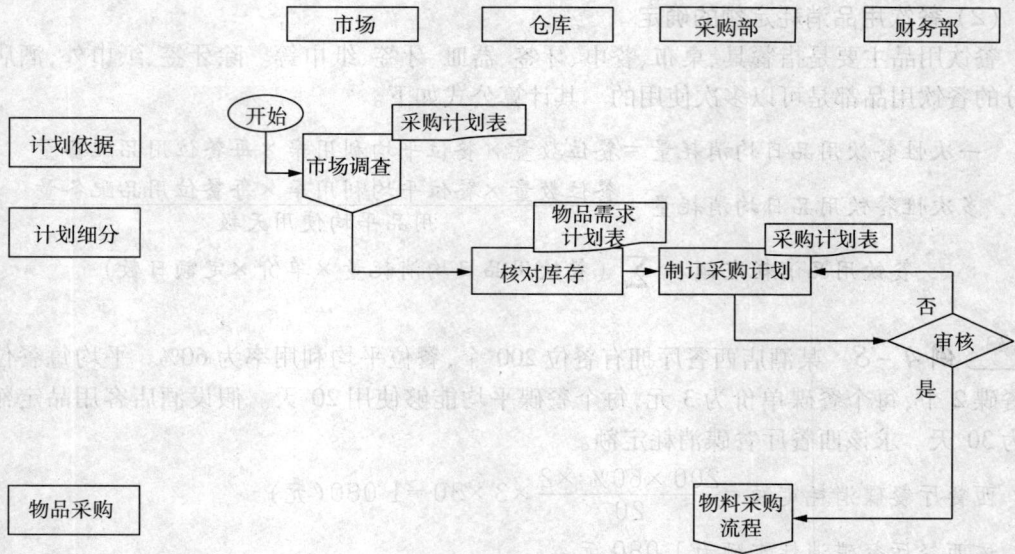

图 4-3 采购计划流程

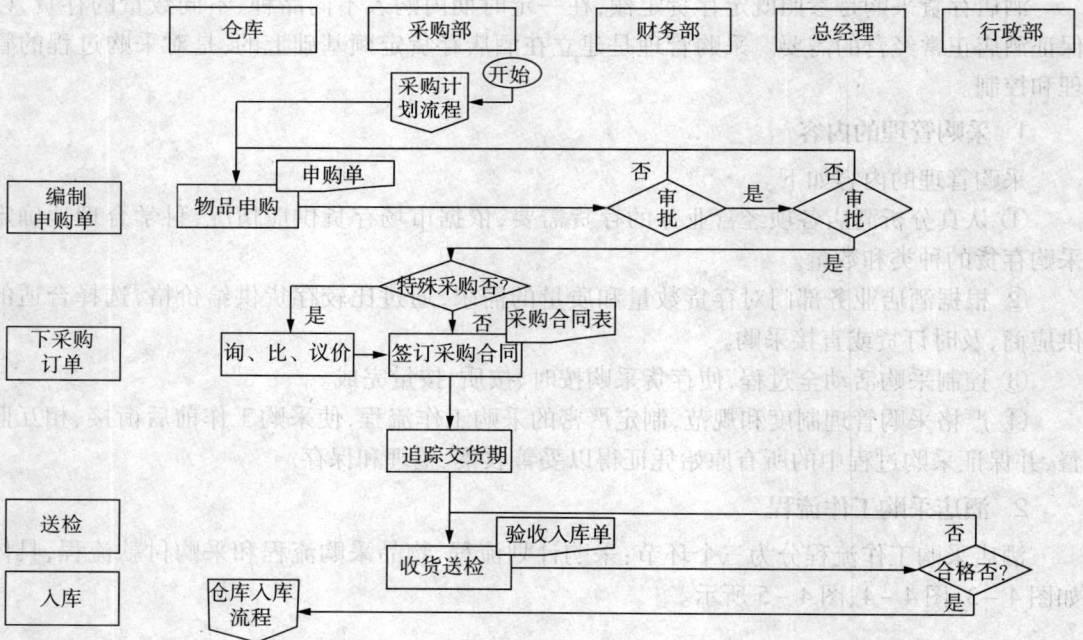

仓库	采购部	财务部	总经理	行政部

采购计划流程 ← 开始

编制申购单

物品申购 → 申购单 → 审批 否/是 → 审批 否/是

特殊采购否?

下采购订单

询、比、议价 是 / 否 签订采购合同 ← 采购合同表

追踪交货期

送检

收货送检 ← 验收入库单 → 合格否? 否/是

入库

仓库入库流程

图 4-4 物品采购流程

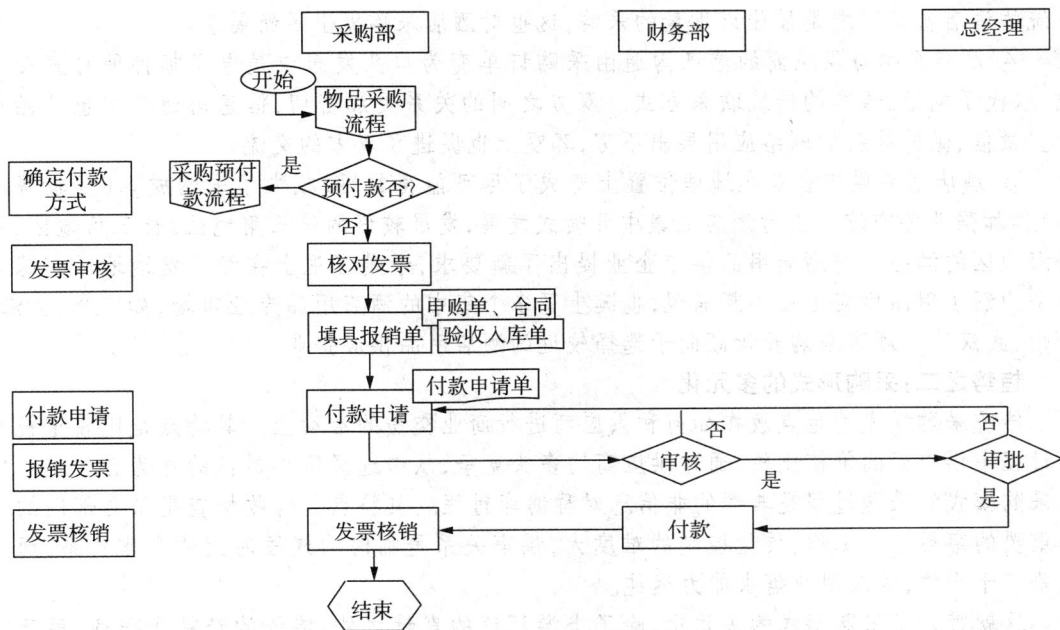

图4-5　采购付款流程

相关链接

严胜道：中国酒店业采购的七大趋势

中国经济开始走向全球一体化的网络新经济,经济网络化带给中国经济新的发展变革。而中国酒店业的高速发展,带来了酒店采购市场的繁荣。采购对酒店企业的贡献越来越具有战略性,它已成为酒店企业核心竞争力的重要组成部分。越来越多的国内酒店及酒店集团开始借鉴、吸收国际酒店集团的采购经验,并结合国情,进行酒店采购管理的变革,呈现出一些新的趋势。

趋势之一：采购管理观念的变化

① 供应商和买方角色由传统采购管理的相互对立转变为合作伙伴,这是一个十分有益的转变。这增加了企业之间的信任,提高了企业间的合作水平,酒店用品供应企业不必再为产品买卖花费更多的心思,可以更加专注于提高产品性能,提高企业的核心竞争能力上来,对中国酒店用品行业的良性发展来说是有利的。一些国内外大型酒店集团都倾向于与品牌酒店供应商签订战略合作伙伴协议,以图共谋发展。

② 酒店或酒店集团同时合作的用品供应商数量减少,甚至只有一个指定供应商为酒店一站式采购所需提供服务,这无疑增加了供需企业之间的合作。

③ 随着酒店用品供应企业的不断增多、加之交通物流的发达、酒店管理理念的完善,传统酒店设立多个库房(一级库/二级库)的管理手段正在被逐步淡化,酒店也无须囤积过量的物品来满足酒店需求(有的中小酒店甚至在满足条件的前提下实现零库存)。酒店的采购数量也由原先的大批量采购逐渐转变为适合酒店需要,降低成本的小批量采购;与此同时,交货周期上变为每周或是每天,这对酒店用品供应企业提出了高要求。有的引入了收益管理

系统的酒店甚至要求是最佳订货量的采购,这也对酒店采购提出了新要求。

④ 酒店采购与供应商的信息沟通由采购订单变为口头发布或是电子邮件便可直接完成,取代了电话、传真的传统联系方式。双方之间的关系更加密切,信息沟通频率也开始加大。微信、微博等新的网络应用层出不穷,客观上也促进了双方的交流。

⑤ 酒店用品供应企业在地理位置上变成了尽可能得靠近,减少了采购成本(运输费用等)和加强业务交流。因为酒店业集中井喷式发展,发展较好的珠三角地区、长三角地区、环渤海地区的酒店业对酒店用品供应企业提出了新要求,于是客观上在经济发达地区有越来越多的酒店用品供应企业不断涌现,也诞生了多个集中的酒店用品专业市场,如广州、上海、扬州、武汉等。酒店采购开始倾向于选择较近的酒店用品供应企业。

趋势之二:采购形式的多元化

传统采购模式的重点放在如何和供应商进行商业交易的活动上。其特点是比较重视交易过程中供应商的价格比较,通过供应商的多头竞争,从中选择价格最低的作为合作者。传统采购模式的采购过程是典型的非信息对称博弈过程。其特点是验收检查是采购部门的一个重要的事后把关工作,质量控制的难度大,供需关系是临时的或短时期的合作关系,而且竞争多于合作,响应用户需求能力迟钝。

这就带来了采购形式的多元化,除了上游厂商的直销之外,传统的经销代理商、第三方采购、集团采购中心、线下酒店用品展会及一站式采购平台都可以在其中谋得一席之地。

第三方采购指的是酒店将其整体采购业务外包给主要的供应商或第三方公司。与酒店自己进行采购相比,利用承包商或是第三方公司往往可以获得更多的购买经验,如"从大到小"的全方位个性化解决方案。这有利于酒店从目前与采购相关的烦琐的日常事务管理及高成本中解脱出来。

电子商务是随着互联网技术和新经济管理理论的发展而出现的一种新兴的商务方式。电子商务的实时性突破了时空的限制,可以实时地获得供应商、产品、价格等市场因素,并极大地拓宽了采购部门的视野。传统采购管理面临的问题如信息狭窄、不及时、不准确、采购数据流失等,都将在实施电子商务的过程中逐步消失。电商化或信息化的采购服务需求日趋明显,大型酒店集团开始着手建设信息化的采购系统。另一方面,国内经销商在公共采购平台上的开发则处于滞后状态。各大酒店用品专业市场(信基沙溪、南天等)和各大专业酒店类会展公司(博华等)纷纷上线了"酒店用品在线"的酒店用品采购网站,试图打造酒店用品供应商、经销商和酒店产品需求方之间的信息交流平台。"上游有制造企业,下游有客户,中间有分销渠道"的供应链如何打通,仍是未来需要关注的问题。而将酒店用品摆上互联网的一个难点是如何更好地将产品进行分类,产品信息标准化程度较低是当前的现状。酒店用品种类繁杂,每种产品的大小、高低、重量等信息都不统一,不是每类产品都有其标准(注:酒店布草和客房类用品尚有一定的标准或行业规范可以依照或借鉴),且生产商多是中小型企业,集约化程度不高。同时,结算平台的优化也是非常重要的一方面,用户体验的满意度直接决定了"酒店用品在线"的未来走向。

相比之下,传统经销商在电子信息化上的步伐显得略微迟缓。兆能源等一些所谓提供"一站式采购体验"的大型经销商尽管也有自己的在线交易平台,但无论从网站设计、业务流程,还是用户体验上来说,都不够成熟和完善。它们的侧重点依然还是在线下卖场。

趋势之三:采购方式的流变

国营酒店依然广泛采用招投标这种看似透明、公开的方式进行大宗物品的酒店采购。与制定烦琐的招标书和程序相反的是,民营酒店更倾向于邀标这种招标的衍生方式或单一来源采购、竞争性谈判、询价等方式,且不同类型的物品采购选用不同的、相应的、有针对性的方式,这样能使采购流程最优化、采购环节最简化、采购时间最短化,充分提高采购的绩效、降低采购成本。

趋势之四:采购管理软件的应用带来采购流程的变革

供应商其实和酒店一样,面对共同的顾客,供应的服务水准将直接影响酒店对顾客的服务水准;供应商的工作质量将直接影响酒店的盈利水平。越来越多的酒店管理集团开始尝试使用不同的采购管理软件,着手进行采购流程变革。而采购管理系统也成为酒店管理系统的一部分,数据基于互联网的传输,在不同供应商的数据库中显示。供应商则根据和酒店事先商定和设定的供货量水平,及时向酒店补足已经耗用的物品。这无疑减少了采购的工作量,提高了工作效率。

趋势之五:新技术对采购提出新要求

酒店业的技术升级对酒店采购提出新要求,传统的采购所要求的知识结构和需要拥有的知识储备已经不足以应对新设备、新产品的采购。新形势下,没有一个采购人员敢说自己精通或熟悉所有产品。

现代科技日新月异,未来的技术领域存在着无限可能。随着国家对绿色环保越来越重视,新能源、新技术被酒店业所接受并大力推广、应用,对酒店采购的专业性提出了较高的要求。在当前低碳经济的趋势下,酒店节能环保成为一种新趋势,低碳的酒店用品也将受到更多酒店的欢迎。酒店客房技术近年来获得巨大发展,客房技术从传统的满足客人舒适度上升到关注客人的体验性。科技的发展对酒店采购内容带来的变化,也对酒店采购提出了新要求。

为了满足酒店服务国际化、特色化的要求,国内众多高星级酒店在设计之初就给自己定位于智能化酒店、数字化酒店或信息化酒店。酒店智能化是未来有效提高酒店服务水平的主要途径之一,不仅能为客人提供更加人性化、个性化的服务,也使得酒店服务有了高科技含量,有助于加强酒店的管理。

智能化酒店的共同之处在于,它们都建立在一个高速的信息化网络平台上。互联网接入、VOD(交互式电视点播)等体现酒店特色服务的项目一度被列入国家星级饭店的评定标准中,并被作为得分项。从10年前的 VOD 到5年前基于互联网应用的 IPTV(交互式网络电视),网络化功不可没。而当前平板电脑和智能手机逐渐流行,随着云技术等计算机网络技术的发展,酒店科技的极限也在不断被挑战。酒店客人寻求更高的体验,希望客房里有高清电视或类似 iPad 的新的数码设备,并希望该设备能够与房间内设备(例如,电视、门锁、客房控制、WiFi、音响系统、电话、通过视频连接酒店工作人员等)交互的可能性。客人的自带数码产品也越来越丰富,手机、笔记本电脑乃至 iPad 等几乎成了商务客人的标志及标准配备。各类数码产品对酒店客房内插座或接口的要求变得普遍,越来越多的客人开始不满于酒店没有提供专业的接口或更多的插座,而部分客人因此干脆转向那些新开的高星级酒店,因为类似"魔笛杰克"这类多媒体转换器开始被新酒店所接受并应用,获得了广泛的好评。

众多客房智能化控制系统的提供商均能够提供让更多消费者参与并控制房内功能的技术解决方案。客房环境控制包括控温器、电视、电话、高速网络、远程控制、迷你吧和客房锁等。也有客人希望通过他们自己的移动设备办理登记及退房手续,而在餐厅用平板电脑点餐也被客人视为一件趣事,能够让客人浏览餐厅所提供的食品的图片。智能化的用品能让客人的生活更加方便和舒适,如对睡眠环境起决定作用的床垫产品便成为衡量酒店舒适度的重要标准之一,因此也就成为酒店采购工作的重要内容,部分融入高科技的床垫产品开始被酒店采购所关注。

趋势之六:酒店供应企业的管理水平和集约化程度不断提高

随着市场的不断细分,酒店用品供应企业的管理水平和集约化程度不断提高,酒店供应企业开始寻求整合或联合,这就诞生了一批酒店用品供应企业集团。以明辉集团为例,它不但保持了其客房用品多年的高品质和研发力度,还成功地整合了异地的一家纺织品企业,增加了酒店布草的供应业务。明辉集团在做好产品的同时,积极地在酒店用品、航空用品、旅行用品及身体护理产品的全球供应链中,努力遵循行商有道、与人为善、崇尚自然的企业社会责任规范。明辉集团成立了企业社会责任委员会,直接由董事局管辖。这种机制无疑会加大社会对企业的美誉度,同时对企业环保、科技、创新等理念有了强有力的佐证和保驾护航的手段。近年来明辉集团成功地进入了数十家国际酒店集团的酒店用品供应商名录,并在酒店用品供应企业中率先上市。

趋势之七:市场对酒店用品供应商提出了新要求和新挑战

对于中国广大的酒店用品供应企业而言,关注客人体验,重视酒店需求,提高产品的品质和高附加值,适应行业市场需求,方能真正立足市场。

① 酒店用品的质量在最大程度上取决于供应管理。

② 采购环节的开支在酒店总成本中占有较高的比例,减少采购成本,酒店利润会显著提高。

③ 从客户角度看,缩短交货期,意味着对客户服务水平的提高。加强供应管理,可以大大缩短交货期。

④ 随着客户体验的加强,酒店客户更加看重敏捷性即反应性。很多商机都是稍纵即逝,善于把握和维系是很重要的。此时没有业务不代表未来没有需求,维系得好的话说不定哪天客户就给你打电话了,生意也就不远了。

资料来源:迈点网。

2.3 验收管理

验收管理是酒店存货入库前必经的关键步骤和存货管理的关键环节之一。

1. 验收内容

在存货采购任务完成之后,酒店验收人员根据订货单及交货通知单,检查所购存货品种、规格、数量、质量、价格是否准确,并详细记录检查结果,对合格的存货准予入库或直拨到使用部门,对不合格的存货予以拒收。验收包括检验和收货两部分。

① 检验。检查有关存货采购的凭证、质量、数量、价格等项目。

② 收货。验收合格的存货,收货员应根据其名称、规格、型号、单位、数量、单价和金额及时填写入库单,将各类物品及时入库或分发给使用部门。

2. 验收程序

验收程序如下。

① 验收前的准备工作。采购员订货后,需及时将订货单转给仓库收货部门。通过订货单,收货员可以及时了解所购物品的基本情况,并将订购单与申购单相核对,若两者不一致,需及时通知财务部。在所购物品到店前,需安排好验收人员,准备好验收工具、收货场地,并将订货单准备好,以备使用。

② 验收操作。酒店所购物资到店时,供应商会随货附有交货通知单。收货员依据订货单和交货单详细核对到店物资的名称、规格、数量、单价、金额等,检查外包装是否密实,测试外观和内在质量是否符合要求。验收完成后,发现问题当场向供应商反映,并做出全部或部分拒收的处理,填写双方签字认可的拒收单。

③ 存货入库。检验合格的存货及时分类存入仓库或分发使用部门。

④ 记录验收结果。收货员最终以书面形式记录验收情况,包括填制验收入库单、汇总收货日报。

2.4　仓储管理

仓储管理的目的在于确保仓库存货的安全完整,尽量减少因管理方法不当、治安不力、防火不严、仓储条件简陋等原因导致的库存存货数量短缺或质量低下。

1. ABC 分类管理法

由于酒店存货品种众多,所占资金数量很大,单位价格相差悬殊,在实际工作中,必须分清主次,突出重点,区别不同情况分别采取相应的控制措施。ABC 分类管理法,是将库存物品按品种和占用资金的多少分为特别重要的库存(A 类)、一般重要的库存(B 类)、不重要的库存(C 类)三个等级,然后针对不同等级分别进行管理和控制。其原理就是按照存货价值的大小、使用数量的多少和占用资金的情况将存货分为三类,采用不同的管理方法。属于 A 类的是少数价值高的、最重要的项目,这些存货品种少,而单位价值却较大,实务中,这类存货的品种数大约只占全部存货总品种数的10%,而从一定期间出库的金额看,这类存货出库的金额大约要占到全部存货出库总金额的70%。属于 C 类的是为数众多的低值项目,其特点是,从品种数量来看,这类存货的品种数大约要占到全部存货总品种数的70%,而从一定期间出库的金额看,这类存货出库的金额大约只占全部存货出库总金额的10%。B 类存货则介于这两者之间,从品种数和出库金额看,大约都只占全部存货总数的20%。ABC 分类管理标准如表4-7所示。

表4-7　ABC 分类管理标准

分类	比例	价格	定额的综合程度	定额的计算	统计详细程度	库存检查	保险储备
A 类	占总品种数的10% 左右 占总金额的70% 左右	高	按品种或规格	详细	详细	经常	低
B 类	占总品种数的20% 左右 占总金额的20% 左右	一般	按大类	按过去记录	有记录	定期	较大
C 类	占总品种数的70% 左右 占总金额的10% 左右	低	按金额总计	按经验	金额总计	不定	一般

上述 A、B、C 三类存货中,由于各类存货的重要程度不同,一般可以采用下列控制方法:

① 对于 A 类存货的控制,要计算每个项目的经济订货量和订货点,尽可能适当增加订购次数,以减少存货积压,也就是减少其昂贵的存储费用和大量的资金占用;同时,还可以为该类存货分别设置永续盘存卡片,以加强日常控制。

② 对于 B 类存货的控制,也要事先为每个项目计算经济订货量和订货点,同时也可以分享设置永续盘存卡片来反映库存动态,但要求不必像 A 类那样严格,只要定期进行概括性的检查就可以了,以节省存储和管理成本。

③ 对于 C 类存货的控制,由于它们为数众多,而且单价又很低,存货成本也较低,因此,可以适当增加每次订货数量,减少全年的订货次数,对这类物资日常的控制方法,一般可以采用一些较为简化的方法进行管理。

2. 仓储管理内容

仓储管理的内容如下。

① 安排合适的仓储场所。酒店要对所购存货安排合适的仓储场所,就必须首先对存货进行合理的分类,可以从横向和纵向两方面进行。横向分类是根据存货的基本特征分类,以确定存货选择仓库的方向;纵向分类是在同一类存货内进行,以确定存货储存的位置。另外还需就近选库,尽量减少存货的搬运,加快存货发放速度,提高存货质量。

② 入库存放。存货入库需进行合理的堆放,根据存货的性质、形状、包装、重量等特征,考虑合理、牢固、定量、整齐、节约、方便等因素,从方便存放、方便盘点、方便领料、方便清扫等角度出发,堆放存货,以便对存货进行妥善保管,提高仓库利用率,减少仓储成本。

③ 货位编码。货位编码是指对入库的存货进行定位,将仓库、货架按一定的顺序统一编码,做出明显的识别性标志,以方便登记和准确找寻存货。

④ 存货保管。存货保管是指酒店采取各种有效可行的措施,确保存货的数量、质量,尽量降低存货储存成本。

在保障存货数量方面,酒店对入库的存货详细登记存货保管卡,以货架、货垛为单位或以物资种类为单位,详细记录每批存货的进出数、结存数、存储位置等信息,做到卡物相符,将保管卡挂在货架或货垛上,便于查找存货。同时,登记存货保管账,做到账卡相符,并作为存货清点盘存的主要依据。为保障存货数量,酒店要采取对仓库上锁,妥善保管钥匙,只允许专人进仓,设监控等防范措施。

在保障存货质量方面,酒店应做到以下几点。

① 先进先出。先入库的先发出,尽量缩短存货的在库时间,以减少存货腐烂变质的可能性。

② 保持良好的仓储环境。从温度、湿度、通风、照明、卫生等方面尽量使仓储条件符合存货的特征。

③ 做好存货的遮盖、衬垫工作,做到防尘、防潮;加强日常的养护工作,尽量减缓存货变质的速度。

④ 做好存货的清查盘点工作。根据存货的特性、仓储条件、季节交替等因素定期或不定期盘点存货,尤其是对易变质、易受潮、接近保质期、储存条件差的存货,更需严格检查,并及时编制存货盘点表,汇报盘点报告。

2.5　发放管理

存货发放是酒店存货的出口,酒店购入存货后直接报给使用部门,或经仓库储存后由使用部门领用。

1. 存货的发放程序

使用部门根据经营业务的需要,编制请领计划,经部门负责人审核后形成请领单,交仓库,仓库保管员对请领单审核无误后,办理发放手续,填写领料单(出库单),如图4-6所示。领料单所填内容应与实际发放的存货相符,包括数量、质量、规格、型号等各项指标,凡是未经复核、手续不全、账实不符的存货不予以出库,严禁先发货后补手续和白条发货。

×× 酒 店 领 料 单

领料部门:　　　　　领料日期:　　　　单号:　　　　　　(页次)
领出仓库:　　　　　备注:

序号	物品编码	物品名称	规格	单位	批准数量	实际发放数量	单价	金额	备注
1									
2									
3									
4									
5									
6									
7									
8									
声明:此单遗失自负,不挂失,请妥善保管。						本页合计(¥):		总计(¥):	
白联—记账联　红联—仓库联　黄联—部门留存联　蓝联—备查联						金额(大写):			

发货人:　　　　领料人:　　　　领料部门负责人:　　　　审核:

图4-6　酒店领料单

2. 存货数量短缺的处理

酒店出现存货数量短缺时,应及时查明原因,分清责任,及时处理,如表4-8所示。

表4-8　存货数量短缺的处理

可能的原因	采取的相应措施
仓库管理人员责任心不强,导致错发、多发、少发	1. 追究责任,提出警示批评,经济处罚; 2. 调离工作岗位,加强内部控制
仓储条件差,不能有效起到防火、防潮、防虫、防盗等功能	改善仓储条件
存货自身的特性(如挥发),导致数量减少	1. 改善仓储环境,加强科学养护; 2. 缩短采购间隔时间,增加采购次数,减少库存
存货计量工具的原因,导致数量短缺	1. 重置计量工具; 2. 制定合理的存货管理误差率

2.6 淘汰、报废管理

酒店的食品和饮料等部分原材料,在加工过程中直接耗用转化为产品销售给顾客,但还有很多存货,如棉织品、餐具器皿、低值设备等,在长期使用后,需要经过一定的程序进行淘汰、报废处理。

1. 淘汰、报废的程序

由使用部门提出淘汰、报废申请,经过相关人员技术鉴定,部门经理、财务经理审核,总经理或副总经理审批后,予以处理。一般需填写物品报废单。

2. 淘汰、报废处理

淘汰、报废处理的步骤如下。

① 清理。对破损的餐具和报废后无任何使用价值的废品,酒店一般直接清理。

② 组装或改作他用。有些低值设备淘汰后,可以将有用的零部件拆卸进行组装使用,有些物品可以改作他用,如报废的棉织品改成抹布。

③ 出售。对更新换代的低值设备或部分半新半旧的棉织品等,可以通过廉价出售,收回部分价款。

④ 淘汰、报废登记。对已做淘汰、报废处理的存货应建立完整档案,以备后查,同时财务部门应对原有资产记录进行调整。

同步训练

一、思考题

1. 简述酒店持有现金的原因及现金管理的目标。

2. 简述应收账款的功能与成本,并由此确定酒店应收账款管理的目标。

3. 如何运用 6C 系统对客户的信用品质进行评价?

4. 试分析酒店放宽信用政策的利弊。

5. 什么是存货的经济订货批量? 如何确定?

6. 什么是存货的 ABC 分类管理法? A、B、C 三类存货分类的标准是什么?

7. 简述酒店采购工作的基本流程。

二、判断题

1. 现金管理的基本目标是加速现金回收,减缓现金支出。 ( )

2. 现金的短缺成本随现金持有量的增加而下降,随现金持有量的减少而上升。 ( )

3. 应收账款管理的目标是尽量减少应收账款的资金占用额。 ( )

4. 酒店提供赊销在扩大销售的同时,也会增加酒店成本。 ( )

5. 酒店应当积极采取各种措施进行收账,才能减少企业的损失。 ( )

6. 信用条件"2/20,n/40"表示客户在 40 天内付款,可以享受 2% 的现金折扣。 ( )

7. 在 ABC 分类管理法中,通常将重要的少数存货归为 C 类存货。 ( )

8. 存货管理的目标是尽量加速存货的周转速度,在任何情况下,存货的周转速度总是越快越好。 ( )

9. 应收账款的成本高低与平均收账期长短密切相关,平均收账期越长,应收账款的成本越低。 ( )

10. 酒店存货的采购流程先后次序为:报批、请购、订货、验收、付款。　　　　　( )

三、单项选择题

1. 不属于现金短缺成本的是( )。
    A. 酒店持有现金所丧失的投资收益
    B. 酒店由于现金短缺不能及时购买原材料而导致生产中断
    C. 酒店由于现金短缺不能按时偿债而导致酒店信誉下降
    D. 酒店由于现金短缺而丧失现金折扣优惠

2. 应收账款管理的目标是( )。
    A. 尽快收回款项,使应收账款余额降到最低
    B. 权衡应收账款投资的收益和成本,确定合理的信用政策,提高投资收益
    C. 提高信用标准,尽量不提供商业信用
    D. 提供比较好的信用条件,以扩大销售

3. 酒店制定的信用条件的内容不包括( )。
    A. 允许的坏账损失率　　　　　　　　B. 现金折扣率
    C. 享受现金折扣的期限　　　　　　　D. 获得商业信用的最长期限

4. 某客户购入价值50 000元的商品时,取得了信用条件为"2/10,1/20,n/40"的商业信用,该客户选择在第20天付款,其支付的款项为( )。
    A. 49 000元　　　　B. 49 500元　　　　C. 50 000元　　　　D. 40 000元

5. 酒店不能将应收账款占用的资金用于其他投资而丧失的收益,称之为应收账款的( )。
    A. 管理成本　　　　B. 机会成本　　　　C. 坏账损失　　　　D. 短缺成本

6. 应收账款的管理成本不包括( )。
    A. 收账费用　　　　　　　　　　　　B. 收集客户信用情况信息的费用
    C. 坏账损失　　　　　　　　　　　　D. 赊销商品的运输费用

7. 关于信用期限,说法正确的是( )。
    A. 信用期限越长,坏账损失越少
    B. 信用期限越长,信用条件越差
    C. 信用期限越长,应收账款的机会成本越低
    D. 客户期望信用期限越长越好

8. 某酒店本年实现赊销收入1 000万元,应收账款平均周转期为40天,则该酒店应收账款平均投资额为( )。
    A. 25万元　　　　　B. 111万元　　　　C. 40万元　　　　　D. 90万元

9. 酒店存货管理的目标是( )。
    A. 使存货采购成本最低
    B. 使存货采购成本和订货成本之和最低
    C. 使存货采购成本、订货成本和缺货成本之和最低
    D. 使存货采购成本、订货成本、储存成本和缺货成本之和最低

10. 对存货实施ABC分类管理法,酒店需重点管理控制的是( )。
    A. 数量最多的存货　　　　　　　　　B. 品种最多的存货

    C. 价格最贵的存货　　　　　　　　D. 占用资金最多的存货

四、多项选择题

1. 酒店持有现金的动机主要有（　　　　　）。

    A. 投资　　　　　　B. 投机　　　　　　C. 支付

    D. 预防　　　　　　E. 盈利

2. 现金这种资产的特点有（　　　　　）。

    A. 流动性最强　　　B. 流动性最弱　　　C. 盈利能力最强

    D. 盈利能力最弱　　E. 管理成本最低

3. 与酒店持有现金相关的成本主要有（　　　　　）。

    A. 机会成本　　　B. 储存成本　　　C. 管理成本　　　D. 短缺成本

4. 属于现金持有成本的有（　　　　　）。

    A. 现金投资报酬　　　　　　　　　B. 出纳人员工资

    C. 保证现金安全的相关费用　　　　D. 现金被盗损失

5. 在一定时期,现金需求总量一定的情况下,同现金持有余额成反向变动的有

（　　　　　）。

    A. 机会成本　　　　　　　　　　　B. 管理成本

    C. 短缺成本　　　　　　　　　　　D. 转换成本

6. 酒店提供赊销的作用在于（　　　　　）。

    A. 扩大销售量　　　　　　　　　　B. 增强市场竞争力

    C. 减少存货数量　　　　　　　　　D. 降低存货管理成本

7. 与应收账款投资相关的成本有（　　　　　）。

    A. 坏账费用　　　　　　　　　　　B. 机会成本

    C. 收账费用　　　　　　　　　　　D. 短缺成本

8. 在确定经济订货批量时,表述正确的有（　　　　　）。

    A. 储存成本的高低与经济订货批量负相关

    B. 储存成本的高低与经济订货批量正相关

    C. 订货成本的高低与经济订货批量负相关

    D. 订货成本的高低与经济订货批量正相关

五、计算题

1. 某酒店有四种现金持有方案,各方案有关成本资料如下表所示。

方　案 项　目	A	B	C	D
平均现金持有量	20 万元	24 万元	28 万元	32 万元
管理成本	4 000 元	4 000 元	4 000 元	4 000 元
机会成本率	5%	5%	5%	5%
短缺成本	6 000 元	4 500 元	3 000 元	1 500 元

问该酒店最佳现金持有量为多少?

2. 某酒店目前的信用条件及拟采用的两种新信用条件的相关预测资料如下表所示。

项　目	目前信用条件	新信用条件 A	新信用条件 B
信用条件	$n/30$	$2/10, n/30$	$2/10, 1/15, n/45$
销售量/万件	20	20(50% 享受折扣)	20(30% 享受 1% 折扣;30% 享受 2% 折扣)
单价/(元/件)	2	2	2
单位变动成本/(元/件)	1.5	1.5	1.5
坏账损失率/%	1	0.8	1.2
资金成本率/%	8	8	8

要求为酒店选择最有利的信用条件。

3. 某酒店洗衣房对洗衣液的需求量较大,为此财务部小王进行了仔细分析,发现:洗衣房每次申购规格为 20 千克的洗衣液,每箱成本为 180 元;每次订购花费 15 元的运输和验收费用,而且估计 1 箱洗衣液每年产生 2 元的储存成本。假定该酒店每月使用 25 箱洗衣液。计算该酒店洗衣液的经济订货量。

模块 5

酒店财务控制

知识目标

- 掌握酒店产品的定价方法。
- 熟悉酒店收入的内部控制制度。
- 了解酒店成本费用管理各环节的相关内容。

能力目标

- 能够结合影响酒店经营的内外因素,对酒店产品进行定价。
- 能够制定酒店收入控制的管理制度。
- 能够根据酒店成本费用管理的内容,制定成本费用控制的管理制度。

项目 1 酒店收入控制

酒店收入是指酒店营业收入,是酒店在一定时期内从事生产经营活动所取得的各项收入,包括出租客房、提供餐饮、出售商品及其他服务所取得的收入。从收入项目上看,主要包括房费收入、餐饮收入、商品销售收入、会议场租收入、小酒吧收入、洗衣收入、商务中心收入、停车费收入、专项销售收入等。其中,客房收入和餐饮收入是酒店的主营业务收入,其他则属于酒店的其他业务收入。

酒店应加强对营业收入的控制,使营业收入及时准确收回,保证资金的正常循环和周转,以及酒店经营活动的正常不间断进行,创造更好的经济效益。

任务 1 酒店产品的定价

影响酒店营业收入的两大因素是酒店产品的销售价格和销售量。在销售量一定的条件下,营业收入的高低取决于价格的高低,价格越高营业收入就越多。但是反过来,当价格超过某一限度时,就会对销售量和营业收入产生负面影响。所以,营业收入管理的基本目标是制定合理的销售价格,以最大限度地提高销售量,从而实现营业收入和净利润的最大化。

1.1 酒店客房产品的定价

酒店客房产品常用的定价方法有随行就市定价法、千分之一定价法、赫伯特公式定价法、目标利润定价法等。这些定价方法主要是以竞争需求、成本、收入、利润的不同为导向进行定价的。

1. 随行就市定价法

随行就市定价法又称流行水准定价法,是以同一地区、同档次竞争对手的客房价格水平作为本酒店客房定价的参考,来确定客房价格。一般定价的具体形式有两种:一种是随同行业中处领先地位的酒店价格的波动而同水平波动;另一种是随同行业客房平均价格水准的波动而同水平波动。随行就市是一种较为稳妥的定价方法,也是竞争导向定价方法中广为流行的一种,定价者认为这种方法能使本酒店获得稳妥的收益率,降低定价风险。

2. 千分之一定价法

千分之一定价法是以酒店的总建造成本来推算客房价格。建造成本包括酒店占用的土地使用费、建造费及设施设备成本等。其计算公式如下。

$$平均房价 = \frac{酒店总建造成本}{客房总数 \times 1\,000}$$

千分之一定价法对不同酒店设备、设施、服务条件等各种差异进行取舍,用简洁统一的价值尺度表述酒店水平和房价的关系。千分之一定价法以酒店客房的造价成本为导向定价,还反映一种供求平衡的关系:对消费者来说,是可以接受的价格,既符合他的支付能力,又能满足他的食宿要求;对酒店本身来说,也是可以采用的价格,既反映了酒店劳务的价值,也表示投资者可在一定期间内收回投资。

需要注意的是,千分之一定价法适用于以住宿为主,餐饮为辅的酒店,但现在酒店经营结构发生变化,膳食收入比重越来越大,对宴会厅、中西餐厅、酒吧、大厅等公共场所的建筑投资相应增加。因此,虽然千分之一定价法可以作为制定房价的出发点,但在正式的定价过程中,应结合实际情况进行。

3. 赫伯特公式定价法

赫伯特公式定价法又称目标收益定价法。就是科学管理利润,要求在客房成本计算的基础上,在保证实现目标利润的前提下,根据计划的营业量,各项费用支出及所需达到的投资收益率计算确定客房价格。

其具体计算步骤如下:①估计酒店总投资额;②确定正常情况下的目标收益率,并计算出目标利润额;③估计酒店的税金、保险费和折旧;④估计酒店的行政管理、能耗及维修保养、营销等各项费用;⑤计算酒店营业利润(②＋③＋④);⑥计算酒店其他部门的利润(不含客房部);⑦计算客房部利润(⑤－⑥);⑧计算客房部营业费用;⑨计算客房部应取得的营业收入(⑦＋⑧)。

由上述步骤可知:

$$客房营业收入 = 预期投资利润 + 非经营性固定费用(税、折旧、利息等) +$$
$$酒店经营费用 - 其他部门利润 + 客房部营业费用$$

$$平均房价 = \frac{客户营业收入}{预计客房出租间天数}$$

式中,预计客房出租间天数＝可供出租客房数×365×年均客房出租率。

例 5 - 1 某酒店有客房 400 间,预计年均客房出租率为 75%。其成本费用及利润指标预测如下。

利润指标:权益筹资 20 000 万元,预计税后投资利润率为 15%。所得税税率 25%。利息:负债筹资 10 000 万元,按负债筹资的 10% 计算。折旧费 450 万元。财产税和保险费 60 万元。行政管理费 1 010 万元。营销费 300 万元。维修保养费 400 万元。其他费用 540 万元。其他部门利润:餐饮部 1 200 万元,康乐部 850 万元。客房部营业费用 350 万元。

请用赫伯特公式定价法计算客房价格(见表 5 - 1)。

表 5 - 1 某酒店客房平均房价计算   万元

一、投资总额	30 000
负债筹资	10 000
权益筹资	20 000
二、预期利润指标	3 000
三、税前利润	4 000
加:利息	1 000
四、息税前利润	5 000
减:折旧费	450
财产税和保险费	60
五、扣除固定费用前的收益指标	5 510
未分配营业费用	
含:管理费	1 010
营销费	300
维修保养费	400
其他	540
合计	2 250
六、营业部门利润指标	7 760
减:餐饮部利润	1 200
康乐部利润	850
七、客房部营业利润	5 710
加:客房部营业费用	350
八、客房部营业收入	6 060
可供出租客房数	400
预计客房出租率	75%
九、全年预计客房出租间天数	109 500
十、平均房价/元	553

4. 目标利润定价法

目标利润定价法是酒店在既定的固定费用、平均变动费用和预计目标利润下的销售量

条件下,计算得出的平均房价。其基本原理是,房价 = 成本费用 + 利润(该房价为含增值税价格),即:

$$平均房价 = \frac{每间客房日费用额}{1 - 利润率}$$

式中,每间客房日费用额包括客房的固定费用和变动费用。

客房的固定费用总额不随出租率的变化而变化,但每间客房的固定费用却随着出租率的提高而减少,出租率越高固定费用分摊得越快,通常按不同类型的客房面积分摊。变动费用总额是随着出租率的提高而不断增加的,但每间已出租客房的日变动费用基本稳定。其计算公式如下。

$$客房间天固定费用 = 每平方米每天固定费用 \times 客房面积$$
$$= \frac{客房年固定费用总额}{客房总面积 \times 预计出租率 \times 365} \times 客房面积$$

$$客房间天变动费用 = \frac{客房年变动费用总额}{客户总数 \times 预计出租率 \times 365}$$

例5-2 某酒店有客房 280 间,其中标准间 250 间,每间 25 平方米;双套间 20 间,每套 48 平方米;三套间 10 套,每套 68 平方米。预计出租率为 60%。客房全年预计总费用为 1 000 万元,其中固定费用 830 万元,变动费用 170 万元。假定酒店要实现目标利润率 50%,则如何定价?

$$客房每平方米每天固定费用 = \frac{客房年固定费用总额}{客房总面积 \times 预计出租率 \times 365}$$
$$= \frac{8\ 300\ 000}{(250 \times 25 + 20 \times 48 + 10 \times 68) \times 60\% \times 365}$$
$$\approx 4.80(元)$$

$$客房间天变动费用 = \frac{客房年变动费用总额}{客房总数 \times 预计出租率 \times 365} = \frac{1\ 700\ 000}{280 \times 60\% \times 365}$$
$$\approx 27.72(元)$$

$$标准间平均房价 = \frac{4.80 \times 25 + 27.72}{1 - 50\%} \approx 295(元)$$

$$双套间平均房价 = \frac{4.80 \times 48 + 27.72}{1 - 50\%} \approx 516(元)$$

$$三套间平均房价 = \frac{4.80 \times 68 + 27.72}{1 - 50\%} \approx 708(元)$$

该酒店标准间房价约为 295 元,双套间房间约为 516 元,三套间房价约为 708 元。

1.2 酒店餐饮产品的定价

酒店餐饮产品的定价一般是以成本为基础进行计算得出的,即通过餐饮原材料成本加上一定的毛利额。在餐饮产品的销售过程中,其耗费的原材料成本可以分摊到每个菜品中,但是对于其他费用如物料消耗、水电气能耗、工资薪酬等难以进行分摊。因此在计算餐饮产品价格时,通常将原材料成本作为产品成本要素,而把经营费用、税金、利润合并在一起形成毛利,以毛利率来计算餐饮产品价格。毛利率可分为成本毛利率和销售毛利率。

1. 成本毛利率

成本毛利率又称外加毛利率,是以菜品的成本价格为基数,按确定的成本毛利率加成计算出销售价格的方法。其计算公式如下。

$$餐饮产品价格 = 原材料成本 \times (1 + 成本毛利率)$$

例 5-3 某酒店中餐厅一份"招牌红烧肉"的主料五花肉成本为 22 元,其他各种辅料和油、盐、酱、味精等调味料的成本为 2 元,酒店确定的成本毛利率为 40%。请计算该菜品的销售价格。

餐饮产品价格 = (22+2) × (1+40%) = 33.6(元)

该酒店一份"招牌红烧肉"的销售价格为 33.6 元。

用成本毛利率计算餐饮产品的销售价格比较简单明了,是反映酒店投入产出的指标,为有效控制原材料成本和提高成本利润率提供参考。

2. 销售毛利率

销售毛利率又称内扣毛利率,是按照原材料成本和销售毛利率来计算餐饮产品销售价格的方法。其计算公式如下。

$$餐饮产品价格 = \frac{原材料成本}{1 - 销售毛利率}$$

例 5-4 某酒店中餐厅一份"招牌红烧肉"的主料五花肉成本为 22 元,其他各种辅料和油、盐、酱、味精等调味料的成本为 2 元,酒店确定的销售毛利率为 40%。请计算该菜品的销售价格。

$$餐饮产品价格 = \frac{22+2}{1-40\%} = 40(元)$$

该酒店一份"招牌红烧肉"的销售价格为 40 元。

3. 餐饮产品毛利率的换算

$$成本毛利率 = \frac{销售毛利率}{1 - 销售毛利率} \times 100\%$$

$$销售毛利率 = \frac{成本毛利率}{1 + 成本毛利率} \times 100\%$$

任务2 酒店收入的控制

2.1 酒店营业收入的控制概述

1. 酒店营业收入的控制要点

(1)营业收入的时间确认

酒店营业收入在一定程度上反映了酒店在一定时期内经营成果的好坏,营业收入的确认时间是否合理,直接关系到当期损益的准确性。按规定,酒店应采用权责发生制来确认和计量营业收入:凡是在本期内取得的收入,不论其款项是否已经收回,都应被视为本期收入;凡是不属于本期形成的收入,即使款项在本期收到,也不能作为本期收入。所以,酒店应在提供服务或产品完成、收取价款的凭证确认后,才能确认营业收入的实现。当期发生的销售折扣及销售退回,应冲减当期的营业收入。

(2)营业收入的数额确认

一般来说,影响营业收入数额的因素有以下几个。

① 价格。在销售量一定的条件下,酒店营业收入的高低取决于价格的高低,所以,酒店应合理定价,最大限度地提高销售量,尽可能实现营业收入的最大化。

② 折扣。折扣属于销售调整的项目,它对营业收入数额的准确性影响最大。销售的实际入账金额等于发票价格减去商业折扣后的净额。为了鼓励客户及时付款,酒店通常会给予一定的现金折扣。其处理方法一种是以现金净收入额作为营业收入,如果将来没有发生现金折扣,则将现金折扣作为追加收入计入营业收入;另一种是以发票价格作为营业收入,将来如果发生现金折扣,再冲减营业收入。

③ 退赔。在经营过程中,由于酒店自身的过错,而造成消费者权益损失的,按国家或行业规定消费者有权要求退赔。当退赔或折让实际发生时,原来计入的营业收入应全部或部分冲销。

④ 坏账。应收账款无法收回时,就会产生坏账。酒店应采用一定的方法按期估计坏账损失,计入当期费用,同时建立坏账准备,待实际发生坏账损失时,冲销已计提的坏账准备和相应的应收账款。所以,坏账的发生并不直接影响营业收入。

2. 酒店营业收入的控制目标

(1)保证营业收入的真实完整性

酒店营业收入是补偿酒店过去发生的各种消耗,并为酒店未来发展提供保证的主要资金来源。酒店通过对营业收入的管理控制,可以防止漏记或多记收入,防止非法转账而造成舞弊侵吞行为的发生,防止各种不合理的收入或支出。

(2)维持应收账款的合理性

向客户实行赊销政策是酒店扩大销售的重要手段,在努力提高营业收入的同时,需注意防范应收账款无法收回的风险损失,严格审核客户的资信状况,加强过程控制和实时监督,降低应收账款的各项成本。

(3)保持销售折扣的适度性

销售折扣是在特定的条件下运用的一种销售策略,是酒店为了获得一定的利益而相应放弃的一部分营业收入。酒店必须严格监督折扣政策的执行情况,审核客户是否拥有享受折扣的条件,酒店是否有自身的得益,防止销售人员以公谋私。

(4)实现退赔处理的科学性

酒店退赔处理是销售环节中的一种偶然现象,其控制目标就是要将这种现象降低到最低限度,防止投诉的发生。对客户的退赔要求应查明其缘由是否合理、处理方法是否正确,将处理结果记录在账,以便及时调整营业收入和应收账款的余额。

2.2 酒店客房收入的控制

客房收入是酒店营业收入的重要来源,虽然客房的建造投资大,但却具有耐用性强、消耗低、利润高的特点。客房销售还可以带动餐饮、娱乐、洗衣、商品销售等其他产品的销售，为酒店创造更高的收益。酒店对客房收入的控制，是以客房收入为对象，对收入的发生、计算、取得、汇总等一系列过程进行管理控制的活动，主要包括接受预订、预收押金和入住登记、记账人数、结账、缴款、稽核等环节。

1. 接受预订

预订是客人与酒店发生接触的第一步，也是酒店进行销售的第一个环节。预订部作为酒店运营的调度中心，根据酒店经营状况来合理安排预订，调剂客房的销售，最大程度地利用酒店资源。预订部通过电话或网络预订平台等方式获知客人的预订信息后，填写客房预订单，在客人抵店前，将预订信息、房间号及房价录入酒店管理系统，当客人抵店后由前厅部在酒店管理系统中进行入住登记操作即可。

2. 预收押金和入住登记

客人抵达酒店后需到酒店前台进行入住登记。对于已经预订过的客人，前台需调出预订信息，与预订单核对无误后，在系统中进行标注后即可入住；对于没有预订的客人，需填写酒店入住登记表，确认客人需要的房型，告知相应的房价，以及确认客人的结算方式，一般有现金、转账、信用卡、挂账等几种方式。另外，为了保证客人不出现超出其经济能力的消费行为，保证酒店的利益不受损害，酒店还需对客人收取预付款，即押金，押金的金额一般为房租金额的 1.5～2 倍。收取押金时，前台收银员需开立押金单（见图 5-1）。押金单一式三联，第一联交给客人，第二联放入客人账单夹中，第三联交稽核人员审核。客人办理完这些入住手续后，便可领取房卡。

```
押金单                                                    0000001
ADVANCE DEPOSIT
                               日期 Date _____
                               房号 RM No. _____
兹收到 Received From _____
金额（大写）The Sum of _____
用于支付 Being Payment of _____
□ 以现金支付 By Cash（宾客须亲自持该收据原件退还押金或余款）
        （Guest must be personally holding the original receipt for deposit refund）

□ 以支票支付，支票号为 By Cheque No. _____
   签发银行 Issue Bank _____
□ 信用卡：运通卡/维萨/万事达/大莱/JCB      长城/牡丹/太平洋/龙卡/金穗/其他
   Credit Card：AE/VS/MA/DC/JCB          GW/MD/Pacific/Dragon/JinSui/Others

宾客签名 Guest Signature _____        前台接待 G. S. A. _____

    白联 - 宾客              红联 - 前台接待          黄联 - 财务部
    White - Guest          Red - G. S. A          Yellow - Finance
```

注：此联不做报销凭证

图 5-1　某酒店前台押金单

3. 记账人数

客人办理入住手续的同时，前台为客人建立一个唯一的客账，即消费账户，如果是团队客人，必须开立团队总账账户和每个客人的个人分账账户。客人在酒店期间的各项消费都应计入客账,进行入数。大部分酒店都用电脑系统进行入数,凡是有条件的营业点,都应与酒店管理系统联网。当客人持房卡在酒店各营业场所消费时,服务员应将客人房卡号码连同消费金额一起填写在手工账单上,经客人签字确认后及时输入到客人的消费账户中去。对于提前离店的如夜审前退房的客人,前台收银员应采取手工记账方式,将客人的全部房费追加录入系统的客账中,这样才能正确反映客人实际发生的房费,还需及时通知酒店各营业部门,查询是否还有该客人的消费账单尚未结清,以防止发生跑账的情况。

4. 结账

客人离店前,将房卡交到前台,进行结账,收银员电话通知客房部查房,通知前厅部关闭客房电话,并询问酒店各营业部门是否还有该客人的账单没有及时传递到总收银台,防止跑账、漏账。并利用等待时间,将客人客账中所有原始单据及消费账单取出,与系统记录核对,防止出现未入账项目。当接到客房部通知查房无误后,收银员打印明细单,将客人在各营业场所签字确认的原始账单一并交给客人核对。客人核对无误后,在汇总账单上签字确认,客人可以通过以下几种方式结清账款。

① 现金付款。收银员应识别钞票真伪,手工点钞后再通过点钞机清点一遍。

② 信用卡结账。收银员应先查看信用卡的有效期,再查看信用卡表面拼音是否与客人签字及身份证姓名相符,并通过 POS 机划卡查看客人信用卡的余额,如客人消费金额超限,应向银行要求办理授权。收银员划卡后,请客人在打印出的信用卡单上签字确认,客户联交给客人,商户联附在客账中传给夜审审核,银行联连同当日款项一同放入现金缴款袋内。

③ 支票结算。收银员首先检查开出支票单位的信用资质,对于一些小企业或陌生单位,需请示酒店相关负责人,如有必要需酒店销售部经理签署支票担保书,以避免出现空头支票给酒店造成经济上的损失。另外,还需检查支票的有效期、支票的财务章及法人章是否加盖齐全,支票有无破损、折叠。检查无误后,请客人在支票背面签字,收取支票后,收银员应填写总收银台支票登记簿,注明收取支票日期、付款单位、支票号码,并在经手人一栏中签字。

④ 挂账。挂账时客人无须在离店时支付任何款项,只需在账单上签字即可。收银员需仔细核对客人签字是否与信用挂账协议上的签字相符,确认无误后需将客人的所有消费金额全部转入应收账款管理中。

5. 缴款

酒店收银员在一个工作班次结束后,需要清点当班所收取的现金、信用卡签购单、支票等,按分类金额填报缴款单。同时,根据已经结账离店的账单编制收银员收入明细表,与电脑系统中收入日报进行核对后,编制收银员收入日报表(一式两联)。一联与现金、票证一起装入缴款袋,经旁证人复核后,签封缴款袋并投入专用的投款保险箱,第二天由总出纳和相关人员开箱清点;另一联与收入明细表、账单第二联一并交给稽核员。

6. 稽核

客房收入是酒店收入的重要组成部分,酒店每天都会发生几百甚至上千笔房费收入,再加上每天可能发生的加收房费、冲减房费等各种业务,前台的工作量是相当繁重的。收银员既要录入电脑、打印账单,又要进行各种款项的收付,加之人员的思想素质、业务水平各不相同,容易发生一些差错。为了及时、准确地了解客房收入情况,加强内部管理,提高酒店核算质量,保证酒店收入的安全与完整,防范与杜绝货币资金流失,必须对客房收入进行内部稽核制度。客房收入的稽核包括夜间稽核和日间稽核。

（1）夜间稽核

夜间稽核又称夜审,是夜间进行的核数工作。由于酒店是 24 小时营业,营业收入每时每刻都处于变动之中,而且酒店各营业部门营业时间不尽相同,给收入审核工作带来了较大的不便。为了便于统计、审核营业收入,酒店一般将审核工作定在午夜 12 点至次日凌晨 5 点前,这个时间段内抵店离店的客人相对较少,而且营业部门也基本结束了当天的营业,收入金额变化不大,比较稳定。夜间稽核员在进行客房收入审核时,应进行以下操作。

① 通过酒店管理系统从数据库中调出当日在住客人房间明细表及当日入住客人明细表,按照团队及散客进行分类统计。

② 核对当日入住房间数及房卡发放情况。当日发放的房卡应与当日入住客人房间明细表相一致,在用房卡应与在住客人房间明细表相一致。

③ 按照每个团队及散客的预订单与前厅部核对在住房间的房租,明确所有出租客房均已入账,特殊情况要有相关手续。

④ 核对在住客人房间明细表,保证每个房间处于正常的房态。

⑤ 审查收银员交来的账单,核查客人在酒店的消费是否全部计入。

⑥ 将账单与收银员收入日报表中的有关项目进行核对,检查账单金额与收银报告金额是否相等。

⑦ 经审核无误后,夜审通过酒店管理系统将房费自动计入到每个客人的客账中。

⑧ 对当天客房收益进行试算。

⑨ 编制当天房客收益结账表。当天客房收益结账表一经编出,当天的收益活动即告结束,以后还有业务发生就只能记入下一工作日业务中。

夜审在进行客房收入审核时,还需加强对冲减房费、免除房费情况的审核,主要检查房费冲减（免除）账单中房租单价是否正确,是否超出折扣权限,是否有准许折扣或免除房费的酒店相关领导的签字。

（2）日间稽核

日间稽核又称日审,是酒店营业收入的第二次稽核。日审的工作对象是夜审员审核后交来的账单、报表,以及夜审员未审核到的个别部门交来的账单、报表。日审也是对夜审工作质量的监督和检查。日审工作主要有以下几个。

① 审核酒店所有夜间稽核编制的报表,是否与所有收银员、记账员的营业报表相符。

② 核对客房状态日报表是否与前厅客房出租状况统计表相符,如有不符,需查明原因,并书面报告。

③ 审核对外结算账目和单据。

④ 统计上一日收益报告。

⑤ 稽核客房收益结账表、餐饮营业收入日报表。稽核工作内容主要包括复核各类账单的汇总、用账单核对报表、检查报表计算是否有误。

⑥ 编制酒店营业收入日报表。日审员稽核餐饮收入日报表,编制酒店营业收入日报表。

⑦ 检查账单号码控制情况。其主要内容包括:检查收银报告中账单使用情况以及收银

员填写的账单号码控制表;复核夜审员编制的账单使用情况汇总表;检查因打印错误而作废的单据是否有经理签字。

⑧ 检查折扣数。对给予折扣的账单,检查是否符合相关规定。

⑨ 核对现金。

⑩ 负责保管所有收银、记账凭单及稽核报告。

2.3　酒店餐饮收入的控制

1. 餐饮收入控制的特点

餐饮收入在一般酒店中包括零点、宴会、婚宴、酒吧、自助餐等各项收入。其特点主要有以下几个。

① 餐厅主题种类多,相应的收银点多。在同一家酒店中,存在多个风格、主题、服务时间不同的餐厅,造成收银服务点较多,人员复杂。

② 餐厅服务项目多,价格差异大。一般餐厅提供的服务项目有食品、酒水、香烟等。各种服务价格各异,即使是同一种服务,在不同餐厅或不同时间,收费标准也有出入。

③ 餐厅空间大,人员流动性大。餐饮服务活动具有劳动密集型特点,客人及服务人员均处在流动之中。如果没有严格的内部控制,就容易发生走单、走数、走餐、走汇等现象,导致酒店蒙受经济损失。

相关链接

餐饮收入控制中容易出现的问题

① 走单。走单是指故意走失整张单据,以达到私吞餐饮收入的目的。其作弊手段有:故意丢弃或毁掉账单,私吞相应收入;不开账单,私吞账款;一单重复收账等。

② 走数。走数是指账单上的某一项目的数额或该项目数额中的一部分走失。其作弊手段是擅改菜单或漏计收入。

③ 走餐。走餐是指不开账单也不收钱,白白走失餐饮收入。其作弊通常是服务人员与客人串通一气。这种现象在餐厅服务人员的亲朋用餐时易发生。

④ 走汇。走汇主要是指餐厅收银及有关人员私兑外币使得酒店营业收入因私兑外币蒙受损失。其作弊手段往往是收银时将自己的人民币放进营业收入里,换出收进的外汇,或相反。

2. 餐饮收入控制的措施

餐饮是一个操作环节很多,涉及岗位很广,各种人为与非人为因素都可能导致日常接待服务的差错。要及时发现和纠正差错,必须建立日常核对制度,加强对餐饮收入的内部控制,达到保护餐饮营业活动有序、保证餐饮营业收入可靠、保障酒店财产安全的目的。

(1) 餐饮原始小票的管理

餐饮业由于其特殊性,日常控制手段主要是单据控制。酒店餐饮原始小票种类繁多,要求记账准确、结账清楚,方能在消费者离开时准确无误地进行结账。因此,为了避免走单等行为,餐厅账单、领位记录卡和点菜小票都应按顺序连续编号,并由财务人员登记保管,应由专人领用、保管、缴销。所有作废的小票应将三联单或四联单同时上缴财务部门,财务部门应每天将收银员和厨房上缴的小票销号。

（2）餐饮收入"三线两点"的内部控制

"三线"指物品传递线、餐单传递线、货币传递线;"两点"指点菜单与餐单核对点、餐单与货币核对点。"三线两点"的控制程序,即把钱、单、物分离成三条相互独立的线进行传递,在三条传递线的终端设置两个核对点,以联络三线进行控制。凡经手物品的人不经手账单和货币,仅从事物品的传递,形成一条传递线;同样,货币和餐单的独立传递形成另外两条传递线。同时,每一条传递线又由许多紧密相连、缺一不可的传递链条或传递环节组成。每向前传递一步,就对上一步的传递核查、总结一次,以保证每条传递线传递结果的正确。最后再将三个传递结果互相核对、比较,形成两点,以提高控制系统的可靠性。

① 物品传递线。餐饮食品的传递从厨房开始,送至客人消费为止。这一传递线由代表实物的单据传递所构成,其单据称为取菜单、点菜单、出品单等。物品传递具体步骤如下。

- 餐厅服务员根据客人的需要开出点菜单。点菜单通常一式三联。
- 餐厅服务员把一式三联的点菜单交给收银员盖章,收银员留一联,用于打印账单,服务员留一联用于上餐,另一联交给厨房或酒吧。
- 厨房或酒吧根据点菜单制作菜品或准备酒水。
- 菜品或酒水准备就绪,由服务员送到餐桌。
- 每班结束后,厨师或调酒师把点菜单分餐厅按顺序整理好,送交主管。
- 厨房或酒吧主管将点菜单进一步汇总整理,交财务部。

② 餐单传递线。餐单是餐费账单的简称。餐单传递具体步骤如下。

- 收银员将点菜单内容输入收银系统,打出餐单,并把点菜单附在其后,等待客人结账。
- 客人结账时,统计并打印餐单的合计金额。根据餐单的合计金额向客人收款。
- 每班结束时,根据餐单编制本班收银报告,并在收银机上打印本班收入情况,两者核对后,连同餐单一并交夜间稽核处。

③ 货币传递线。

货币传递具体步骤如下。

- 收银员根据餐单向客人收款。如果有信用卡、挂账、支票等非现金结算,收银员应严格按照有关程序办理结算。
- 收银员下班时,按币种、票面清点现金,填写缴款袋,将现金装进封妥后投入投款保险箱。
- 总出纳与监点人一起打开保险箱,点收当日全部收银员送交的现金,并将现金送存银行。
- 根据现金送存银行的回单,编制总出纳报告,并把银行回单附在此报告上,交日审员审核。

④ 点菜单与餐单核对点。收入稽核人员将厨房交来的点菜单与收银员交来的餐单进行核对,以检查或测试餐单上的项目是否与点菜单的项目相符,即餐单是否完全根据点菜单的内容开立,有无遗漏,如有不符,应追查原因,并写出处理报告。

⑤ 餐单与货币核对点。收入稽核人员将根据餐单编制的餐饮收入日报表中的各币种

现金结算数与总出纳交来的总出纳员报告及银行回单有关数据相核对,根据核对结果,编制现金收入控制表,并对现金的溢缺写出追查结果报告。

项目2 酒店成本费用控制

在市场竞争日益激烈的微利时代,有效控制成本费用已成为酒店生存和发展的必由之路,也体现了酒店经营者的管理水平。酒店必须通过建立合理的成本费用控制标准,建立完整的成本控制保障体系,实施有效的成本费用控制方法,最终有效地降低成本费用,提高企业的经济效益。

任务1 酒店成本费用控制概述

1.1 酒店成本费用的内容

酒店在经营中发生的各种耗费,为便于管理和控制,一般将其直接支出部分列入营业成本,未列入成本的各项耗费列入期间费用。

1. 营业成本

酒店的营业成本包括餐饮销售中的食品原材料以及饮品等的耗用成本,还有商品销售中商品进价成本,洗衣、电话、复印及传真等成本。酒店在提供劳务和销售商品过程中有大量的人工成本耗费,但是由于酒店提供的服务往往是综合性的,很难合理认定哪种服务或产品产生了多少费用,应负担多少工资,因此酒店的人工成本费用一般不列入营业成本。酒店的营业成本主要内容如下。

① 食品成本,是指采购食品直拨餐厅、直拨厨房、餐厅仓库领用食品或部门内部调拨等所发生的各类食品的耗用成本(如水产海鲜、肉类、蔬菜类、粮油、调味品等)。

② 酒水饮料成本,是指葡萄酒、白酒、啤酒、矿泉水、果汁等饮料或用作调制饮料的混合材料的进货成本。也可以细分为酒水成本和饮料成本。

③ 商品进价成本,是指酒店商场销售商品的进价成本,如香烟、工艺品、百货等。

④ 洗涤成本,是指为住店客人及非住店客人提供洗衣服务而发生的洗涤用品、清洁用品费用。

⑤ 其他成本,是指其他营业项目所支付的直接成本,包括商务中心的复印成本、传真成本、电话成本等。

2. 期间费用

酒店的期间费用是指酒店在经营过程中发生的与经营管理活动有关的费用,这些费用应直接计入当期损益,需要从酒店的当期经营收入中得到补偿。期间费用包括营业费用、管理费用和财务费用。

① 营业费用。营业费用是指为组织和管理酒店经营活动而发生的各项费用。例如,客房部、餐饮、康乐部等营业部门为组织经营活动而发生的人工费用、物料消耗、制服费、洗涤费、办公费、差旅费、广告宣传费、业务招待费、装饰费等。

② 管理费用。管理费用是指酒店行政管理部门为组织和管理经营活动而发生的费用，以及由酒店统一承担的费用。例如，行政部、安保部、财务部、工程部、总经理办公室、人事部等部门发生的人工费用、工作餐费、交际应酬费、能源消耗费、维修材料费、制服费、洗涤费、办公费、通信费、差旅费、折旧费、财产保险费、房产税、董事会费、租赁费、咨询费、审计费、诉讼费、绿化费、排污费、土地使用费、研究开发费、坏账损失、存货盘亏和毁损等。

③ 财务费用。财务费用是指酒店在经营过程中发生的利息净支出、汇兑净损失、金融机构手续费等。

相关链接

《国际酒店业统一会计制度》中对成本费用内容的划分

《国际酒店业统一会计制度》（*Uniform System of Accounts for the Lodging Industry Hotel*）中，将酒店运营过程中产生的成本费用分为两大类：经营性成本费用和非经营性（资本性）成本费用。这种分类主要是便于考核在所有权和经营权相分离状态下酒店经营管理者实际经营业绩的高低。

1. 经营性成本费用

经营性成本费用是在酒店经营管理过程中发生的，由酒店经营管理者控制和负责的成本费用，主要包括经营部门成本费用和未分配经营费用两大块。其中，经营部门成本费用主要包括餐饮、客房、康乐、商务中心等营业部门的营业成本和部门直接费用（如人工成本、物料消耗、布草洗涤费、销售佣金、装饰费、印刷费、业务招待费等营业费用），其主要与经营部门的收入相匹配，用以计算各经营部门的经营毛利；未分配经营费用主要包括非营业部门（行政、人事、工程、财务、营销、安保等）的部门费用（含人工成本、办公费、交通费、通信费、制服费、清洁卫生费等）和酒店的能源消耗费、修理维保费、宣传及推广费、税费、租赁费及其他费用。酒店的经营毛利扣减掉未分配经营费用后的余额，构成酒店的经营性利润，而经营性利润是作为考核酒店经营管理者业绩的主要指标，也是衡量酒店经营效益优劣的主要标准。

2. 非经营性成本费用

非经营性成本费用也称资本性成本费用，它的发生与酒店的经营管理没有必然联系，其主要由酒店业主方（所有者）控制和负责。其主要包括固定资产的折旧费、利息、董事会费、无形资产摊销、委托管理费、开办费摊销、中介费（审计费、咨询费、诉讼费等）、房产税、土地使用费、财产保险费等。经营性利润减去非经营性成本费用后的余额，为酒店的利润总额。

资料来源：梁显治，尹志安. 酒店会计：国际酒店业统一会计制度精解[M].经济科学出版社，2007。

1.2 酒店成本费用的分类

1. 按其与经营业务量的关系划分

（1）固定成本（费用）

固定成本（费用）是指在较短的时期内（一般为 1 年），其成本总额不随经营业务量的增减而变动的成本费用，如工资、折旧费、保险费、租赁费等。

（2）变动成本（费用）

变动成本（费用）是指其总额随着经营业务量的变化而成比例变化的成本费用。其主要指酒店经营过程中的各种直接支出，如餐饮原材料成本、客房客耗品费用、布草洗涤费等。

（3）混合成本（费用）

混合成本（费用）是指其成本费用总额中既包括固定成本（费用）又包括变动成本（费用），如电话费、汽车租赁费、维修保养费等。混合成本总额可分解为固定成本部分和变动成本部分，常用的分解方法有高低点法、散布图法和回归直线法。

相关链接

混合成本的分解方法

① 高低点法。高低点法是根据一定期间内的最高业务量及其成本和最低业务量及其成本，来推算成本中的固定成本部分和变动成本部分的一种混合成本分解方法。

采用高低点法进行成本分解时，应首先根据固定成本在相关范围内不变，业务量最高期成本与业务量最低期成本之间的差额，是由于业务量增加而增加的变动成本部分的原理，计算出每增加一个单位的业务量所增加的成本，即单位变动成本。然后根据单位变动成本和最高（或最低）期的业务量计算出混合成本中的固定部分。

② 散布图法。散布图法是根据若干期的业务量、成本资料，在坐标图中标出所有各期的成本点，再用目测的方法画出一条能够反映成本变动的平均趋势直线，并在图上确定直线的截距即固定成本，然后据以计算单位变动成本的一种混合成本分解方法。

③ 回归直线法。回归直线法是根据若干历史时期的业务量和成本资料，运用最小二乘法的原理，计算出最能代表业务量和成本关系的回归直线，据以确定成本的固定部分和变动部分的一种混合成本分解方法。

在上述三种分解方法中，高低点法最为简便，但这种方法没有利用所占有的全部数据，只利用最高点和最低点的数据，因此，如果最高点、最低点业务量的成本有畸高或畸低现象，则计算结果就不会准确。散布图法也较为简便，容易理解，但由于是通过目测画线，往往因人而异，很难十分准确。回归直线法利用了离差平方和最小的原理，计算结果最为准确，但计算工作量较大，随着计算机的推广与普及，这种方法将会得到广泛的应用。

资料来源：MBA 智库百科。

2. 按其管理责任划分

（1）可控成本（费用）

可控成本（费用）是指在会计期间由一个责任单位有权确定开支的成本费用，如餐饮部的食品原材料成本、营销部的推广费用等。这些费用可以人为掌控，所以称为可控成本（费用）。

（2）不可控成本（费用）

不可控成本（费用）是指短期内责任单位对成本费用的发生无法进行控制的成本费用，如长期贷款的利息支出、设备租金、折旧费、无形资产摊销等。这些费用无法分摊到具体责任单位进行控制，需由酒店总体进行管理。

将成本费用划分为可控成本和不可控成本，有利于确定酒店内部各单位及个人的经济责任,便于酒店经济责任制的建立;有利于考核和评价其工作业绩的好坏,使成本费用的管理和每个部门、每个人的责任及经济利益挂钩,对于降低成本费用,提高酒店的经济效益有着很大影响。

1.3 酒店成本费用控制的原则

酒店成本费用控制必须既符合国家有关规定,又符合酒店的经营实际。其主要应遵循以下几个原则。

1. 严格遵守国家规定的成本费用开支范围和开支标准

为了保证国家财政收入有可靠的来源,国家对酒店发生的支出是否计入成本费用有明确的规定。按照相关制度的规定,酒店下列支出不得计入成本费用。

① 购置和建造固定资产、购入无形资产和其他资产的支出。

② 对外投资支出和分配给投资者的利润。

③ 被没收财物的损失。

④ 支付的各种赔偿金、违约金、滞纳金、罚款以及赞助、捐赠支出。

⑤ 国家规定不得列入成本费用的其他开支。

酒店要根据各项支出发生的不同用途和资金来源,在国家规定的成本开支范围内列支相关成本,不得随意扩大开支范围,不得把不应计入成本费用的开支计入成本费用,以此虚减利润,少交所得税。

2. 正确处理降低成本费用和保证服务质量的关系

在成本费用控制中正确处理成本费用、产品价格、服务质量三者的关系,也称成本控制的效益原则。随着经济水平的提高,人们对物质文化需求的水平也相应提高,酒店一方面要改善服务设施、提高服务标准等级,另一方面要搞好员工培训,提高服务技能和完善服务,从而提高产品及服务的质量。但需要注意的是,产品和服务质量的提高往往伴随着成本的增加、产品服务价格的提高。事实上价格受多种因素影响,产品质量和服务水平的提高不一定决定着成本费用的增加,必须合理确定产品价格和服务质量等级,在质量和服务达到标准的前提下控制成本,提高酒店经济效益。

3. 健全成本管理责任制,实行全员成本管理和全过程成本管理

酒店成本是在酒店经营活动的全过程中形成的,而不仅仅只发生在财务部和财务过程中。因此,成本控制不应仅限于财务过程,必须从采购、储存、加工、服务的一系列过程控制成本,力求每个过程环节成本最低,达到成本最小化,提高经济效益的目标。同时,它涉及酒店的各个部门、班组和个人,必须实行全员成本管理。为此,要建立健全成本管理责任制,将成本计划指标分解落实到有关部门、班组和个人,结合岗位责任制,将成本费用计划的完成情况作为评价考核的一个重要内容。

4. 从酒店实际出发,实行目标成本管理

所谓目标成本管理,是对各项成本费用的发生进行事前预测,通过编制成本费用预算,确定目标成本,把总目标分解至各月,落实到各部门实施完成。酒店除了进行日常成本核算和事后成本分析外,还必须在成本形成过程中加强成本控制,这样才能及时发现影响成本降低的不利因素,以便及时采取有效措施,达到预期目的。

1.4 酒店成本费用控制的环节

酒店成本控制环节是酒店成本管理的关键内容,综合酒店成本管理的实际情况,其控制环节主要包括物资采购、验收、储存和发放,食材和酒水加工,服务提供等多个方面。各个控制环节的内容和联系如图 5 - 2 所示。

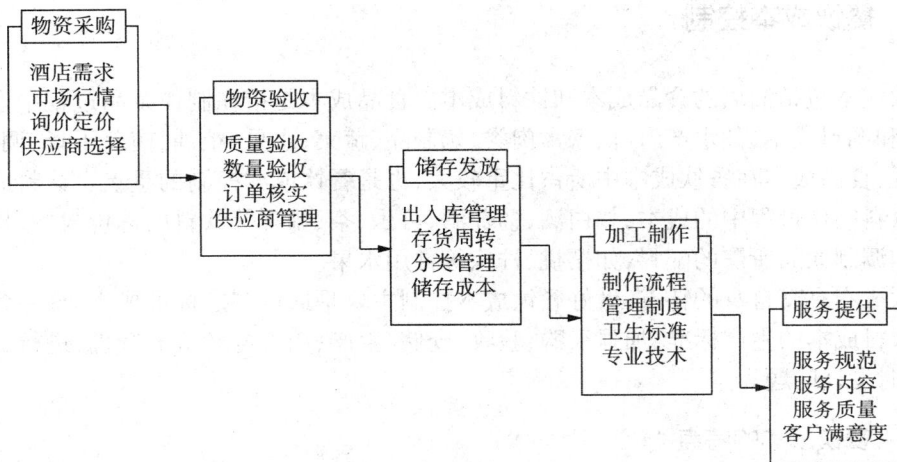

图 5 - 2 酒店成本费用控制环节

1.5 酒店成本费用控制的方法

1. 预算控制法

预算控制法是以预算指标作为控制成本费用支出的依据,以分项目、分阶段的预算指标作为测量、控制实际成本费用的尺度,通过实际与预算指标的比较分析,找出差异,采取相应的改进措施,从而保证成本费用预算实现的一种方法。

为了与现行的会计核算制度相衔接,更好地实现预算控制,必须按不同的经营项目,分别预算营业成本与营业费用,并且将预算时期进行更细的划分,如划分为月度成本预算或更细的成本预算,以便于分部门、分项目、分时期进行成本费用控制。

2. 制度控制法

制度控制法是利用国家及酒店内部各项成本费用管理制度来控制成本费用开支。从财务管理的角度出发,国家规定了成本开支范围及费用开支标准,财政、税务及上级主管部门也都有各自的规定。从酒店本身来说,为有效控制成本费用,必须建立健全各项成本费用控制制度和相应的组织机构,如收银管理制度、付款审批制度、成本费用核算制度、物料消耗定额管理制度、低值易耗品管理制度、预算管理制度等。

3. 标准成本控制法

标准成本是指酒店在正常经营条件下以标准消耗量和标准价格计算出各产品的具体成本,在执行中以各项目的标准成本作为控制和考核依据。运用标准成本控制法的基本步骤是:制定标准成本,进行成本差异分析;对成本差异进行处理,通过对重大差异原因的分析,找出酒店可以控制的因素。

4. 指标控制法

酒店经营的各项指标之间,如营业收入、营业成本、营业费用等之间存在一些内在联系。成本控制可随时利用这些关系,检查成本支出是否按计划进行,从而达到控制成本的目的。指标控制法主要有毛利率控制法、费用率控制法、收入利润率控制法等方法。

任务2 餐饮成本控制

餐饮成本包括酒店的食品成本和饮料成本。食品成本是指在制作菜品过程中发生的原料、辅料和调料成本,如水产海鲜、家禽肉类、奶制品、蔬菜、水果、粮油、南北干货、调味品等。一般来说,食品成本在餐饮成本中所占比重较大,也是餐饮成本控制的重点。饮料成本是指在酒水饮料制作过程中的成本,如白酒、葡萄酒、可乐、茶、咖啡等饮料的进价成本,也包括用来生产和调制饮品所需的配料,如樱桃、柠檬等常用水果。

餐饮成本有其自身的特点,做好餐饮成本控制主要是通过制定标准成本,统一各种食品成本和饮料成本的生产标准,加强采购、验收、仓储、生产、销售各环节的管理,进行成本差异分析,及时发现问题。

2.1 餐饮成本的特点

1. 变动成本比重大

餐饮成本费用中,除食品和饮料的成本外,在营业费用中还有物料消耗等一部分变动成本。这些成本费用随销售数量的增加而成正比增加,这个特点意味着餐饮价格折扣的幅度不能像客房价格那么大。

2. 可控成本比重大

除营业费用中的维保费等不可控制的费用外,其他大部分费用成本及食品原料成本都是餐饮管理人员能够控制的成本费用。这些成本发生额的多少直接与管理人员对成本控制的好坏相关,并且这些成本费用占营业收入的比重较大,这个特点说明餐饮成本控制工作十分重要。

3. 成本泄漏点多

成本泄漏点是指餐饮经营活动过程中可能造成成本流失的环节。餐饮成本的大小受到日常经营管理的影响很大。在菜单的设计、食品饮料的成本控制、餐饮的推销和销售控制以及成本核算的过程中涉及许多环节,这些环节都有成本泄漏的机会,即都可能成为成本泄漏点。

① 菜单设计和菜品的定价影响顾客对菜品的选择,决定菜品的成本率。

② 对食品原材料的采购、验收控制不严,或采购的价格过高,采购的数量过多会造成浪费,数量不足则影响销售。

③ 储存和发放控制不严,会引起原材料变质或被盗等损失。

④ 对加工和烹调控制不好会影响食品的质量,还会加大食品饮料的折损率,造成浪费。

⑤ 餐饮服务不仅关系到顾客的满意程度,还会影响顾客对高价菜品的挑选,从而不但影响销售收入,也会影响综合成本率和毛利率。

⑥ 销售控制不严,销售食品饮料的数量与标准收入不符,造成成本率增加。

2.2　标准成本的确定

食品的标准成本是事先经过仔细研究而制定的,在正常生产经营条件下应当发生的成本。它提供了一个具体衡量成本水平的适当尺度,可用来确定生产经营各有关方面(环节)在成本上应当达到的目标,并作为评价和考核工作质量和效果的重要依据。

确定标准成本,必须事先制定食品标准菜谱。标准菜谱是指对每道菜品或米面制品制定出标准配方,规定其所需各种用料的名称、数量、重量以及烹饪方法、所需器皿等,并设立标准成本卡,如有条件还可以附上菜品样图。酒店应根据货源、工作量、设备条件、厨师的技术和客人的口味,制定出自己的标准配方,并且计算出每份菜品(或面点)的标准成本。餐厅销售的每一种菜肴,都要事先编制标准菜谱卡(成本卡),经测算成本,方可定价后销售。

标准菜谱卡(成本卡)编制的方法及要点如下。

① 由餐饮部经理和行政总厨(或厨师长)研究确定餐厅食品经营品种后,厨师长根据菜品所需原料的实际用量填列卡片中的"菜名""原材料名称""单位""数量"等栏,并注明所用原材料能制作多少份数。

② 餐饮部将填列好用料名称、数量等项目的标准菜谱卡及时送交财务成本组,由成本会计根据当期的原料单价,汇总计算出成本金额。

③ 按标准菜谱培训后厨员工,统一生产出品标准。

④ 标准菜谱卡(成本卡)填列完毕并计算出食品成本后,成本组应根据不同的毛利率,分别测算销售价格,报餐饮部经理,作为最终确定菜品销售价格的参考。

标准菜谱卡(成本卡)具体内容如图 5-3 所示。

标准菜谱（成本）卡											
菜肴	编号	名　称									
	3	全麦土司/片									
项目	原料编码	原料名称	进货价/元			出成	食谱单价/元		用量		成本/元
			单价	单位			单价	单位			
主料	09010063	全麦粉	220.00	22 700	g	1	0.010	g	500	g	4.846
	09010109	金像粉	165.00	22 700	g	1	0.007	g	800	g	5.815
	08010275	韩国幼砂糖	282.00	30 000	g	1	0.009	g	150	g	1.410
配料	08020088	黄油	945.00	25 000	g	0.96	0.039	g	150	g	5.906
	04020001	鸡蛋	10.00	1 000	g	0.9	0.011	g	300	g	3.333
	08040078	酵母	21.50	500	g	1	0.043	g	40	g	1.720
调料							−	g		g	−
							−	g		g	−
							−	g		g	−
器皿									总成本/元		23.03
口味特点									可做份数		18
									单位成本/(元/片)		1.28
做法描述		菜品照片									

图 5-3　标准菜谱(成本)卡示例

相关链接

套餐的标准成本

我国多数酒店餐饮主要依靠宴会和会议餐来盈利。宴会是以提供套餐为主,很多会议餐转向了自助餐。酒店根据宴会的类型和客人活动的目的可以设计一系列的主题宴会套餐和自助餐,如婚宴菜单、生日宴菜单、谢师宴菜单、商务套餐等。宴会菜单对人均用餐标准有精确的额度要求,对气氛要求高,因此,在充分考虑突出活动氛围的基础上计算每套菜单的成本至关重要。每套菜单包括几道甚至十几道菜肴,各道菜肴的成本之和就是一套菜单的标准成本总额。酒店需要按照客人期望的套餐价格设计菜肴和计算成本。表5-2是一份3~4人用的158元商务套餐成本计算表,根据该表计算出这套菜单的标准成本为57.65元。

表5-2　标准套餐成本计算

套餐名称:158元3~4人用商务套餐

菜肴名称	原料名称	进货单价	用量		成本/元	备注
			数量	单位		
盐水鸭	盐水鸭胚	6.50	1	500g	6.50	
蔬菜色拉	娃娃菜	4.50	1	500g	6.50	
	紫甘蓝	2.00	0.6	500g	2.70	
	胡萝卜	1.30	0.2	500g	0.40	
清炒虾仁	虾仁	35.00	0.4	500g	14.00	
	葱	3.00	0.1	500g	0.30	
	青椒	2.00	0.1	500g	0.20	
	红椒	2.50	0.1	500g	0.25	
湖南小炒肉	五花肉	14.00	0.2	500g	2.80	
	青杭椒	3.00	0.1	500g	0.30	
	红杭椒	3.00	0.1	500g	0.30	
口蘑小公鸡	小公鸡	14.00	0.6	500g	8.40	
	口蘑	5.00	0.2	500g	1.00	
酸汤鱼片	尤利鱼	13.00	0.3	500g	3.90	
	金针菇	4.20	0.2	500g	0.84	
	香芹	3.80	0.2	500g	0.76	
	小米辣	2.50	0.02	500g	0.05	
时蔬	菠菜	3.50	1	500g	3.50	
西红柿蛋花汤	西红柿	1.30	0.2	500g	0.26	
	木耳	55.00	0.02	500g	1.10	
	榨菜	1.50	0.04	500g	0.06	
	鸡蛋	5.00	0.24	500g	1.20	

（续表）

菜肴名称	原料名称	进货单价	用量 数量	用量 单位	成本/元	备注
红汤阳春面	碱面	2.50	1	500g	2.50	
	小葱花	3.00	0.01	500g	0.03	
时令果品	西瓜	1.80	0.4	500g	0.72	
	哈密瓜	2.60	0.3	500g	0.78	
	圣女果	4.00	0.1	500g	0.40	
成本合计					53.38	
调料（按占比8%计算）					4.27	
总成本合计					57.65	
售价					158.00	
成本率					36.49%	

2.3　餐饮成本的全过程控制

对餐饮成本的控制要结合其成本形成的过程，实行从采购、验收、仓储、发料到生产、销售的全过程成本控制，将过程中的每一环节、环节之间的衔接点控制好。

1. 采购环节的控制

食品原材料采购的目的在于以合理的价格，在适当的时间，从安全可靠的货源，按照规定标准和预定数量采购餐饮服务所需的各种食品原料，保证餐饮服务顺利进行。从成本管理的角度，采购工作中成本控制的内容也同样集中在食品原料的质量、数量和价格几个方面。

（1）坚持使用原料采购规格标准

酒店应根据自身经营特色和原料供应状况确定原料采购的等级、规格、产地、质量等要素标准，并在采购工作中坚持执行。采购标准的作用主要体现在：①促使酒店管理人员事先确定每一种食品原料的质量要求；②便于供应商根据采购标准报价，酒店方可进行比价；③按照采购标准向供应商订货，可提高采购工作效率；④有助于按标准实施验收工作；⑤有助于实现标准化的生产操作。

（2）严格控制采购批量

采购批量的确定，既关系到采购资金的使用和周转，也关系到库房的占用，更直接影响生产加工部门的使用，如果采购批量不适度，多了或少了，都将影响生产加工的正常进行。对于鲜活和不易保存的原料，如海鲜、肉类、蔬菜水果等，需根据当期需要量和现有存量的差额来确定本次采购数量；对于不易变质的原料，如干货、冷冻原料、罐头制品、调料和粮油等，需确定经济订货量。

（3）采购价格必须合理

酒店应在确保原料质量符合采购规格标准的前提下，尽量争取质优价廉。在采购原料时，至少应取得三家供应商报价，经过严格的询价、比价流程后，召集定价会，确定当期原料供应商及供货价格。

相关链接

酒店餐饮原材料的采购规定

酒店餐饮原材料分为仓库定期备货原料和每日采购原料。仓库定期备货食品一般为主食品、干货及其他食品、酒水软饮等,采取定期补给采购的方法,依据财务核准的最低库存量,由仓库填写要求补库的采购申请单,经财务部经理审核,并报经总经理室审批后,由采购组实施。

每日采购原料主要为蔬菜、水果、禽蛋、水产海鲜、肉食、冻品等鲜活原料,由行政总厨或授权指定厨师依据当天餐饮耗用及未来客情预期,下每日食品采购单给采购组,采购人员按计划或下单给指定供应商通知隔天送货,以保证供应。

1. 具体择商程序

(1) 市场调查

① 由财务人员、采购人员、厨师长每月不少于两次进行市场调查。调查后需有调查记录,写明调查人员、时间、地点及调查结果,由全体人员签字后交财务部存档。

② 调查时间、地点的选择。每15天调查一次,以批发市场早市、开市期间为调查区间,不能选择雨、雪天或极端天气情况后的当日或次日调查。市场的调查以货品齐全、具有普遍认知度的市场为准。

③ 调查的方法和程序。调查组应遵循先海鲜水产、冻品,后肉食、蔬菜、干杂餐料的顺序,单项货品的调查不应低于两家。调查中要坚持集中调查的原则,调查时应实行看、闻、摸等手段,必要时可进行采样。要详细了解被调查商品的产地、规格、品种、生产日期、保质期等。

④ 除实地调查外,当地的报纸、杂志、电视等所刊出的价格及同行报价,也是调查的手段和依据。

⑤ 调查结果由调查小组结合实地调查信息和咨询信息综合讨论确定。

(2) 确定食品采购价格

① 定价。在市场调查的基础上,每半月制定一次,零星物品的采购价格不定期进行。

② 程序。由行政总厨和采购人员、成本会计等一起根据市场调查的结果与供货商讨价还价后予以确认,经双方签字并报总经理批准后告知库管、财务执行。

③ 价格管理。对于供货价格实行最高限价制。不同的货品,限价不同。

a. 干杂、调料、粮油等执行价格不得高于市场批发价格的6%。

b. 鱼类、肉类、鲜货价格不得高于市场批发价格的4%。

c. 蔬菜价格不得高于市场批发价格的10%。

d. 春节等节假日期间以及灾害性天气持续时间较长的月份,由于供货价格波动太大,其定价原则可适当放宽。

(3) 选择签约供货商

① 初选。选定几家代表性的供货商,进行综合考察,在考察中要重点了解供货商的实力、专业化程度、货物来源、价格、质量及其目前的供货状况。请他们就酒店所需原料进行报价,根据市场调查的价格,选择其中质量最合适、价格最优惠的供货商2家。

② 试用。在同时段试用选定的2家供货商的同类产品,重点比较2家供应商产品的质量、价格、售后服务等方面。

③确定。在使用两个月的基础上,由总经理室授权财务人员、餐饮部负责人、采购人员等相关人员表决确定供应商。

④签约。确定供货商后,签订供货合同,合同的期限不超过一年。

2. 具体采购方式

①厨房每日15:00前,根据存货、生意情况、储存条件及送货时间,提出次日的采购数量,填写每日食品采购清单,经行政总厨签字后,交采购人员办理。如需订购燕窝、鲍鱼、鱼翅等高档珍品必须遵照物资采购程序采购。

②采购人员可以电话或书面形式按采购单上的要求通知供货商送货,其他人员非总经理批准不得擅自通知送货。如中途增补采购项目并要求紧急送货,需经行政总厨签字确认交由采购组具体实施。

2. 验收环节的控制

酒店的食品原材料中有一部分是由仓库定期备货,如酒水软饮等,其验收控制在模块4中的存货管理部分已有详细讲述,这里不再赘述。但还有这样一类原料,它们每天都需要采购订货,到货验收后无须入库,直接发往使用部门——厨房,这就是酒店的鲜活原料,如蔬菜、水果、水产冻品、肉、禽蛋等。由于品种多、规格杂、供货质量参差不齐,给验收工作提出了较高的标准,既要达到实收原料的优质准量,满足使用部门的需要,又要保证计量金额的准确无误,符合成本核算的要求。

（1）验收人员

鲜活原料验收,需厨房、采购、财务三方人员同时在场进行验收。

①采购。跟进采购订单与实际到货的一致性与及时性。

②厨房。检验原料是否符合质量标准,是否满足使用要求。厨房验收人员应受过专业训练,掌握较全面的原料基础知识,清楚采购原料的规格和标准,对原料质量能做出较全面准确的判断。

③财务。监控到货原料的数量,上下浮动应控制在预定数量的10%左右。并根据实际收货数量填写酒店食品原料直拨单,如图5-4所示。

××酒店食品原料直拨单

供应商:××× 收货日期: 编号: （页次）

序号	物品编码	物品名称	规格	单位	订货数量	实际到货数量	单价	金额/元	备注
1	010200208	大白菜		500g	25	25.8	1.30	33.54	
2	010200209	黄豆芽		500g	12	11.6	1.60	18.56	
3	010200267	牛心包菜		500g	20	20.9	2.50	52.25	
4	010200382	西红柿		500g	20	20.5	2.80	57.40	
5	010200210	莲藕		500g	15	15	3.30	49.50	
6	010200206	平菇		500g	25	24	4.20	100.80	
7	010200258	上海青		500g	20	20	3.00	60.00	
8									
声明:此单遗失自负,不挂失,请妥善保管。						本页合计(¥):372.05		总计(¥):	
白联—记账联 红联—部门联 黄联—对账联 蓝联—结算联						总计金额(大写)			

交货人: 厨房: 仓库: 采购: 审核:

图5-4 酒店食品原料直拨单示例

（2）验收流程及内容

① 核实到货品种和规格。验收人员要负责核实送验原料是否符合订购单——酒店食品原料直拨单上所规定的品种及规格，符合品种和规格的原料及时进行其他方面的检验，不符合要求则拒收。

酒店食品原料直拨单是鲜活原料验收过程中的重要凭据。每次验货之前，采购将厨房订购的原料清单及其订货数量等信息填入表中，以供验货核对和记录。

② 数量检验。凡是以件数或个数为单位的送货原料，必须逐一点数，记录实收件数或个数。

③ 重量称验。以重量计量的原料，若有外包装，先拆掉外包装再秤量，必须逐件过磅，记录净料。

④ 质量检验。对各类质量有疑问的原料，应由专业厨师仔细检查，确保收进原料符合使用标准。例如，验收蔬菜水果时，要求新鲜、无腐烂、无变质、无过多水分和杂质；验收畜、禽、肉类原料，需查验卫生检疫证或检疫章，未经检疫或检疫不合格的原料拒绝收货。

⑤ 签字确认。检验合格后，送货人员和酒店验收人员——采购、厨师、财务人员分别在酒店食品原料直拨单上签字确认。

验收工作完毕，各种鲜活原料可直拨进入厨房的粗加工间。酒店食品原料直拨单作为经验收合格的鲜活原料直拨入厨的重要证明，应将其第一联——记账联，交成本会计，审核无误后，作为成本记账凭据；第二联——部门联，交行政总厨或厨师长，掌握当日直拨原料成本；第三联——对账联，交供应商核对；第四联——结算联，交采购部，作为货款结算依据。

3. 储存环节的控制

食品原材料的储存管理目标是在向餐饮经营活动提供优质原料的前提下，防止偷盗和保管不善造成的原料损耗，控制储存成本。其储存管理在模块4的存货管理部分已有详细介绍，这里不再赘述。

4. 发料环节的控制

食品原材料的发料工作不仅仅是一个从库房发出食品原料供生产部门使用的过程，而且是对发出用于生产的食品原料进行成本控制的过程。发料方法可以分为直拨和库房发料两种。

（1）直拨

直拨食品原料是从验收点直接发往生产部门，并立即计入食品成本。一般说来，属直拨原料的大多是鲜活原料，这些食品原料极易变质，几乎是每天进货，供生产部门立即使用。在实际工作中，虽然直拨原料并非全部立即用于生产，但将这些食品原料立即计入食品成本，可简化成本记录工作。成本会计员只需每天查阅直拨单的总额，即可确定一天的直拨原料成本。

（2）库房发料

库房发料是区别于直拨而言的。在适当的条件下，米面粮油、罐头食品、干货调料等是可以储存相当一段时间的。这类食品原料是根据预计的需要量进货的，而不一定是为了立即使用。验收人员收到这类食品原料之后，送入相应的库房保管，生产部门需要时，再从库房发出，并计入当天食品成本。

5. 生产环节的控制

食品原料的初加工、切配以及烹调、装盘过程对酒店食品成本的高低也有很大影响,这些环节不加以控制,往往会造成原料浪费,致使成本增加。因而,在生产加工过程中,酒店必须注意以下几方面工作。

（1）严格控制各类原料的出成率

出成率也称净料率,是加工原料的净重量占购进原料总重量的百分比,是表示全部原材料利用程度的指标。对出成率的测算,必须从实际出发,多记录、多比较,找出规律,以确保成本核算的正确性。例如,西芹的出成率是 80%,广东菜心的出成率是 90% 左右。只有规定严格的出成率,才能规范初加工环节,使这种潜在的浪费得以控制。

（2）制订厨房生产计划

厨师长应根据业务量预测,制订每天各餐的菜肴生产计划,确定各类菜肴的生产数量和供应份数,并据此决定需要订购或领用的原料数量。生产计划应提前数天制订,并根据实际情况变化实时调整,以求准确。

（3）严格制定并执行标准菜谱

标准菜谱必须存档,以供厨师查阅。在菜肴原料切配过程中,必须使用称具、量具,按照有关标准菜谱中规定的投料量进行切配。酒店对各类菜肴的主料、配料投料量应制表张贴,以便员工遵照执行,特别是在相同菜肴使用不同投料量的情况下更应如此,以免出现差错。

（4）做好厨房的制度化管理

厨房管理人员必须做好日常操作的制度流程管理,厨房全体生产人员都严格执行各项标准,如使用质量适当的食品原料,最大限度地减少浪费;已从库房领用,但尚未用于生产的原料,如果需要严格控制,在实际使用之前应妥善保管;在管理人员同意之前,不得将烧坏的菜肴扔掉;做好生产记录,以便改进今后的工作,并为财务部门提供信息。

6. 销售环节的控制

销售环节控制的目的是要保证厨房生产的产品能够产生收入,严防各种形式的舞弊和差错的发生。

传统按照点菜单进行的餐饮销售模式是接待客人的预订、点菜,服务员递送点菜单到厨房,厨房凭单制作、服务员凭单上菜、收银员凭单结账。因为这些环节是在不同空间、不同时点进行的,如果一个环节出现问题,会引起后续操作难以进行,加之操作人员和地点分散,使得餐饮销售中存在跑、冒、滴、漏的现象。为了改变这种状况,除了加强对员工的培训和建立完善的内部控制制度外,更重要的是运用先进的信息技术来改善作业流程,提高生产能力,提升酒店服务品质。

现在很多酒店运用电子点菜系统进行管理。其基本流程是:客人点餐时,服务员通过具有无线功能的智能掌上电脑,随时随地使用系统为客人点菜、加菜;电子点菜系统收到数据后自动处理,把菜单自动分类传送到冷菜、热菜、面点、酒水吧等制作间;通过厨房打印机打出厨房单,厨房制作完成后传菜部凭自动打印出的传菜单为客人上菜;客人用餐后,由收银员在收银台打出结账单为客人办理结账。使用电子点菜系统的优点如下。

① 可以改善部门之间、工作环节之间的沟通与协调,使得信息的传递更准确及时,提高员工的工作效率,减少差错率。如服务员在为客人点菜的同时,其信息便迅速传递到厨房的打印机或显示屏上,厨师可立即按订单出品,而无须由服务员拿着点菜单跑来跑去。住店客

人在进行餐饮消费时,可随时与酒店前台系统相连,将审核通过的挂账餐饮账单即时地计入客账中,杜绝了走账的现象。

② 可以随时了解餐饮收入情况,减少人情菜或跑单现象的发生。电子点菜系统取消了原有的四联单操作方式,所有操作信息都记录在电脑里,未在收银台开台的菜单是无法进入厨房进行加工生产的,杜绝了内部人员舞弊行为的发生。

③ 可以提高管理和决策的有效性。酒店管理者可以利用信息系统和标准菜单,根据实际销售量计算出每一日或某一段时间的标准成本,并与实际成本做比较,发现问题可及时处理。也可根据系统采集数据,做相关分析,如畅销菜品分析、滞销菜品分析、销售定价分析等。

微信点餐也是现在新兴的一种点餐方式,实现这种方式主要是通过扫码点餐,在餐厅安装一套点餐系统,在系统后台绑定好二维码张贴在餐桌上,客人进入餐厅后就能够通过微信扫描桌面上的二维码进行点餐支付,酒店也能够直接通过后台进行菜品管理,设置优惠券等。

2.4 酒水饮料成本控制

酒水饮料成本控制与食品成本控制不同,无须复杂的切配过程,但是由于酒水的易损耗及价格贵重等特点,容易被盗和损耗,因此需要采取其他有效的控制方法。

1. 标准酒谱

不论餐厅还是酒吧采取何种控制方式,都必须首先制定各种鸡尾酒和饮料的标准酒谱来核算标准成本和制定销售价格。和标准菜谱一样,标准酒谱是调制鸡尾酒和混合饮料的标准配方。它不仅是保证饮料质量的基础,而且也是成本控制的必要工具。标准酒谱必须列明调制该鸡尾酒或混合饮料所需的基酒和其他配料的数量,说明调制方法,规定所用酒杯的种类和型号,如表 5 - 3 所示。

表 5 - 3 　标准酒谱

名称	曼哈顿鸡尾酒		标准配方编号	× × ×
每杯售价	46 元		每杯成本	17 元
用料名称	单位	数量	单价	成本金额/元
波本威士忌	盎司	2.5	6.00	15.00
甜味苦艾酒	盎司	0.75	1.3	1.00
苦艾汁	滴	2		0.30
樱桃	个	1		0.20
碎冰块	盎司	0.75		0.50
成本合计				17.00
调制方法	加入冰块,将所有成分倒入酒杯,充分搅拌,滤入酒杯,用一只有梗樱桃装饰。			
器皿	4 盎司有刻度线的鸡尾酒杯。			

2. 计算酒水饮料的标准成本

根据标准酒谱规定的基酒和配料的数量,可以计算出该鸡尾酒或混合饮料的标准成本。

具体计算方法与计算菜品的标准成本相同,即饮料的标准成本等于基酒和配料成本之和。

一般来说,酒吧中作为基酒的饮料可以分为两类:一类是纯烈酒或烈酒加其他饮料,如威士忌加冰等;另一类是混合饮料,如各种鸡尾酒,通常需要一到两种烈酒及多种配料,为了准确计算烈酒的成本,酒吧一般会先核算出该烈酒的每盎司成本。例如,某牌号的威士忌进价为 186 元/瓶,容量为 32 盎司,则每盎司的成本为 5.8(186÷32)元,但在实际经营中,还应该规定酒液的自然溢损(流失)量,一般为每瓶 1 盎司。因此,本例中威士忌的每盎司成本为 6(186÷31)元。

3. 酒水消耗量控制

酒水成本控制中一个十分必要的手段就是控制消耗量。控制消耗量的步骤是:统计消耗数量,计算出酒水的标准消耗瓶数、盘点库存数量;计算酒水的实际消耗量,将标准消耗量和实际消耗量进行比较,达到对实际消耗量的控制。一般采用整瓶销售酒水的控制、零杯和混合销售酒水的控制两种方法。

(1)整瓶销售酒水的控制

整瓶销售的酒水比较容易控制,采用标准储存量的餐厅或酒吧,要求对销售的整瓶酒水填写整瓶销售单,可以有效控制各种酒水数量。用公式表示如下。

$$整瓶销售数 + 其他用料数 + 结存数 = 标准储存数$$

(2)零杯和混合销售酒水的控制

酒吧中大部分烈酒都是零杯销售或配制成鸡尾酒等进行混合销售。零杯销售和混合销售的份数要折合成整瓶数进行消耗量控制。零杯销售首先要求根据销售的标准单位来核算。常用的标准单位为盎司、标准量杯等。例如,酒店设定的折合单位是,1 盎司的液体单位折合 30 毫升,1 量杯折合 45 毫升。

一瓶 750 毫升容量的酒,如果以 1 盎司为单位销售就可以销售 25 杯,如果以量杯为单位销售就只能销售 16 或 17 杯。所以,零杯销售要考虑每杯的容量及销售杯数。零杯和混合销售者折合的整瓶数可以用以下公式计算。

$$折合整瓶数 = 每杯容量 \times 销售杯数 \div (每瓶容量 - 每瓶允许流失量)$$

为控制消耗量,要规定标准的允许流失量,普遍的做法是规定一瓶酒允许流失 1 盎司,有的规定允许流失 3%~4%。

例 5-5 某酒吧用哥顿金酒作为基酒配制鸡尾酒出售,其用量如表 5-4 所示。请计算折合整瓶数(每瓶容量为 32 盎司,允许流失量为每瓶 1.5 盎司)。

表 5-4 基酒用量

饮料名	每杯容量/盎司	销售杯数/杯	总量/盎司
马天尼	2	96	192
1 号零杯金酒	1.5	122	183
2 号零杯金酒	1.8	90	162
总计			537

折合整瓶数 = $(2 \times 96 + 1.5 \times 122 + 1.8 \times 90) \div (32 - 1.5) = 17.6$(瓶)

所以,不论是整瓶还是零杯或混合酒水的销售,都可以依照一定的方法计算出整瓶耗用数。酒吧应定期进行盘点,算出各种酒水实际耗用量,并与计算后的各种酒水标准耗用量进行比较,这样就可以从数量上对各酒吧酒水的销售进行控制。

2.5 餐饮成本的计算

餐饮成本计算是指对餐饮产品所耗用的原材料进行综合计算,从而求出某一种类和数量的产品的成本。餐饮产品成本在核算上只计算实际耗用的原材料成本,包括食品原料的主料、配料和辅料的耗费。正确计算餐饮产品成本,能够帮助酒店合理制定餐饮产品的销售价格,发现餐饮产品成本升降的因素,从而寻求有效降低餐饮成本的途径,提高酒店的经营效益。

1. 日食品成本的确定

计算日食品成本的方法有两种。一种是采取日盘制,每日食品成本 = 上日盘存额 + 本日直拨材料总额 + 本日仓库领用总额 - 本日盘存额。另一种就是定额成本计算法,按照固定的每道菜品(饮品)的标准定额成本,来汇总计算出当日的食品总成本,并填制食品成本日报表。酒店可根据实际情况确定每日食品成本的计算方法。

2. 月食品成本的确定

餐饮的月销售成本是当月销售的菜品和饮料所耗用的成本。因餐厅经营的连续性和特殊性,每天购进或领用的菜品不可能全部消耗掉,所以应通过成本倒挤的方法计算餐饮成本。其计算公式如下。

食品成本 = 期初食品存货 + 本期购进(领用)食品 + 本期调拨食品净额 - 期末食品存货

在上述公式中,本期调拨食品净额可从当月厨房之间的调拨单统计调入数和调出数计算获得。

例 5-6 某酒店餐饮部在 6 月份计算各餐厅成本和餐饮收入情况如表 5-5 所示。要求计算每个餐厅的餐饮成本率、餐饮部的平均餐饮成本率和平均毛利率。

表 5-5 餐饮部各餐厅的营业收入和餐饮成本统计   万元

项　　目	中餐厅	西餐厅	风味厅	自助餐厅
营业收入总额	600	480	300	360
餐饮成本总额	270	192	105	216

餐饮成本率 = $\dfrac{\text{餐饮成本总额}}{\text{餐饮收入总额}} \times 100\%$

餐饮毛利率 = 1 - 餐饮成本率

具体计算结果如表 5-6 所示。

表 5-6　餐饮部各餐厅的营业收入和餐饮成本统计　　　　　　　　　万元

项　目	中餐厅	西餐厅	风味厅	自助餐厅	合　计
营业收入总额	600	480	300	360	1 740
餐饮成本总额	270	192	105	216	783
餐饮成本率/%	45	40	35	60	45
餐饮毛利率/%	55	60	65	40	55

任务 3　酒店经营性费用的控制

3.1　客房营业费用的控制

客房经营作为酒店经营的主要项目,其租金收入占整个酒店的 50% 左右。因此,加强客房营业费用的日常控制与管理,对降低整个酒店的费用支出具有重要的意义。

客房经营过程中发生的各项支出是通过营业费用进行核算的。客房营业费用的高低与客房出租率的高低有直接的关系。客房出租率是指已出租客房占可以出租客房的比例,可用下列公式计算。

$$客房出租率 = \frac{计算期客房实际出租间天数}{可出租客房数量 \times 计算期天数} \times 100\%$$

客房实际出租间天数,是指在一定时间内每间可出租的客房实际出租天数之和。可供出租的客房数量,一般情况下是一个常量。客房费用可以分为固定费用和变动费用两部分。固定费用总额不会随出租率的高低而变化,但从每间客房分担的固定费用来讲,则会随着出租率的提高而减少。变动费用却与此相反,变动费用总额会随着出租率的提高而增加,但每间客房的变动费用却是个常数。因此控制客房费用的支出,降低消耗,需从以下两方面入手。

1. 降低单位固定费用

其主要途径是提高客房出租率,通过出租数量的增加来降低每间客房分摊的固定费用。虽然出租率对于降低单位固定费用至关重要,但是过分依赖降低价格来提高出租率,即使单位固定费用下降了,但是有可能造成其他方面的支出增加,结果是得不偿失的。

2. 控制单位变动费用

其主要是按照客房消耗品标准费用(即消耗品定额)控制单位变动费用支出。消耗品定额是对可变费用进行控制的依据,必须按酒店的不同档次,制定消耗品的配备数量和配备规定。对一次性消耗品的配备数量,要按照客房的出租情况落实到每个岗位和个人,领班和服务员要按规定领用和分发各种消耗品,并做好登记,以便对每人所管辖的客房消耗品数量进行对比和考核,对费用控制好的班组和个人要给以奖励,对费用支出超出定额标准的要寻找原因,分清责任,对由于主观因素造成的超标准支出要给以一定处罚。对于非一次性用品的消耗,要按酒店的档次和正常磨损的要求确定耗用量,尽量减少使用不当造成的损耗,加强布草房的领发控制和安全保卫工作,减少丢失。通过对固定费用和变动费用的有效控制和管理,就能达到降低消耗,增加盈利的目的。

3.2 酒店人力成本的控制

1. 酒店人力成本的构成

酒店人力成本是指酒店为获得员工提供的服务而给予的各种形式的报酬以及其他相关支出,包括员工在职期间和离职后提供给职工的全部货币性薪酬和非货币性福利。其主要由以下几项构成。

(1) 工资、奖金、津贴和补贴

工资、奖金、津贴和补贴是指按国家规定构成工资总额的计时工资、计件工资、奖金(指支付给员工的超额劳动报酬和增收节支的劳动报酬)、津贴和补贴(指为了补偿员工特殊或额外的劳动消耗或由于其他特殊原因支付给员工的劳动补偿,如职务津贴、物价补贴、特殊作业津贴、差旅津贴、交通补贴等)、加班加点工资、特殊情况下支付的工资(在职员工因病、工伤、产假、计划生育假、婚丧假、事假、探亲假、定期休假、外出培训等特殊情况下,按一定的比例标准支付的工资)。

(2) 职工福利费

职工福利费是指酒店为员工提供福利而按照国家规定的计提基础和计提比例从成本费用中提取的金额。

(3) 社会保险费

社会保险费是指酒店按国家规定的基准和比例计算,向社会保险经办机构缴纳的医疗保险费、养老保险费、失业保险费、工伤保险费和生育保险费等社会保险费。

(4) 住房公积金

住房公积金是指酒店按照国家《住房公积金管理条例》规定的基准和比例计算,向住房公积金管理机构缴存的住房公积金。

(5) 工会经费和职工教育经费

工会经费和职工教育经费是指酒店为了改善员工文化生活、提高员工业务素质,用于开展工会活动和职工教育及职业技术培训,根据国家规定的基准和比例,从成本费用中提取的金额。

(6) 非货币性福利

非货币性福利是指酒店以自产产品或外购商品发放给员工作为福利,将自己拥有资产无偿提供给员工使用,或为员工无偿提供服务等。

2. 酒店人力成本控制的方法

(1) 精简酒店组织结构,合理定岗

现代酒店是一个多功能的复杂的综合性企业,服务功能众多,服务项目烦琐,这就使得酒店的岗位也日益繁杂,各岗位对员工数量、知识、技能水平的要求也不一样,所以合理的定岗定员就成为削减冗员、控制人力成本的重要因素。酒店应根据实际工作量设置岗位,而不是因人设岗。随着酒店经营范围的变化、规模的扩大或缩小,酒店应注意组织的再设计问题。尤其是酒店业竞争激烈,已进入微利时代的今天,酒店应注意不断优化组织结构,精简岗位,以控制人力成本。

(2) 合理取消部分岗位与工种,引进外来专业公司进行专项管理

随着酒店经营管理的社会化分工的更加细化,专项技术专业化程度的不断提升,酒店中

许多岗位、工种在不断的萎缩。例如,利用社会专业汽车出租公司,使得酒店客用车队的消失和专业司机的减少;利用电梯厂家的专业维护能力和维护保养时效,取消酒店电梯维护技工的工种;利用社会园林绿化公司的力量,使酒店不再为专业园林花工设立岗位;酒店计算机软件管理系统的普遍运用和远程计算机维护技术的成熟,从而使酒店可以不再有计算机维护人员;随着楼堂馆所的日渐增多,考虑合理运用设备、公众区的卫生工作越来越专业化及 PA(Public Area,公共区域保洁员)人员的专业化需求,使得外包专业清洁公司直接介入酒店的清卫工作,如此等等。酒店的一些工作岗位和工种逐渐萎缩和消失,专业公司可以更为专业地处理酒店中的有些事务,而且费用相对较低。对酒店而言,则直接减少了工作岗位和不必要的工种及工作人员,最为直观地降低了酒店人力成本。

（3）调整薪酬结构,降低高薪人员比例

酒店可采用高弹性模式的薪酬结构,该模式的特征是:在不同时期,不同员工薪酬水平起伏较大。基本工资在薪酬中的比例较少,奖金和津贴的比例较大,福利、保险的比重中等。而且在基本工资中,往往实行计时工资(按小时计算基本工资,对客房、餐饮及一些后台部门而言)、销售提成(按销售额的比例确定基本工资,对销售部而言),或者二者的结合(对前厅部等而言)。对于这种高弹性模式,薪酬主要是根据员工近期的绩效决定。由于基本工资所占比例小,奖金比例大,该模式将降低酒店的人力成本,减轻酒店饭店的成本负担,且能产生很好地激励创收作用。

酒店不仅要注意上述的薪酬结构,更应关注薪酬水平。一些酒店采用的是高额工资倾斜的薪酬水平,即中高级管理人员在酒店总员工数中所占比例较大,且工资系数很高,与普通员工档次差距很大。由于中高级管理人员的薪酬基数太大,使得酒店的整体工资水平向高额倾斜。然而,对于酒店来说,向低额工资倾斜的薪酬政策更能适应现在微利竞争的市场环境。中高层管理人员由于其工资系数高,其年薪往往是普通员工的数倍,另外酒店还需要支付大约其年薪 2 倍的工作费用和大量的福利开支。所以,酒店应采用低额工资倾斜的薪酬政策,适当降低中高级管理人员的工资系数,相应缩减中高层管理人员的比例,从而适度降低整个饭店的薪酬水平。

3.3　酒店能源费用的控制

1. 酒店能源费用的构成

能源费用主要包括水、电、气、燃料等能源的消耗费用。它是酒店成本费用中占比较大的部分,大多数酒店每年的能源费用要占营业收入的 5% ~ 15%。影响酒店能源消耗的因素有建筑结构、功能布局、设备系统的优劣等客观因素,又有节能意识和管理水平等主观因素。

由于管理水平的不同,各酒店间的能源消耗水平差距很大。酒店能耗水平和酒店的经营状况有关,高星级酒店的能耗量要大于一般中小型酒店,但从能耗费用率看,越是出租率高和餐厅上座率高的酒店,其能耗率反而更低。这是因为在淡季时,酒店要维持正常的经营状态必须承担一定的能耗消耗成本,如酒店大堂的照明设施、冷热空调的开启等,所以最大限度地节能降耗是酒店成本费用控制的重点。

2. 能源费用控制的方法

（1）建立健全能源管理机制

酒店需要实行"集中领导,分级管理,归口负责"的能源管理办法,设立由总经理、工程部、财务部及有关部门负责人参加的能源管理委员会。工程部为具体执行机构,负责水、电、气等能源的计划使用和设备维护管理、统计核算和监督工作。酒店应制定《能源管理办法》《能源消耗定额考核办法》《违章用能处罚办法》等制度,逐步形成严格的能源管理体系。

（2）严格定额计量管理

制定和下达先进、合理的能源消耗定额,并通过严格的仪表计量,检查定额的执行情况,是实施能源管理的关键环节。酒店应由工程部统一负责能源计量仪表的安装、维护、检定和抄表工作,保证量值的准确性,做到"数出一门,量出一家"。在获得能源消耗指标的前提下,制定能源消耗定额标准,并分解落实到各部门、班组乃至个人,开展定额考核。

（3）开展节能潜力分析

要开展节能潜力分析,首先要统计出能源消耗情况,绘制酒店能源消耗表、主要耗能设备效率表及饭店能源图。掌握能耗的重点,如空调系统的能量主要用在能源及输送系统上。一般来讲,空调部分占整个能量消耗的50%,照明占33%,其他设备占17%;而空调部分冷热源使用能量占40%,输送系统占60%。

（4）加强节能技术改造

很多酒店能耗高的一个突出原因,就是技术落后、设备陈旧和能源利用率低。现阶段,酒店可以利用一些专用设备,如时间启停控制器、最优启停控制器、设定值控制器等,以改善和提高空调系统能量的有效利用,还可以利用计算机来管理控制系统。

3.4 酒店其他费用的控制

1. 行政管理费用

酒店行政管理费用包括行政办公室、财务部、安保部、人事部等部门发生的费用,行政管理费用属于可控费用。例如,电话费如果不加控制就有可能发生超额开支,员工利用办公电话聊天,不仅产生费用,而且影响酒店服务;又如,酒店的信用政策太过宽松会导致收账费用增加。酒店的低值易耗品、办公用品看起来不起眼,但如果管理不善,浪费严重,也会造成费用增加。所以,酒店在成本控制中应注意精细化管理,开源节流,才能创造出更多的收益。

2. 销售费用

营销部门的销售费用属于可控费用,酒店每一项营销活动都应有详细的计划及创收能力分析,以便管理层决定酒店资源的分配。

3. 维修保养费用

工程部承担着酒店设施设备的维修保养任务,管理得当,能延长酒店设施设备的使用寿命,保持酒店硬件的服务品质。因此,酒店每年应计划一定的维修保养费用,这有利于酒店而不是增加酒店负担。对于一些专业设备的维修保养,如中央空调、电梯等,酒店应签订维修保养合同,因为专业公司的技术会更专业,还可以减少零配件的储备和人工费用。

同 步 训 练

一、思考题

1. 简述酒店客房产品采用的定价方法。
2. 简述酒店餐饮产品采用的定价方法。
3. 简述酒店客房收入的控制环节。

4. 酒店成本费用包括哪些内容? 如何进行分类?

5. 什么是标准成本卡? 它有什么作用?

6. 简述餐饮成本控制的全过程。

二、判断题

1. 营业收入管理的目标是制定合理的价格,以最大限度地扩大销售量,实现营业收入额的增加和净利润的提高。　　　　　　　　　　　　　　　　　　　　　　(　　)

2. 制定食品标准成本时,必须先确定标准食谱和标准分量。　　　　　　(　　)

3. 把酒店的费用划分为经营费用和非经营费用,是为了方便考核所有权和经营权分离状态下酒店经营管理者实际经营业绩的高低。　　　　　　　　　　　　　　(　　)

4. 随行就市定价法可以使酒店获得比较稳妥的收益率,降低定价风险。　　(　　)

5. 内扣毛利率也称成本毛利率,是对餐饮产品进行定价的重要因素。　　(　　)

6. 酒店对营业收入的时间确认以权责发生制为原则。　　　　　　　　　(　　)

7. 鲜活原料验收,需厨房、采购、财务三方人员同时在场进行验收。　　(　　)

8. 计算日食品成本的方法有日盘制和定额成本计算法两种。　　　　　　(　　)

三、单项选择题

1. 已知某四星级酒店和合轩清蒸鲑鱼的标准成本为 56 元,销售毛利率为 60%。该清蒸鲑鱼的销售价格为(　　　　)。

    A. 140 元　　　　　　B. 89.6 元　　　　　　C. 110 元　　　　　　D. 120 元

2. 王洪 2018 年 6 月 22 日入住一四星级酒店,计划住一间标准间 2 天,酒店标准间门市价 350 元/间天。前台服务员收取王洪 1 000 元押金,并当即为王洪办理入住手续。2018 年 6 月 22、23 日酒店应确认的营业收入为(　　　　)。

    A. 1 000 元、0 元　　　　　　　　　B. 350 元、650 元

    C. 350 元、350 元　　　　　　　　　D. 0 元、700 元

3. 酒店财务部门的办公用品费用属于(　　　　)。

    A. 财务费用　　　B. 营业费用　　　C. 管理费用　　　D. 期间费用

4. 不属于酒店经营性费用的是(　　　　)。

    A. 物料消耗费　　　　　　　　　　B. 人工成本

    C. 维修保养费　　　　　　　　　　D. 固定资产折旧费

5. 不属于酒店成本费用管理方法的是(　　　　)。

    A. 制度控制法　　　　　　　　　　B. 预算控制法

    C. 差异分析控制法　　　　　　　　D. 主要消耗指标控制法

6. (　　　　)是指酒店在正常经营条件下,以标准消耗量和标准价格计算出的各部门的成本。

    A. 实际成本　　　B. 标准成本　　　C. 预算成本　　　D. 固定成本

四、多项选择题

1. 酒店制定客房产品价格的主要方法有(　　　　　)。

    A. 千分之一定价法　　　　　　　　B. 随行就市定价法

    C. 赫伯特公式定价法　　　　　　　D. 目标利润定价法

2. 影响酒店营业收入数额的因素有(　　　　　)。

  A. 价格   B. 折扣   C. 退赔   D. 坏账

3. 酒店营业收入的日常管理包括(   )。

  A. 建立客人分户账   B. 各营业点收入结算管理

  C. 为离店客人提供高效的结账服务 D. 坚持收入稽核制,防止舞弊行为发生

4. 酒店营业成本包括(   )。

  A. 餐饮成本   B. 商品成本

  C. 洗涤成本   D. 人工成本

5. 下列支出不属于成本费用的有(   )。

  A. 为购置和建造固定资产、无形资产和其他资产而发生的支出

  B. 对外投资支出和分配给投资者的利润、被没收财物的损失

  C. 支付的各项赔偿金、违约金、滞纳金、罚款以及赞助、捐赠支出

  D. 广告宣传费

6. 酒店餐饮部直接成本的全过程控制思想包含(   )。

  A. 采购与验收入库的控制   B. 仓储与领发料的控制

  C. 生产环节的控制   D. 楼面服务与酒水成本控制

7. 酒店餐饮部生产环节的控制包括(   )。

  A. 制定标准成本卡与确定标准成本率

  B. 进行差异分析

  C. 控制紧急采购次数

  D. 严格内部调拨手续

五、计算题

1. 某酒店洗衣房服务能力有剩余,想计划对外提供洗衣服务以增加部门收入,为合理确定此项服务的价格,洗衣房主管收集了半年以来的洗衣成本和洗衣量的有关资料,如下表所示。

月　份	洗衣成本/元	洗衣量/千克
1	22 000	20 000
2	21 600	19 500
3	21 800	19 750
4	20 800	18 500
5	20 720	18 400
6	20 400	18 000

  ① 运用高低点法,确定洗衣房的固定成本和变动成本结构。

  ② 如果估计每月客衣和外衣收洗的洗衣量为 25 000 千克,估算洗衣总收入为多少时可以抵补成本?

  2. 某酒店有客房 200 间。其中,标准间 150 间,每间 25 平方米;套间 50 套,每套 60 平方米。假设该酒店要实现目标利润率 50%,预计出租率为 80%,客房全年总费用为 2 600 万元,其中固定费用 2 300 万元,变动费用 300 万元。请计算客房标准间的平均房价和套间的

平均房价。

    3. 顾客李先生到酒店预订酒席 10 桌,每桌标准为 1 200 元。如酒店确定销售毛利率为 48%。问每桌酒席的成本是多少元? 销售毛利额是多少元? 10 桌酒席酒店共可获得多少毛利额?

模块 6

酒店利润分配管理

知识目标
- 了解酒店缴纳的各种税金的基本概念及其计税依据。
- 掌握酒店各种税金的计算。
- 熟悉酒店税务筹划的技术。
- 掌握酒店股利政策的制定及具体实施内容。
- 熟悉确定目标利润的方法。

能力目标
- 能够掌握各种股利政策的制定方法，能够正确确定最优股利政策。
- 掌握本量利分析的概念及其运用。
- 掌握目标利润在酒店决策分析中的运用。

项目 1　酒店税金管理

　　酒店在经营过程中因销售商品取得销售收入或因提供劳务取得收入及经营利润，这些需要按照国家规定纳税。

　　税金是酒店按照税法的规定向国家缴纳的款项，是国家参与国民收入分配和再分配的形式，也是国家财政收入的重要组成部分，同时，税金管理也是酒店财务管理的重要内容。按照新税制的要求，酒店所承担并向国家缴纳的税金主要有以下几种：增值税、消费税、所得税、城建税及教育税附加、房产税、车船使用税、印花税、土地使用税、关税。

　　按照税法的有关规定，酒店要在企业开办时，根据工商管理部门批准的营业执照，连同有关部门批准的企业合同、章程、协议等文件，到税务局领取税务登记表一式三份填列上报，进行税务登记。税务部门根据企业上报的税务登记审查合格后，根据企业的经营范围，以书面答复企业，做出纳税鉴定，并列明应纳税的税种、税率、征收方式和缴纳的期限，作为企业纳税的依据。

任务 1　流转税的管理

1.1　酒店增值税的管理

增值税是全球各国普遍推行的、相对成熟的税种,是对商品(含应税劳务)流转过程中产生的增值额征税。增值税按销售额乘以税率计算出销项税额后,还要扣减成本费用中的进项税额,才是最终的应纳税额。增值税的计税销售额为不含税销售额。

按照我国税法规定,年销售额在 500 万元以下的酒店,将其归为增值税小规模纳税人,这部分纳税人适用简易计税方法,依照 3% 的征收率计算缴纳增值税(即销售额×3%),与原先 5% 的营业税税率相比,其税收负担直接下降约 40%;年销售额在 500 万元以上的酒店,将其归为增值税一般纳税人,这部分纳税人适用 6% 的增值税税率。

1. 增值税的计算

一般纳税人酒店增值税的计算公式如下。

$$应纳增值税税额 = 当期销项税额 - 当期进项税额$$

其中,销项税额是纳税人销售货物或提供劳务,按照税法规定向购买方收取的增值税税额。其计算公式为:销项税额 = 销售额×增值税税率。进项税额是纳税人购进货物或应税劳务已缴纳的增值税税额,一般在增值税专用发票中已经列明。

由于酒店销售的商品(服务)售价中已包含了增值税的税额。也就是说,销售收入是含税销售收入,在期末统计营业收入总额时,需要将含税销售收入换算为不含税的销售收入。其换算公式如下。

$$销售收入 = \frac{含税销售收入}{1 + 增值税税率}$$

2. 酒店收入构成及适用税率

酒店收入构成及适用税率如下。

① 住宿收入、餐饮收入、娱乐收入,按照 6% 税率缴纳增值税。

② 停车费收入、将场地出租给银行安放 ATM 机、给其他单位或个人做卖场取得的收入,均为不动产租赁服务收入,按 11% 的税率计税。

③ 酒店商品部、迷你吧的收入按所售商品的适用税率计税。

④ 长包房、洗衣、商务中心的打印、复印、传真、秘书翻译、快递服务收入,按 6% 的税率计税。

⑤ 美容、美发、按摩、桑拿、氧吧、足疗、沐浴属于居民日常服务,按 6% 的税率计税。

⑥ 电话费收入按 11% 的税率计税。

⑦ 避孕药品和用具可免征增值税。

⑧ 酒店送餐到房间的服务,按 6% 的税率计税。

⑨ 出售会员卡仅给顾客授予会员资格的,属于销售其他权益性无形资产,按 6% 的税率计税。

⑩ 接送客人取得的收入,如需向顾客另行收费,属于兼营行为,按"交通运输——陆路

运输服务"适用11%税率征税;如果酒店提供免费专车接送,如机场、火车站、景点与酒店之间的往返,这里的专车接送,属于一项行为涉及多项服务,仅就实际取得的住宿费收入按6%的税率计税。

⑪ 会场的场租费为不动产租赁服务收入,按11%的税率计税;如果不是单独提供场地,还包括整理、打扫、饮水等服务,应按照"会议展览服务"依据6%的税率计税;若会议服务中还包含餐饮服务、住宿服务收入,应分别按照会议服务、餐饮服务、住宿服务征税,餐饮服务不得开具增值税专用发票。

⑫ 客人支付的物品损坏赔款收入,按住宿、餐饮服务取得的价外费用,适用6%税率。

⑬ 向场地承租方收取的水电费,分别按13%和17%的税率计税。

3. 可抵扣进项税额项目及适用税率

以下项目均需取得合法的增值税扣税凭证。

① 向增值税一般纳税人购进农产品,按增值税专用发票上注明的税额,或按照增值税普通发票上注明的农产品买价和13%的扣除率计算进项税额。

② 向小规模纳税人购进农产品,按取得的增值税普通发票上注明的农产品买价和13%的扣除率计算进项税额。

③ 向农业生产者个人购进自产农产品,餐饮企业可开具农产品收购发票,按照注明的农产品买价和13%的扣除率计算进项税额。

④ 从批发、零售环节购进初级农产品,取得增值税普通发票上"税额栏"有数据的,可以按照农产品买价和13%扣除率计算抵扣进项税额;"税额栏"数据为"0"或" * "的,不得计算抵扣进项税额。

⑤ 酒店租入停车场给客人提供服务,可以凭取得的增值税专用发票抵扣进项税额,税率11%或征收率3%。

⑥ 电费、材料、用具、设备、经营用车辆等取得的增值税专用发票,税率17%或征收率3%。

⑦ 购置不动产取得的增值税专用发票,税率11%或征收率5%;注意进项税额分期抵扣政策。

⑧ 接受房屋租赁支出,进项抵扣税率为11%或征收率5%。

⑨ 购买煤炭制品(非居民用煤炭制品)支出,进项抵扣税率为17%或征收率3%。

⑩ 购买暖气、自来水、冷气、热水、煤气、石油液化气、天然气、沼气、居民用煤炭制品支出,进项抵扣税率为13%或征收率3%。

⑪ 电话服务进项抵扣,其中基础电信11%,增值电信6%。

⑫ 对外发布广告支付给广告发布者费用,进项抵扣税率6%或征收率3%。

⑬ 交通运输服务进项抵扣11%或征收率3%。

相关链接

营改增后酒店业需注意的涉税风险

营改增后,酒店业在不增加采购成本的前提下,取得合法抵扣进项税额的凭证并不困难,因此大中型酒店税负将明显降低。尽管如此,在营改增后大中型酒店还是要关注可能存在的涉税风险点。

1．农产品收购存在的涉税风险

根据《国家税务总局关于明确营改增试点若干征管问题的公告》(国家税务总局公告2016年第26号)规定，餐饮行业增值税一般纳税人购进农业生产者自产农产品，可以使用国税机关监制的农产品收购发票，按照现行规定计算抵扣进项税额。有条件的地区，应积极在餐饮行业推行农产品进项税额核定扣除办法，按照《财政部、国家税务总局关于在部分行业试行农产品增值税进项税额核定扣除办法的通知》(财税〔2012〕38号)有关规定计算抵扣进项税额。

因此，酒店业可以开具农产品收购发票，按照收购金额的13%抵扣进项税额。这里要注意的是，农产品收购发票实质上是酒店自己给自己开，这对酒店业的日常管理提出了更高要求。

例如，某酒店向农户直接采购农户自产的鹌鹑蛋，合计采购金额10 000元，并开具农产品收购发票，账务处理如下。

借:原材料　　　　　　　　　　　　　　　　　　　　　　　8 700
　　应交税费——应交增值税(进项税额)　　　　　　　　　　1 300
　　贷:银行存款(库存现金)　　　　　　　　　　　　　　　　　　10 000

笔者实地到多家大中型酒店调研时发现，大中型酒店的农产品需求量大，一般情况下并不是直接向农业生产者采购，而是在菜市场向批发商采购。

根据《财政部、国家税务总局关于免征部分鲜活肉蛋产品流通环节增值税政策的通知》(财税〔2012〕75号)规定，部分鲜活蛋类在流通环节是免征增值税的。如果直接向批发零售商采购农产品，是不符合农产品收购发票开具要求的。

在此，笔者建议酒店业应加强对农产品收购发票的管理，对于不符合开具农产品收购发票的，不得开具农产品收购发票。对于从批发环节采购的农产品，符合开票条件的，应当由批发商自行开具发票，或到税务机关代开发票。

2．外卖业务存在的涉税风险

根据《国家税务总局关于旅店业和饮食业纳税人销售食品有关税收问题的公告》(国家税务总局公告2011年第62号)规定，旅店业和饮食业纳税人销售非现场消费的食品应当缴纳增值税。旅店业和饮食业纳税人发生应税行为，符合《中华人民共和国增值税暂行条例实施细则》(财政部、国家税务总局令第50号)第二十九条规定的，可选择按照小规模纳税人缴纳增值税。营改增后，大中型酒店销售额超过500万元的为一般纳税人，无论是现场消费，还是非现场消费，都要按照适用的税率征收增值税。其中现场消费属于餐饮业，按6%缴纳增值税;非现场消费属于销售货物，按17%缴纳增值税。部分大中型酒店可能不区分外卖业务，或者设立一大(甲公司)、一小(乙公司)两家企业，外卖业务归到小规模纳税人的企业中去，实质上是一班人马，两个税号，这就存在着重大涉税风险。因为甲公司先把食物加工好，转给乙公司外卖，实质上甲公司要先缴纳一笔税，而乙公司在销售外卖食品时，又要缴纳一笔税。

因此笔者建议，酒店业应从控制涉税风险出发，外卖业务按照适用的税率缴纳增值税，同时加强增值税发票的管理，尽量要求多获得进项抵扣发票，从而降低增值税税负。

3．虚开发票内容的涉税风险

根据《财政部、国家税务总局关于全面推开营业税改征增值税试点的通知》(财税

〔2016〕36 号)附件1《营业税改征增值税试点实施办法》第二十七条规定,下列项目的进项税额不得从销项税额中抵扣:餐饮服务、居民日常服务和娱乐服务。大中型酒店业一般涉及会议(属于文化创意服务)、餐饮、住宿、居民日常服务等。其中会议费、住宿费(公务出差)可以抵扣进项税额,开具增值税专用发票;餐饮、居民日常服务、娱乐服务不得抵扣进项税额,开具增值税普通发票。对于酒店业来讲,无论开具什么样的发票给购买方,税率都是一样的。但是对于购买方而言,则存在能否抵扣的问题,酒店业存在虚开发票内容的涉税风险,如将餐费、足浴费开成住宿费、会议费等。

笔者建议,酒店业应严格按照实际发生的业务内容来开具发票。根据《中华人民共和国刑法》第二百零五条规定,如果构成"虚开增值税发票罪"将会被移送司法机关,追究刑事责任。由于酒店业在营改增前未接触过增值税业务,税务部门要对酒店业财务人员加强政策培训和政策宣传,避免酒店业不符合农产品收购条件而开具农产品收购发票,从而产生涉税风险。

资料来源:中国税务报,2016 – 10 – 21。

1.2 消费税

消费税是针对消费品或消费行为的当期销售额或销售量征税。其税率有差别比例税率(3% ~45%)和定额税率两种。酒店可以根据课税对象的具体情况来确定。对一些供求基本平衡、计量单位规范的消费品选择定额税率,如黄酒、啤酒等;对一些供求矛盾突出、价格差异较大、计量单位不规范的消费品选择比例税率,如烟酒、化妆品、护肤护发品、贵重首饰及小汽车等。其计算公式按销售额和销售量分别如下。

从价定率: 应纳税额 = 不含税销售额 × 比例税率

从量定率: 应纳税额 = 销售数量 × 单位税额

卷烟和白酒采用混合计算方法,公式如下。

应纳税额 = 不含税销售额 × 比例税率 + 销售数量 × 单位税额

任务2 所得税的管理

所得税是酒店以应纳税所得额为课税对象的一种税。按税法规定,所得税税率一般为25%。为了支持和鼓励发展第三产业,对新办的独立核算的酒店从开业之日起,报经主管税务机关批准,可减征或免征1年的所得税。其计算公式如下。

应纳所得税 = 应纳税所得额 × 适用税率

其中

应纳税所得额 = 利润总额 + 与税法规定不符应调整的利润额 – 按规定弥补以前年度亏损额

应调整增加应纳税所得额的项目有:超过计税工资标准列入成本费用的数额;超过计提工资附加费标准的数额;向非金融机构借款的利息支出高于同类金融机构,按同期贷款利率计算的数额;业务招待费按照发生额的 60% 扣除,但最高不得超过当年销售收入的 5‰;纳税人用于公益救济性捐赠超过年度利润总额 12% 的部分;固定资产采用加速折旧超过直线法计提折旧的部分;酒店超过规定标准摊销无形资产的部分;酒店超过年限弥补亏损的部分;资本性支出在税前列支的部分;各项税前的滞纳金、罚款费公益救济性捐赠、各种赞助支出及与经营性收入无关的支出;酒店因遭受自然灾害或意外事故而由保险公司给予赔偿的部分;其他需调增的事项。

应调整减少应纳税所得额的项目有:酒店发生亏损规定允许在税前逐年连续弥补 5 年的亏损部分;酒店投资于联营企业而分回的利润;酒店治理三废项目取得的利润;酒店持有其他企业的股份而取得的红利收入;酒店因购买国库券而取得的利息收入;酒店投资于中外企业而分得的利润。

根据税务机关的规定,所得税按年计征,月份或季度终了后 15 日内预缴,年终汇总清算,并于 5 个月内汇算清缴,多退少补。

任务 3　其他税种的管理

1.1　城市维护建设税

城市维护建设税是为维护和建设城市公共事业和居民基本生活公共设施筹集资金来源,而对经营收入的单位和个人征收的一种税种。对酒店而言,城市维护建设税以其实际缴纳的增值税和消费税为课税对象。城市维护建设税的税率因区域而不同。纳税人所在地为市区级的,税率为 7%;纳税人所在地为县城、镇的,税率为 5%;纳税人所在地不在市区、县城或镇的,税率为 1%。其计算公式如下。

$$应纳城市维护建设税额 = (应缴增值税额 + 应缴消费税额) \times 适用税率$$

1.2　教育费附加

教育费附加是国家为发展教育事业而征收的一种附加费。其按照酒店缴纳的增值税和消费税的一定比例计征,教育费附加的征收率为 3%,一般按月计提,按季缴纳。其计算公式如下。

$$应缴教育费附加额 = (应缴增值税额 + 应缴消费税额) \times 适用税率$$

1.3　印花税

印花税纳税人根据规定计算应纳税额,并一次购买贴足印花税票的缴纳办法,即"纳税人自行计税,自行纳税,自行作废"的管理办法。

1.4　房产税

房产税实行按年征收、分期缴纳的办法。计税依据是房子原值或租金收入。以原值计算时,一次性减除原值的 10% ~ 30% 的余额为计算的基数,年税率为 1.2%;以租金计算时,按年租金的 12% 计征。

1.5 土地使用税

土地使用税按纳税人实际占用的土地面积,按规定的定额从量计征的办法。其计算公式如下。

$$应纳土地使用税额 = 实际占用土地面积 \times 单位实用税额$$

土地使用税的税率如表6-1所示。

表6-1 土地使用税的税率

地 区	每平方米的年纳税额
大城市	0.5 ~ 10 元
中等城市	0.4 ~ 8 元
小城市	0.3 ~ 6 元
县城、建制镇	0.2 ~ 4 元

1.6 车船使用税的计算

车船使用税实行从量定额征税,实行按年征收、分期缴纳的办法。分机动车船和非机动车船等不同计税对象,以净吨位、载重净吨位及车辆数为计税依据计算征收。

1.7 关税的计算

酒店关税主要涉及进口原材料、机器设备、国外高档消费品等业务。关税的税率按不同的产品分别设置。

相关链接

酒店税务筹划

税务筹划是要在不违法的前提下,通过对经营、投资、理财活动中涉及税务事项的筹划和安排,尽可能地减轻税负以实现企业财务目标。

酒店在实施税务筹划时必须坚持五条原则:不违法原则、整体性原则、动态性原则、成本效益均衡原则、事先筹划原则。

纳税筹划作为纳税人合理、合法的优化税收的活动,与偷税、漏税、骗税、抗税和欠税有着严格的区别,因为这些避税的方法都是法律所不允许的。

1. 偷税

偷税是指纳税人有意违反税法规定,采取欺骗、隐瞒等非法手段,不按规定缴纳应纳税款的行为。该行为有三个显著特征:主观上是故意的;客观上采取了欺骗、隐瞒等非法手段;后果是不按规定缴纳。例如,伪造、涂改、销毁账册、票据或记账凭证,虚列、多报成本费用,少报、隐瞒应税项目、销售收入或经营利润,转移资产、收入和利润等以达到逃税目的的,这些都属于偷税行为。

2. 漏税

漏税是指纳税人非故意未缴或少缴税款行为。例如,由于不了解、不熟悉税法规定和财务制度,或者是会计核算的差错,业务管理的差错,或者是工作粗心,错用税率,漏报应税项目,少计课税对象,少计应税数额及计算差错等造成的未缴、少缴应税税额的行为,这些都属于漏税行为。

3. 骗税

骗税是指企业或个人以假报出口或其他欺骗手段,骗取国家出口退税款。《税收征收管理办法》规定,对这种行为,由税务机关追缴其骗取的退税款,并处骗取税款 1 倍以上 5 倍以下的罚款;构成犯罪的,依法追究刑事责任。税务机关可以在规定期间内停止为其办理出口退税。

4. 抗税

抗税是所有违规行为中手段最恶劣、情节最严重、影响最坏的行为。它是指负有纳税义务的个人或法人,故意违反税收法律、法规,采取暴力、威胁方法拒不缴纳税款的行为。

5. 欠税

欠税是指超过税务机关核定的期限,没有按时缴纳税款、拖欠税款的行为。纳税期限是指税法中规定的纳税期限。欠缴税款既影响国家税款的及时入库,又侵占了国家税款,破坏了税法的严肃性,应承担法律责任。

以上这些行为都是法律所不允许的,违者将受到法律的惩罚。与上述行为不同,纳税筹划却是在合法前提下的节税行为。因此,要区分清楚违法和合法的节税方法,避免承担不必要的法律责任。

税务筹划技术是指利用不违法、合理技术处理,使纳税人尽量少缴纳税款的方法和技巧,包括减免税技术、分割技术、税率差异技术、扣除技术、抵免技术、退税技术、延期纳税技术。

例如,酒店购置并实际使用税法所得税优惠目录中的节能节水等专用设备的,该专用设备占投资额的 10% 可从企业当年的应纳税额中抵免,当年不足抵免的,可以在以后 5 个纳税年度结转抵免。则该酒店采用的是抵免技术,即在法律允许范围内,通过增加抵免额来节约税额。

资料来源:李建伟. 财务经理岗位职业技能培训教程[M]. 广州:广东经济出版社,2007。

项目 2 酒店利润分配与保本保利分析

任务 1 酒店利润分配方案

1.1 酒店利润的形成

利润是酒店生存和发展的基础,追逐利润是酒店经营的动力,利润管理在酒店经营中起到关键作用。

1. 利润

利润是指酒店在一定会计期间的经营成果,也就是企业在一定时期内取得收入扣除企业营业成本、费用和税金之后的余额,包括营业利润和利润总额。用公式表示如下。

$$经营利润 = 营业收入 - 营业成本 - 营业费用 - 营业税金及附加$$
$$营业利润 = 经营利润 - 管理费用 - 财务费用$$
$$利润总额 = 营业利润 + 投资净收益 + 营业外收入 - 营业外支出$$

有关营业成本、管理费用、财务费用的内容在模块5酒店成本费用控制中已有详细描述。

酒店的营业外收入和营业外支出是指与酒店生产经营无直接关系的各项收入和支出。其中,营业外收入包括固定资产盘盈、处置固定资产收益、罚款净收入等;营业外支出包括固定资产盘亏、处置固定资产损失、各项滞纳金和罚款支出、非常损失等。另外要注意的是,滞纳金和罚款等支出应在纳税时予以调整。

酒店投资净收益是指投资收益减去投资损失后的数额。投资收益包括投资分得的利润、取得的股利、取得的股利和债权利息、投资到期收回或中途转让取得款项低于账面净值的差额等。

营业税金及附加是酒店应负担的流转税,包括营业税、城市维护建设税及教育费附加等。但是注意此项内容不包含所得税。

2. 净利润

净利润是酒店当期实现的利润总额扣除所得税后的余额,又称税后利润。其计算公式如下。

$$净利润 = 利润总额 - 所得税$$

年度终了,酒店应将本年度实现的净利润总额或亏损总额转入"利润分配——未分配利润"。

利润一般采用多步式进行计算,并以此编制利润表,如表6-2所示。

表6-2 利润表

编制单位:　　　　　　　　　　年 月 日　　　　　　　　　　　　　　　元

项　目	行　次	本月金额	本年累计金额
一、营业收入	1		
减:营业成本	2		
营业税金及附加	3		
营业费用	4		
管理费用	5		
财务费用	6		
资产减值损失	7		
加:公允价值变动收益(损失以"－"号填列)	8		
投资收益(损失以"－"号填列)	9		
其中:对联营企业和合营企业的投资收益	10		
二、营业利润(亏损以"－"号填列)	11		
加:营业外收入	12		
减:营业外支出	13		

（续表）

项　　目	行　次	本月金额	本年累计金额
其中:非流动资产处置损失	14		
三、利润总额(亏损以"－"号填列)	15		
减:所得税费用	16		
四、净利润(净损失以"－"号填列)	17		
五、每股收益	18		
(一)基本每股收益	19		
(二)稀释每股收益	20		

1.2　酒店利润分配

酒店的利润分配就是将酒店取得的利润在酒店和利益主体之间进行的分配。这种分配不仅关系到企业的现金流量,而且影响到酒店价值及各利益主体的经济利益,进而影响酒店财务的安全稳定。所以酒店应根据自身发展需要决定利润分配政策。

1. 股份公司的利润分配顺序

股份公司缴纳所得税后的利润,按下列顺序分配。

① 支付被没收的财物损失和税收滞纳金、罚款。

② 弥补以前年度亏损。

③ 提取法定盈余公积金(按税后利润的 10% 提取)。

④ 提取公益金(按税后利润的 5% ~ 10% 提取)。

⑤ 支付优先股股利。

⑥ 提取任意盈余公积金(由股东大会决定)。

⑦ 支付优先股股利。

需要注意两点:一是酒店的税后利润在弥补亏损和提取法定盈余公积金和公益金前,不得分配股利;二是关于法定盈余公积金的比例。我国财务制度规定,企业当年无利润不得向投资者分配利润。其中股份有限公司当年无盈利时,原则上不得分配股利,但在用盈余公积金弥补亏损后,经股东大会特别会议,可以按照不超过股票面值 6% 的比率用盈余公积金分配股利。在分配股利后,企业法定盈余公积金不得低于注册资金的 25%。

2. 非股份公司的利润分配顺序

非股份公司的利润分配顺序如下。

① 支付被没收的财物损失和税收滞纳金、罚款。

② 弥补以前年度亏损。

③ 提取法定盈余公积金和公益金(分别按税后利润额 10%、5% 提取)。

④ 提取任意盈余公积金。

⑤ 按公司规定的金额,上缴未分配利润或向投资者分配利润。

1.3　利润分配中的几个重要概念

1. 弥补亏损

当酒店的利润总额为负数时,说明酒店经营是亏损的。酒店经营过程中发生的亏损应当予以弥补。按照《企业所得税暂行条例》的规定,纳税人发生年度亏损的,可以用下一年的利润弥补,如果不足以弥补的,可以在 5 年内延续弥补,但不得超过 5 年,若延续 5 年尚未弥补亏损,就需要用所得税后利润弥补。

税后利润用以弥补亏损的资金可以是酒店的未分配利润;如果亏损数额较大,用未分配利润不足以弥补的时候,可以用提存的盈余公积金来弥补亏损。需要说明的是,在酒店没有清算前,注册资本和资本公积金不能用于弥补亏损。

2. 盈余公积金

盈余公积金是从酒店的净利润中提取形成的,是利润分配的重要形式,盈余公积金可用于弥补亏损、扩大企业生产经营能力或支付股利。包括法定盈余公积金和任意盈余公积金。

① 法定盈余公积金按照当年净利润的 10% 提取,当盈余公积金累计达到公司注册资本的 50% 时,可以不再提取。法定盈余公积金的提取是按照抵减年初累计亏损后的本年净利润进行的。

② 任意盈余公积金的提取是在法定盈余公积金和公益金之后,根据企业章程或股东会议决议决定,按照当年净利润的一定比例提取,提取的比率没有规定。

3. 公益金

公益金是指酒店从净利润中提取的,用于购置或建造职工集体福利设施和资金。公益金的提取在法定盈余公积金之后,支付优先股股利之前,按照净利润的 5% ~ 10% 提取。公益金和职工福利费有区别,用公益金建造或购置的资产属于企业,是所有者权益的组成部分,而职工福利费计提后成为企业的负债,计入"应付福利费",减少企业的净资产。

4. 向投资者分配的利润或支付股利

向投资者分配的利润或支付股利是在酒店提取盈余公积金、公益金之后进行的。分配金额应根据企业的盈利状况决定。向投资者分配的利润额是以投资者的投资额为依据,按比例进行分配。股份有限公司可以根据累计盈利中分派股利,无盈利不得支付股份。

例 6 - 1 某酒店 2018 年实现利润总额为 300 000 元,上年未弥补亏损 100 000 元,应缴所得税税率为 25%。按税后利润的 10% 提取法定盈余公积金,按税后利润的 5% 提取公益金,按税后利润的 10% 向投资者分配利润。

要求:①计算企业应缴纳的所得税;②计算企业提取的盈余公积金;③计算企业提取的公益金;④计算应分配给投资者的利润;⑤计算企业的未分配利润。

① 企业弥补亏损后的税前利润 = 300 000 - 100 000 = 200 000(元)

企业应缴纳的所得税税额 = 200 000 × 25% = 50 000(元)

企业的净利润(税后利润) = 300 000 - 100 000 - 50 000 = 150 000(元)

② 企业提取的盈余公积金 = 150 000 × 10% = 15 000(元)

③ 企业提取的公益金 = 150 000 × 5% = 7 500(元)

④ 企业应分配给投资者的利润 = 150 000 × 10% = 15 000(元)

⑤ 企业的未分配利润 = 150 000 - 15 000 - 7 500 - 15 000 = 112 500(元)

1.4 酒店股利分配对企业经营的影响

在酒店实现税后利润一定的情况下,选择股利分配政策就是要寻找股利与酒店留存收益之间的最佳比例关系。股利分配将对公司的市场价值产生影响,因而公司在制定股利分配政策时应考虑法律因素、股东因素、公司自身盈余管理及资本扩张等因素。如果公司已经无力偿债,或者发放股利会导致公司无力偿债,为了保护债权人的利益,公司不进行股利分配。

1. 股利分配的程序

通常在公司会计年度决算后,是否分配股利不仅取决于公司是否有可供分配的利润,还取决于公司的相关政策,具体的决策程序如下。

① 由公司董事会根据公司的盈利水平和所选择的股利政策,制定股利分配方案并经董事会批准,提交股东大会审议并通过。

② 公司对外发布股利分配公告并具体实施。实施过程包括股利宣告、股权登记、除息和股利支付,与其相对应的日期分别为股利宣告日、股权登记日、除息日和股利支付日。

股利分配公告一般在股权登记日前3个工作日发布,如果公司股东较少,股票交易也不活跃,公告日可以与股利支付日放在同一天进行。股利分配公告应包括利润分配方案、股利分配对象(通常为股权登记日当日登记在册的全体股东),以及股利发放方法。

相关链接

青岛海尔股份有限公司2009年度利润分配实施公告

青岛海尔股份有限公司2009年度利润分配方案已经2010年6月25日召开的公司2009年度股东大会审议通过,股东大会决议公告于2010年6月26日刊登在《上海证券报》《中国证券报》《证券时报》《证券日报》以及上海证券交易所网站。利润分配方案如下。

1. 发放范围

2010年7月28日下午上海证券交易所收盘后,在中国证券登记结算有限责任公司登记在册的本公司全体股东。对于个人股东、证券投资基金,公司按10%的税率代扣个人所得税,实际发放每股现金红利为0.27元。关于合格境外机构投资者(QFII),公司根据《国家税务总局关于中国居民企业向QFII支付股息、红利、利息代扣代缴企业所得税有关问题的通知》(国税函2009〔47〕号)的规定,按10%的税率代扣代缴企业所得税,实际发放现金红利为每股0.27元;如QFII股东取得股息红利收入需要享受税收协定(安排)待遇的,可按照规定在取得股息红利后自行向主管税务机关提出退税申请。居民企业股东(含机构投资者)自行缴纳所得税,实际发放每股现金红利为0.30元。

2. 发放内容

本次分配以1 338 518 770股为基数,向全体股东每10股派发现金红利3元(含税),扣税后每10股派发现金红利2.7元,共计派发股利401 555 631元。

3. 实施日期

股权登记日为2010年7月28日;除息日为2010年7月29日;现金红利发放日为2010年8月6日。

资料来源:上海证券报,2010-07-23。

2. 股利分配的形式

① 现金股利。支付现金是企业向股东分配股利的基本形式。在企业营运资金和现金

较多而又不需要增加投资的情况下,采用现金分配形式既有利于改善企业长短期资金结构,又有利于股东取得现金收入和增强投资能力。否则,采用现金分配形式将会增加企业的财务压力,从而导致偿债能力下降。

② 股票股利。发放股票股利的优点有两个。一是可以避免由于采用现金分配股利而导致企业支付能力下降,财务风险加大的缺点。当企业现金紧缺时,发放股票股利可以起到稳定股价的作用,从而维护企业的市场形象,股票股利可以避免发放现金股利后再筹集资本所发生的筹资费用。二是股票股利可增加企业股票的发行量和流动性,从而提高企业的知名度。当然,发放股票股利有时被认为是企业现金短缺的象征,有可能导致企业股票价格下跌。

③ 财产股利。财产股利是以现金以外的资产支付的股利,主要有两种形式:一是证券股利,即以本公司持有的其他公司的有价证券作为股利发放;二是实物股利,即以公司的物资、产品或不动产充当股利。

④ 负债股利。负债是公司以负债支付的股利,通常以公司的应付票据支付股东,在不得已的情况下也有公司发行公司债券抵付股利的。

财产股利和负债股利其实是现金股利的替代,实务中很少使用,但是非法律所禁止的。

1.5 企业不同经营阶段股利政策的选择

酒店的股利分配政策受国家法律约束,并受到企业或集团公司经营环境、经营方针、经营情况和投资者(股东)要求等诸多因素的影响,因此,各企业股利分配的政策是不完全相同的,如表6-3所示。

表6-3 不同发展阶段的公司股利政策

公司发展阶段	特 点	适用的股利政策
初创阶段	公司经营风险高,有投资需求且融资能力差	剩余股利政策
高速发展阶段	公司业务快速发展,投资需求量大	低正常股利加额外股利政策
稳定增长阶段	公司增长稳定,投资需求逐步减少,现金净流入量增加,每股收益逐步提升	固定或持续增长股利政策
成熟阶段	公司盈利水平稳定,已累积了一定的留存收益和资金,可供发放股利的累积资金充裕	固定股利支付率政策
衰退阶段	公司业务锐减,获利能力的现金获得能力下降,现金净入量减少,有时甚至出现现金净流量为负数	剩余股利政策

1. 剩余股利政策

在酒店有良好投资机会时,根据酒店设定的目标资本结构(在此资本结构下,综合资本成本将降到最低水平),确定目标资本结构下投资所需的股东权益资本,先最大限度地使用保留盈余来满足投资方所需的所有者权益资本,然后将剩余的盈余公积作为股利发放给股东。

采用剩余股利政策,有利于企业保持立项的资本结构,充分利用筹资成本最低的资金来源,使得综合资金成本降至最低。但是剩余股利政策会造成各年股利发放额不固定,甚至可能在相当长的时间内不发放股利,造成企业的股票价格波动。

2. 固定或持续增长股利政策

酒店将每年发放的股利固定在一定的水平之上,并在一定时间内保持不变,只有当企业认为未来盈余会显著地、不可逆转地增长时,才提高股利发放额。采用这种股利政策,有利于树立企业良好的形象,避免出现企业由于经营不善而减少股利的情况;有利于投资者安排股利收入和支出,特别是对那些对股利有着很强依赖性的股东更是如此;有利于向市场传递企业正常发展的信息,增强投资者对公司的信心,稳定公司的股票价格;同时,保持较低的资金成本。但是,采用固定股利政策,会造成股利的支付与盈余脱节,当企业盈余较低时,仍然要支付固定的股利,这可能导致资金短缺,出现财务状况恶化。

3. 固定股利支付率政策

酒店每年从净利润中按固定的股利支付率发放现金股利,并在一定时期保持不变。采用固定股利支付率政策,可以使得发放的股利随着企业经营业绩的好坏而上下波动,盈余较多的年份发放的股利较多,盈余较少的年份发放的股利较少,体现了"多盈多分,少盈少分,不盈不分"的原则。但是,采用这种股利政策,会导致各年股利不稳定,波动较大,不利于稳定股价,容易使股东产生企业发展不稳定的感觉。

4. 低正常股利加额外股利政策

企业在一般情况下,每年发放数额较低的股利,当盈余较多时,企业再根据实际盈余向股东发放额外股利的股利政策。采用低正常股利加额外股利政策有利于公司灵活掌握资金的调配;有利于维持股价的稳定,从而增强股东对公司的信心;有利于吸引那些依靠股利度日的股东,使之每年可以得到比较稳定的股利收入。

酒店管理层在确定股利分配政策时,应综合考虑各种因素,包括相关法律的制约、股东的要求以及股东自身实际情况和经营能力等,权衡各种股利分配政策的利弊得失,从而选择最佳的股利分配政策。

例6-2　某集团公司经营房地产开发业务多年,公司随着城市化进程的发展规模越做越大。目前公司有普通股股数1.5亿股,一直执行的是固定股利的政策,每年发放现金股利0.12元。公司计划在沿海城市的中心城区建设一家三星级酒店,投资期为3年。为了顺利实施该项投资计划,董事会正在考虑改变目前的股利政策。请你分析并确定最佳的股利政策。该公司投资额、投资期内的预计现金流量等相关资料和备选的股利政策如表6-4所示。

表6-4 某集团公司股利政策的选择

项 目	初始投资	第1年	第2年	第3年	合 计
每股收益/元	0.24	0.3	0.34	0.4	
普通股股数/万股	1 500	15 000	15 000	15 000	60 000
一、可向投资者分配的利润/万元		4 500	5 100	6 000	15 600
加:折旧及其他非付现成本/万元		1 200	1 500	1 700	4 400
二、可供再投资或支付股利的现金/万元		5 700	6 600	7 700	20 000
减:项目现金投资额/万元		3 800	4 200	5 000	13 000
三、剩余现金/万元		1 900	2 400	2 700	7 000
现行股利政策					
每股股利/元		0.12	0.12	0.12	
股利支付率/%	0.12	40%	35%	30%	
剩余现金/万元	50%	1 900	2 400	2 700	7 000
股利支付金额/万元		1 800	1 800	1 800	5 400
现金结余/万元		100	600	900	1 600
备选股利政策甲					
每股股利/元		0.15	0.17	0.2	
股利支付率/%	0.12	50%	50%	50%	
剩余现金/万元	50%	1 900	2 400	2 700	7 000
股利支付金额/万元		2 250	2 550	3 000	7 800
现金结余/万元		−350	−150	−300	−800
备选股利政策乙					
每股股利/元		0,12	0.1428	0.176	
股利支付率/%	0.12	40%	42%	44%	
剩余现金/万元	50%	1 900	2 400	2 700	7 000
股利支付金额/万元		1 800	2 142	2 640	6 528
现金结余/万元		100	258	60	418

分析:

第一步:测算公司未来剩余的现金流量。董事会根据咨询公司提交的项目可行性报告,决定实施该项目。预计投资总额为13 000万元,3年内分批投资为3 800万元、4 200万元、5 000万元;每年的剩余现金分别为1 900万元、2 400万元、2 700万元,合计7 000万元。

第二步:确定目标股利率。公司预计未来3年的净利润总额为15 600万元,预计3年剩余现金总量为7 000万元,占净利润的44.87%。该公司一直实施固定股利政策,股利支付率约为50%。经过调研,行业股利支付率平均水平在40%~52%,结合未来3年内将有大额投资支出,建议将股利支付率调整到40%~45%。

第三步:分析不同的股利政策,确定每年的股利支付额和现金结余。如果每年的现金结余数在合理范围内,则方案可接受;反之现金没有结余,说明公司需对外筹资来投资新项目,则方案不可行。

如果公司继续实施现行的固定股利政策,每年每股股利为 0.12 元,那么,公司未来 3 年的股利支付率会逐年降低(40%、35%、30%),这样可能会引起股东的不满,并且这种股利政策会导致公司出现大量的现金结余,3 年预计现金结余总额为 1 600 万元。因此,这种股利政策不符合股东利益。

备选股利政策甲是固定股利支付率政策,维持目前 50% 的股利支付率。如果采用这种政策,3 年中预计发放的股利总额为 7 800 万元,现金结余为负 800 万元,说明公司必须依赖外部筹资来新建项目。考虑到外部筹资的资金成本较高,这种股利政策也不符合股利政策。

备选股利政策乙是股利额稳定增长,股利支付率在 40%~45% 的股利政策。经过测算,采用这种股利政策,公司完全可以用留存收益满足项目投资的需要,并且不会导致公司出现大量的剩余现金量,3 年预计现金结余总额为 418 万元。这种股利政策既能满足股东对股利增长的需求,也不必通过外部筹资实施投资项目,符合股东利益。因此,董事会决定采用备选股利政策乙方案。

第四步:确定股利分派日。公司根据以往的股利分配惯例,还是保持每半年分派一次股利的方式,但是具体派发股利的日期需要根据各年投资进度及现金流量情况做决定,关键是要使公司各期现金流量保持平衡。

任务 2　酒店保本保利分析

2.1　目标利润的确定

前文中介绍了利润的形成及利润分配的过程,在酒店经营决策中更多的是需要思考如何合理预测未来期间的利润,以此作为衡量各部门绩效高低的标准之一,所以目标利润的确定成为各经营部门必须思考的问题。

常用的确定目标利润的方法有增长百分比法、本量利分析法、资产报酬率法。

1. 增长百分比法

增长百分比法是在上年(或基期)利润水平上确定增长百分比。例如,20 世纪 80 年代首钢确定利润的增长情况为每年提升 20%,每年上缴国家利润为 7.2%。短期内运用这种方法可使大部分利润留在企业,对企业发展有利。但是没有考虑到企业长期经营的实际情况,不利于企业的发展。因为市场变化并非完全按照企业需求直线上升的,且企业经营规模达到一定的高度后,其利润基数越来越大,利润提升空间有限。所以企业应结合具体情况加以运用。

例 6 - 3　2017 年某酒店实现税前利润 2 000 万元,业主方经过市场调研认为,2018 年税前利润应比上年增长 10%。请问 2018 年该酒店的目标利润是多少?

2018 年目标利润 = 2 000 × (1 + 10%) = 2 200(万元)

2. 本量利分析法

本量利分析法就是研究酒店在一定期间内成本、业务量、利润三者变量之间关系的专门方法。其计算公式如下。

$$利润 = 销售收入 - (固定成本 + 变动成本)$$

如以字母表示则为

$$E = P \times Q - (Fc + Q \times Vc) = (P - Vc) \times Q - Fc$$

式中,E 为息税前利润(EBIT);P 为销售价格;Q 为销售数量;Vc 为单位变动成本;Fc 为固定成本总额。

例 6 - 4 某度假村拥有客房 20 间,每间出售客房的变动成本为 10 元,每月的固定成本为 20 000 元,酒店销售预测当平均房价在 50 元到 80 元之间时,可出售客房 500 间。假定酒店计划在 30 天内盈利 5 000 元,问平均房价是多少?

$$E = P \times Q - (Fc + Q \times Vc)$$
$$5\ 000 = P \times 500 - (20\ 000 + 500 \times 10)$$
$$P = 60(元)$$

酒店平均房价为 60 元时,当月可获得 5 000 元盈利。

3. 资产报酬率法

资产报酬率法是企业常用的方法,也比较科学,它是根据资产报酬率应该达到的水平,预估目标利润,即企业投资获得的报酬或企业拥有的资产赚取的利润是多少。具体有两种计算方法:净资产报酬率和总资产报酬率。

(1) 净资产报酬率

净资产报酬率是企业净资产与利润总额的比率。它反映企业净资产获利能力的高低。其计算公式如下。

$$净资产报酬率 = \frac{净利润}{净资产} \times 100\%$$

净资产报酬率也称股东权益报酬率,在一些上市公司的目标利润确定中以此衡量企业盈利能力的大小。该比率越高说明股东投资的收益水平越高,企业获利能力越强。

(2) 总资产报酬率

总资产报酬率是企业资产平均总额与利润总额的比率。它反映企业总资产获利能力的高低。其计算公式如下。

$$总资产报酬率 = \frac{净利润}{资产平均总额} \times 100\%$$

资产平均总额为年初资产总额与年末资产总额的平均数,此项比率越高,表明资产利用的效率越高,企业盈利能力越强。

例 6 - 5 某酒店 2016 年、2017 年的相关报表数据如表 6 - 5 所示。请预测 2018 年的目标利润。

表 6−5　某酒店 2016—2017 年相关报表数据　　　　　　万元

项　目	2016 年	2017 年	2018 年
净利润	200	180	
资产总额	2 380	2 450	2 600
股东权益总额	1 050	1 200	1 250
净资产收益率	19%	15%	
总资产收益率	8%	7%	

如果按照净资产收益率保持 15% 的比率不变,则

2018 年目标利润 =15%×1 250 =187.50(万元)

如果按照总资产报酬率保持 7% 的比率不变,则

2018 年目标利润 =7%×2 600 =182(万元)

酒店结合 2018 年整个行业的经济环境、法律环境、金融环境及企业内部环境的情况,最终确定合理的目标利润为 182 万元。

2.2　目标利润的分析决策

通过以上内容我们已经熟悉了目标利润的确定方法,那么对于酒店而言是否能通过降低成本或提高单位销售价格使企业获得更多的利润呢? 下面以本量利分析法在酒店中的运用为例加以介绍。

1. 保本点分析

保本点分析又称 CVP 分析法(Cost Volume Profit analysis),是当目标利润为零时的企业成本、销售量与利润三者之间的关系,可表示为

$$销售单价×销售量-(单位变动成本×销售量+固定成本)=0$$

从上式中可以推导出

$$保本点销售量=\frac{固定成本}{单位售价-单位变动成本}$$

或

$$保本点销售量=\frac{固定成本}{单位边际贡献}$$

其中,单位边际贡献 = 单位售价 - 单位变动成本,表示为每增加一个单位销售量所得到的销售收入扣除成本后给企业带来的额外收益。即表明酒店在销售产品扣除自身变动成本后所做的贡献,它首先用于弥补固定成本,剩余部分则为利润,如不足以弥补则为亏损。例如,从表 6−6 中可见,当出售客房数为 200 间夜时,酒店利润为零;当出售客房数为 201 间夜时,酒店利润为 85 元,85 元即为边际贡献;当出售客房数为 202 间夜时,酒店利润为 170 元(可以看成 170 =2 ×85)。

表 6-6　边际贡献与业务量变化之间的关系

项　目	变化 1	变化 2	变化 3
出售客房数/间夜	200	201	202
单位售价/(元/间夜)	100	100	100
单位变动成本/元	15	15	15
单位边际贡献/元	85	85	85
边际贡献总额/元	17 000	17 085	17 170
销售收入总额/元	20 000	20 100	20 200
固定成本总额/元	17 000	17 000	17 000
利润/元	0	85	170

$$保本点销售额 = \frac{固定成本}{边际贡献率}$$

保本点销售额是企业在不盈不亏状态下实现的销售收入。边际贡献率是单位售价之间的比率,且边际贡献率与变动成本率成反比关系。按照表 6-7 所列数据可以计算出无论销售量如何变化,企业的边际贡献率和变动成本率始终保持不变,两者之和为 100%。

表 6-7　边际贡献率与变动成本率之间的关系

项　目	变化 1	变化 2	变化 3
出售客房数/间夜	200	201	202
单位房价/(元/间夜)	100	100	100
单位变动成本/元	15	15	15
单位边际贡献/元	85	85	85
边际贡献总额/元	17 000	17 085	17 170
销售收入总额/元	20 000	20 100	20 200
固定成本总额/元	17 000	17 000	17 000
利润/元	0	85	170
变动成本率	15%	15%	15%
边际贡献率	85%	85%	85%

例 6-6　酒店的餐厅有餐座 200 个,每天应摊销的固定费用为 1 500 元,每餐平局消费 25 元,原材料占售价的 40%。如不考虑营业额,试计算餐厅保本点销售额和餐厅保本点上座率。

$$餐厅保本点销售量 = \frac{固定成本}{单位边际贡献} = \frac{1\ 500}{25 \times (1 - 40\%)} = \frac{1\ 500}{15} = 100(个)$$

$$餐厅保本点销售额 = \frac{固定成本}{边际贡献率} = \frac{1\ 500}{1-40\%} = \frac{1\ 500}{60\%} = 2\ 500(元)$$

$$= 保本点销售量 \times 单位售价 = 100 \times 25 = 2\ 500(元)$$

$$餐厅保本点上座率 = \frac{100}{200} \times 100\% = 50\%$$

运用本量利分析法做决策分析时,必须注意到这种计算方法是在一定的假设条件下进行的试算。

① 酒店目前与销售水平相关的所有成本都可以合理地、精确地分解为固定成本和变动成本。

② 在受某个决策影响的整个时期内固定成本保持不变。

③ 在同一时期内变动成本随销量的变化而成线性变化。

④ 此方法仅限于个别情况和个别部门,当问题涉及整个酒店的决策时,需谨慎。

⑤ 此方法仅限于经济和其他条件都比较稳定的情况,如果在通货膨胀时期,当提前数周也难以预测销售收入、成本、价格时,用保本点分析法做决策具有一定的风险。

⑥ 保本点分析法只能作为决策的向导。计算结果只是为决策指出大致的方向,而其他因素(如客人意愿、社会和环境影响等)可能会使决策与保本点分析法分析相反。

2. 目标利润销售量和销售额分析

目标利润销售量是指企业为获取目标利润而必须完成的销售量,同理按照上述计算可以求出目标利润下的销售额。其计算公式分别如下。

$$目标利润销售量 = \frac{固定成本 + 目标利润}{单位边际贡献}$$

$$目标利润销售额 = \frac{固定成本 + 目标利润}{边际贡献率}$$

例6-7 接例6-6。假定餐厅预计每天实现目标利润300元,请计算目标利润销售量和目标利润销售额分别为多少?

$$目标利润销售量 = \frac{1\ 500 + 300}{25 \times (1-40\%)} = \frac{1\ 800}{15} = 120(个)$$

$$目标利润销售额 = 120 \times 25 = 3\ 000(元)$$

在实际经营中,为了实现企业的目标利润,变动成本、售价及固定成本可以进行相应的调整。

例6-8 某酒店客房部每年的固定成本为1 450 000元,客房每间夜的平均房价为240元,每间可使用客房的单位变动成本为80元。请根据假定条件分析计算:

① 假定酒店客房部拟实现目标利润1 200 000元,在其他条件不变的情况下,需要销售多少间客房?

② 假定酒店客服部计划销售17 000间客房,计划实现目标利润1 350 000元,问平均房价应为多少?

③ 假定酒店客服部每年固定成本不变,平均房价为240元,计划销售17 000间客房,计划目标利润800 000元,问每间客房单位变动成本是多少?

④ 假定酒店每间客房单位变动成本为 80 元,平均房价为 240 元,计划销售 17 000 间客房,目标利润为 750 000 元,问固定成本应控制在什么水平?

现将酒店的上述四个条件下销售间数、平均房价、单位变动成本、固定成本列示如表 6 – 8。

表 6 – 8　某酒店客房部四种条件下计算结果比较

	目标利润/元	平均房价/元	单位变动成本/元	销售间数/间	固定成本/元
假定条件 1	1 200 000	240	80	16 563	1 450 000
假定条件 2	1 350 000	245	80	17 000	1 450 000
假定条件 3	800 000	240	108	17 000	1 450 000
假定条件 4	750 000	240	80	17 000	1 970 000

3. 经营多种产品下的目标利润分析

对经营多种产品的旅游企业而言,由于各单项旅游产品的销售单价不同。例如,客房的计算单位是房间数;餐饮的计算单位是客(份);商场的计算单位是件数等。因此,要进行保本分析,就必须用保本销售额来代替保本销售量。由于旅游企业所经营的各单项旅游产品的边际贡献率不等,所以在计算时一般采用加权平均数更符合实际。其计算公式如下。

$$保本点销售额 = \frac{固定成本}{加权平均边际贡献率}$$

例 6 – 9　某酒店 3 月份客房、餐饮、商场部经营的各产品单价、成本及销售情况如表 6 – 9 所示。问保本点销售额为多少?

表 6 – 9　某酒店 3 月份经营情况

项　目	客　房	餐　饮	商　场	合　计
单位产品价格/元	100	35	25	
单位变动成本/元	15	14	20	
变动成本率	15%	40%	80%	
预计销售量	200(间)	600(人)	200(个)	
单位边际贡献/元	85	21	5	
边际贡献总额/元	17 000	12 600	1 000	30 600
销售收入总额/元	20 000	21 000	5 000	46 000
固定费用/元	2 500	1 800	800	5 100
加权平均边际贡献率				66.52%

从表 6 – 9 中可知,客房、餐饮、商场的边际贡献总额为 30 600 元,销售收入总额为 46 000 元,则加权平均边际贡献率为 66.52%。

$$保本点销售额 = \frac{5\,100}{66.52\%} \approx 7\,667(元)$$

例 6-10　接例 6-9。假定酒店 3 月份预计实现目标利润 5 000 元。问客房、餐饮、商场部的总营业额应达到多少才能实现利润?

$$目标销售额 = \frac{5\,100 + 5\,000}{66.52\%} \approx 15\,183(元)$$

同步训练

一、思考题

1. 试述酒店客房产品采用的定价方法。

2. 试述酒店餐饮产品采用的定价方法。

3. 请结合你所了解的酒店,分析客房收入管理中存在的问题及其改进措施。

4. 请结合你所了解的酒店,分析餐饮收入管理中存在的问题及其改进措施。

5. 酒店需要缴纳哪些税金? 这些税金在计算上有何不同?

6. 什么是税务筹划? 酒店可以采用何种税务筹划技术进行合理避税? 请举例说明。

二、判断题

1. 目前酒店内婚宴结账时,如不能马上结账,可由酒店部门经理以上人员担保挂账。　　(　　)

2. 企业向股东发放现金股利这种分配形式可以改善企业的资金结构。　　(　　)

3. 进行客房收入管理时,实行总台集中记账制,即各结算点的客人消费账单必须按规定及时汇总到总收银台处,由总台人员及时、准确地计入客账中,以作为客人结算的原始凭据。　　(　　)

4. 餐饮收入管理中的账单传递线是要严格核对酒店所有营业点收银报告、点菜单和客人账单,在审核无误的基础上编制餐饮收入日报表。　　(　　)

三、单项选择题

1. 下列关于利润分配的说法中,不正确的是(　　)。

　　A. 企业在弥补亏损时、提取盈余公积金后才可以向股东分配利润

　　B. 如果当年无利润,企业就可以不进行利润分配

　　C. 企业应当根据当年实现的净利润直接分配股利

　　D. 企业持有的本公司股份不得用于利润分配

2. 甲上市公司 2018 年净利润为 600 万元,预计 2019 年投资所需资金为 200 万元,假设目标资金结构是负债占 40%,公司按照 10% 的比例计提盈余公积金,计划保持现有资金结构不变且不再对外筹资,则 2019 年公司可向投资者支付的股利为(　　)万元。

　　A. 320　　　　　B. 300　　　　　C. 200　　　　　D. 240

3. 酒店购置并实际使用税法所得税优惠目录中的节能节水等专用设备,以合理避税,这是属于税务筹划中的(　　)

　　A. 减免税技术　　　　　　　　B. 税率差异技术

　　C. 扣除技术　　　　　　　　　D. 抵免技术

四、计算题

假设有一个 80 间客房的酒店，每日应分摊固定费用 2 500 元，变动费用每间 20 元，每间房价 120 元。试计算：①酒店每天的保本销售量；②酒店每天的保本销售额；③酒店的保本出租率。

模块 7

酒店预算管理

知识目标

- 了解酒店预算编制的目的和一般步骤。
- 熟悉酒店预算管理的组织与编制模式。
- 熟悉酒店预算编制的常用方法及编制流程。
- 熟悉收入、成本费用、现金及利润预算编制的过程及方法。

能力目标

- 会运用酒店预算编制方法编制营业收入预算和成本费用预算。
- 能正确编制酒店现金预算。
- 能正确编制酒店利润预算。
- 能根据预算指标对各部门绩效进行考核分析。

　　酒店预算是用来控制未来经营活动的一项财务计划。但它又有别于其他计划,因为它是以货币计量的方式来表达的计划,说明在预算期内酒店实现计划目标各项资源的情况。预算即是酒店经营目标和决策的具体化,也是执行过程的开始。它提供了控制酒店经营活动的标准。另外,预算执行过程还可以促进酒店内部各个部门之间的协调。预算实际上是酒店供、产、销、财务等部门计划的有机整体,它可以使酒店的每位负责人都能了解本部门与酒店整体的关系。

项目 1　酒店预算的组织与编制程序

任务1　酒店预算的组织和编制模式

　　对于小酒店来说,预算的编制可以由业主自己完成,也可以聘请会计师编制一个较为正式的预算。而对于大型酒店来说,预算的编制要有一定的组织,要按照既定的程序,采用科学的方法,才能保证酒店预算编制的科学性和准确性。

　　大型酒店的预算编制需要从基层到高层多方面人员的广泛参与。一般而言,酒店会将预算指标与部门管理绩效挂钩,酒店各部门经理必须参加,必要时各部门经理还要与其所属职员一起讨论预算指标。采用这种方式编制的预算,能较好地得到预算执行人员的支持,提高他们完成预算指标的主动性和积极性。另外,基层管理人员和职工直接接触业务活动,熟悉经营情况,由他们自行编制的预算,一般更为准确可靠,更有利于提高酒店的经济效益。

1.1 酒店预算的组织

酒店预算的组织体系包括预算管理组织和预算执行组织两个层面。

1. 预算管理组织

预算管理组织是指负责预算的编制、审批、协调、考评和仲裁的组织机构和人员,一般包括预算委员会和预算编制机构。

(1) 预算委员会

预算委员会是预算管理的最高决策机构,一般是由酒店的总经理、副总经理、财务总监、部门经理等高级管理人员组成。

预算委员会的主要职责如下。

① 制定有关预算管理的控制政策、规定、奖惩制度等相关文件。

② 组织酒店有关部门或聘请行业专家对预算目标的确定进行预测。

③ 审议、确定预算目标,提出预算编制方针和程序。

④ 审查各部门编制的预算草案及整体预算方案,并且进行必要协调,提出对策建议。

⑤ 将经过审查的预算提交董事会,通过后下达正式预算。

⑥ 根据需要调查、修订预算方案。

⑦ 对预算执行情况进行监控,分析预算执行业绩报告,及时进行指导。

⑧ 仲裁有关预算冲突。

⑨ 预算年度终了,对预算控制单位进行考评,兑现落实奖罚政策。

(2) 预算编制机构

正式编制预算是财务部门的职责,财务部门一般单设预算科或由专门人员负责。财务部门通常给各部门经理提供以前经营的相关业绩、人工成本、维修计划和其他预算准备过程所必需的统计资料。部门预算最后由财务部门制定成综合预算,并呈交给总经理审批。

预算编制机构主要职责如下。

① 对各部门提交的预算草案进行初步审查、协调和综合平衡。

② 编制总预算上报预算委员会。

③ 将经董事会批准的总预算进行分解,落实为部门责任预算,部门责任人再将指标层层分解,落实到个人,做到"人人肩上有指标"。

④ 预算执行情况的信息反馈,各责任单位对预算执行的结果要以业绩报告的形式逐级上报汇总,由预算专门机构编制预算执行情况总报告,报预算管理委员会。

⑤ 对预算监控负主要责任,首先对资金使用直接监控,其次保证各监控主体之间及其与预算委员会之间的有效信息沟通。

⑥ 处理与预算相关的日常管理事务。

2. 预算执行组织

预算执行机构是以酒店的组织架构为基础,本着高效、经济、权责分明的原则建立的预算责任主体,又称责任中心。责任中心是预算执行的基层部门。一般而言,它具备如下条件。

① 具有承担经济责任的主体,即责任人。

② 具有确定经济责任的客体,即资金运动。

③ 具有承担经济责任的基本条件,即职权。

④ 具有考核经济责任的基本标准,即经济绩效。

根据不同的控制范围和责任对象的特点,责任中心可以分为三种:成本费用中心、利润中心和投资中心。

(1)成本费用中心

成本费用中心是成本和费用发生的单位,一般没有收入或仅有无规律的少量收入,其责任人可以对成本、费用的发生进行控制,但不能控制收入与投资。因此,成本费用中心只需对成本、费用负责,无须对利润情况和投资效果承担责任。酒店的成本费用中心主要包括行政、职能管理部门(如财务、人事、劳资、计划等)、某些销售部门(如广告、宣传、仓储等)。

(2)利润中心

利润中心是酒店中较高层次的责任中心,它既能控制成本,又能控制收入。因此,利润中心不但要对成本和收入负责,还要对收入与成本的差额(即利润)负责。利润中心有两种类型:一种是自然的利润中心,它直接向酒店外部出售产品,在市场上进行购销业务,如餐饮部、客房部、酒吧等;另一种是人为的利润中心,它主要是在酒店内部按内部转移价格出售产品或劳务,如酒店维修部门,负责内部设施的维护与修理,可以按固定价格向使用部门收费。

(3)投资中心

投资中心是指不仅能够控制成本和收入,而且能够控制资金的单位和部门。投资中心不仅要对成本、收入、利润预算负责,它还拥有资金支配权,对资金投资效率负责。实际工作中,酒店的投资中心会因组织架构的不同而有差异。对于一个经营规模不大的星级酒店,一般采用的是直线职能制组织架构,整个酒店是投资中心,总经理是责任人,有独立收入的部门为利润中心。对于集团式规模较大的星级酒店,如果采用事业部组织架构的,事业部也可能具有一定投资决策权和经营决策权,这时事业部就成了投资中心,其下属分公司为利润中心。

1.2　酒店预算编制模式

酒店预算编制模式有自上而下、自下而上和参与制三种模式。

1. 自上而下预算编制模式

自上而下预算编制模式是指预算由最高管理层具体编制和下达,分部不参与预算编制,而只是预算执行主体。这种预算编制模式的缺点可能会造成下级对预算的抵触情绪,被动执行预算;预算也可能偏离实际,使预算控制流于形式,达不到预期效果;或者造成下级弄虚作假,虚报成绩,造成信息失真。这种编制预算的模式一般只适用于规模较小、经营单一的集权型管理模式的酒店。

2. 自下而上编制预算模式

自下而上预算编制模式是从基层开始,由基层提出成本费用控制指标、收入利润完成指标,逐级汇总形成整个酒店收入、利润总目标。这种预算编制模式往往导致基层单位为自己留有余地:一方面为了能比较轻松地完成预算指标,以获得较高的收益;另一方面为了防止预算期的某些不可预见的事件,导致无法预计的成本。这种基层预算逐级汇总上报后,很可能与整个酒店的总目标不一致,产生不良的预算行为。因此,这种预算编制模式一般只适合于集团资本型控股母公司,对其有独立法人地位的控股子公司编制预算时采用。

3. 参与制预算编制模式

参与制是自上而下与自下而上相结合的预算编制模式。这种模式首先由酒店最高管理层根据酒店的战略目标提出预算目标,然后自下而上编制部门预算,并层层汇总,形成总预算,再自上而下进行协调和调整,最后形成年度预算。参与制预算的关键在于上下级的沟通,上下级达成共识,这样编制的预算与酒店预算目标相一致,是积极、科学、稳妥的。目前,大多数酒店都采取参与制预算编制模式。

任务 2 酒店预算的编制程序

2.1 自编预算

为使预算能充分发挥其应有的作用,预算的编制应尽量吸收预算执行部门的经理、主管、员工参加,从基层开始,由最低层负责成本控制的人员编制其本身的预算,然后送交上一级管理人员审查,经过反复研究、修改平衡后,自下而上逐级综合,加以汇总,最后送酒店最高管理部门——总经理室审批。采用这种方式编制的预算称为自我参与预算或自编预算。这种预算能较好地得到预算执行人员的支持,提高他们完成预算所确定目标和任务的主动性和积极性。如果不是这样,而是单纯地由上而下"压"任务,强加于人,使预算执行人员处于被动的地位,则难以收到预期的效果。另外,由于基层管理人员和职工直接接触各项业务活动,熟悉情况,由他们自行编制的预算,一般来说更为准确可靠,他们的意见也容易受到总经理的重视,更有利于提高酒店的经济效益。

虽然自编预算的程序较之由上级编制后再通过财务部门下达给执行部门的程序优越得多,但自编预算仍需经上级管理人员审查。有些基层业务负责人员在自编预算中,不是留有余地,而是留有相当大的变动空间,如不经上级审核平衡,就可能导致低效率,浪费人力、财力和物力。

2.2 自编预算的编制程序

自编预算的编制程序,通常由酒店各部门分别按照编制方针的具体计划编制预算,最后提交由酒店高级管理人员组成的预算委员会审议后实施。在酒店内部,客房销售预算是由销售部负责编制,客房部费用是由客房与前厅部门编制,餐饮经营财务预算由餐饮部门负责编制,商品经营财务预算由商品部门负责编制,工资预算由人力资源部门负责编制,维修保养与能源费用预算由工程设备部门负责编制,营业推广预算由销售部门负责编制,其他行政部门费用预算由各行政部门负责编制等。

为使预算的编制工作顺利进行,必须明确以下各项规定。

① 各部门预算和综合预算的编制方针。

② 各部门及总经理室应拟编的预算。

③ 各部门编制的预算项目及完成期限。

④ 各部门预算与综合预算的审查修订权限及其完成期限。

酒店预算编制程序如图 7－1 所示。

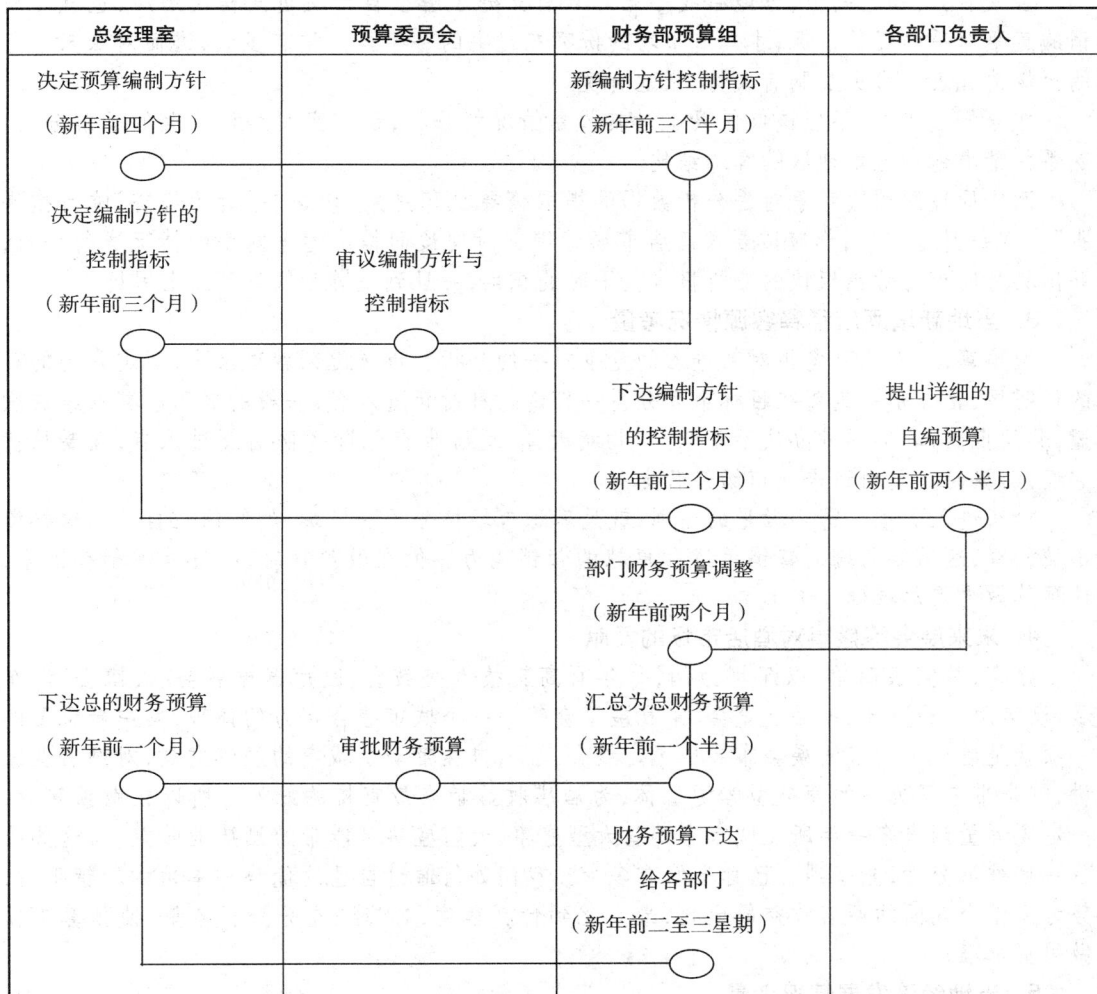

总经理室	预算委员会	财务部预算组	各部门负责人
决定预算编制方针（新年前四个月）		新编制方针控制指标（新年前三个半月）	
决定编制方针的控制指标（新年前三个月）	审议编制方针与控制指标		
		下达编制方针的控制指标（新年前三个月）	提出详细的自编预算（新年前两个半月）
		部门财务预算调整（新年前两个月）	
下达总的财务预算（新年前一个月）	审批财务预算	汇总为总财务预算（新年前一个半月）	
		财务预算下达给各部门（新年前二至三星期）	

图 7－1　酒店预算编制程序

经验交流

做好酒店预算的几点思考

　　酒店一年一度的预算是必修课题,预算做得好,可激励管理者充满激情地开展工作;做不好,可能效果适得其反,产生消极怠工。故如何做一份好的预算,是摆在管理者面前的一顿"年夜饭",主要应从以下六个方面入手。

1. 酒店上一年度的经营数据

　　酒店上一年度的经营数据应包括实际经营数据和预算数据。在做新一年度经营预算时,都应该把这两项数据找出来,看看过去的一年实际经营数据与预算数据之间有哪些规律和变化? 是否超额完成? 还是没有完成任务? 分析原因,找出症结点,无形中为新一年度的经营收益定好方向。

2. 周边同档次竞争酒店分析

古人有云:知己知彼,方能百战不殆。只有充分了解了自己周边同档次酒店,也就是所谓的竞争对手的经营情况,才知道市场的份额在过去的一年里究竟有多大,进而对未来一年的市场情况表现力更加胸有成竹、张弛有度。

在分析过程中,不应该仅仅限于对其收益情况的分析,还有客源结构情况的了解分析,熟悉并精准地知道本地区的客源结构。

酒店周边同档次竞争对手分析数据的提取需要日积月累,切忌"平时不烧香、临时抱佛脚"。在每月结束后,都应该要求酒店市场营销部对周边同档次竞争对手的情况进行分析,并出具月度市场营销板块的分析报告。平时的积累,一旦到关键时候方可派上用场。

3. 当地新增酒店稀释客源情况考量

做预算,千万不可忽视对新进入的竞争对手的分析。市场份额就这么大,新进入者的目的很明显,无外乎就是想在目标市场分得一杯羹。针对新进入者,一般的老酒店喜欢结成联盟,共同抵制,其实此种办法不可取。"物竞天择、适者生存",除了防着新进入者,还要拉拢它们,必要时共同商讨未来市场经营走向。

对新进入者唯一需要考量的法则,就是客源市场被分了一杯羹,如何保住自己的这杯羹不被稀释,这需要高端的营销手段和卓越的营销能力。但在做预算时,尽量考虑稀释因素,让预算做得更加准确。

4. 未来展会等盛事对酒店市场的贡献

盛事,其实很简单,以深圳为例,每年有高新技术交易会、医疗器械展会、文博会、汽车展、酒店用品展览会、礼品展览会、家私展览会等。一个城市综合实力的体现,其中最重要的一项就是看这个城市的展会布展情况。展会多了,自然带动了城市的经济发展,对酒店业来讲,就是带来了更多的商务型客源群体,为酒店收益带来最直接的好处。所以在做预算时,一定要考量到未来一年所在城市有哪些大型盛事,大型盛事可能带给酒店业收益,而这些收益一旦被瓜分后,能落到自己身上的有多少?我们如何通过自己的优势和卓越的营销手法,努力将盛会期间的酒店收益最大化,最大化到什么程度,都应该充分分析考量,使预算工作做得更加准确。

5. 当地经济发展情况考量

每年政府都会出具政府工作报告,这份报告会将过去一年城市经济发展状况做详细的阐述和分析,而且还可以知晓未来城市经济走向及政府规划。其次可通过旅游局了解当地旅游、酒店市场的有关数据,过去一年相关数据是在上升,还是在下滑?这种趋势可能对新一年度本酒店的经营影响有多大?

你也许觉得这些东西太过于宏观,无法做出准确判断。其实分析这些数据并不难,只要数据在手,如何分析全在自己。只要用心,你的预算一定比别人做得更精准、更出彩。

6. 行业年度上浮标准参考

所谓行业标准,也只是经验之谈而已,没有具体的文件和科学的标准。做预算,我们一般秉承在当年度完成业绩的基础上上浮5%~8%,5%是最低限,8%相对是高点。对于新开业的酒店我们可能采取高点8%的增幅,对于开业五年或以上的酒店我们可能采取5%的增幅,但这样也仅仅是相对的数据,没有铁的定律,具体情况还是需要根据多方面的数据论证后,制定合理的预算数据。

资料来源:迈点网。

项目 2　酒店预算编制方法和内容

任务 1　酒店预算编制的方法

酒店预算的编制是一项专业技术要求较高的工作,必须采用专门的方法进行。酒店可以根据不同的预算项目内容,分别采用固定预算、弹性预算、增量预算、零基预算、定期预算和滚动预算等方法进行编制。

1.1　固定预算与弹性预算

预算编制方法按照业务量基础数量特征的不同,可分为固定预算和弹性预算。

1. 固定预算

固定预算又称静态预算,是根据酒店未来既定的业务量水平,不考虑预算期内生产经营活动可能发生的变动而编制的预算,是一种传统的预算编制方法。它一般适用于固定反映或者数额比较稳定的预算项目,如非经营性项目支出中固定资产折旧或办公费预算编制。固定预算编制后,除非有特殊情况,一般不做修改或更正,具有相对稳定性。

例 7 - 1　某酒店 2019 年预计营业收入为 12 000 000 元,预计营业成本为营业收入的 22%,经营费用为营业收入的 55%。则可根据上述资料编制酒店营业利润预算表,如表 7 - 1 所示。

表 7 - 1　某酒店营业利润预算　　　　　　　　　　　　　　　　　　元

项　　目	金　　额
营业收入	12 000 000
餐饮成本	12 000 000 × 22%　= 2 640 000
经营费用	12 000 000 × 55%　= 6 600 000
营业利润	2 760 000

固定预算的方法过于死板,编制基础是事先假定的业务量,因为如果未来业务量发生了变动,这种方法仍然根据事先确定的特定业务量作为基础来编制预算。该方法的另一缺点在于其可比性较差,当实际业务量与预算业务量产生较大差异时,实际数与预算数就因编制基础的差异导致不可比。这种预算用来考核非盈利组织和业务水平较为稳定的酒店是比较合适的。但是,如果用来衡量业务量水平经常变动的酒店,往往就不恰当了,而且有时会引起人们的误解。

2. 弹性预算

弹性预算又称动态预算或滑动预算,是固定预算的对称,指在考虑预算期间酒店生产经营活动业务量可能发生变动的基础上,首先预计各种不同的业务量水平,然后根据预计的各种业务量编制的有伸缩性的预算。弹性预算是为一定的业务量水平范围而不是单一的业务量水平编制的预算,其数据能够适应业务量水平的变化而自行调整。因为它比固定预算更便于区分和落实责任,是一种先进的预算编制方法,特别是在酒店信息化日益普及的今天,更能显示其优越性。

弹性预算适用于全面预算体系中与业务量有关、特别是受业务量变动影响较大的各种预算,如收入预算、成本费用预算、利润预算等。由于实务中的收入及利润预算往往采用概率预算方式编制,故弹性预算多被用于成本费用预算,特别是用于营业费用及管理费用等间接费用的预算。

弹性预算的编制一般应遵循如下步骤。首先,选择和确定业务量的计量单位,如营业额、上座率、接待人数等;其次,根据预测确定可能达到的各种业务量水平;最后,根据成本型态将成本费用分为变动和固定两个类别,对于混合成本费用事先予以分解。

从理论上看,弹性预算可以用于所有与业务量相关的预算的编制;但从实务的角度来看,主要用于编制弹性成本预算和弹性利润预算。

（1）弹性成本预算

编制弹性成本预算的方法主要有公式法和列表法两种。

① 公式法。弹性成本预算的编制一般依据如下基本公式。

$$成本的弹性预算 = 固定成本预算数 + \sum (单位变动成本预算数 \times 预计业务量)$$

编制弹性预算所依据的业务量可以是营业收入、接待人数、餐饮上座率、客房出租率、人员工资等。

例 7-2 表 7-2 所列为某酒店 2019 年营业费用弹性预算资料,其中较大的混合成本项目已经过事先分解。该酒店服务能力为年接待客人数 75 000 人次,人均消费 160 元,酒店综合利用率预计在 90% ~105%（即 67 500 ~78 750 人次）。要求编制营业费用的弹性预算。

表 7-2 某酒店 2019 年营业费用弹性预算

项目	固定费用/元	变动费用率/%	项目	固定费用/元	变动费用率/%
工资	3 000 000		物料消耗	30 000	2.5
财产保险费	50 000		维修费	15 000	1
设备租金	40 000		洗涤费	45 000	1.5
能源费		8	折旧费	30 000	
临时工工资		5			

根据上述资料,采用公式法编制营业费用弹性预算。

营业费用弹性预算 = 固定营业费用 + $\sum$（变动费用率 × 业务量水平）

当酒店综合利用率为 100%（即接待 75 000 人次）时:

营业费用 = 3 000 000 +50 000 +40 000 +30 000 +15 000 +45 000 +30 000 +（8% +5% +2.5% +1% +1.5%）×75 000 ×160

= 5 370 000（元）

同样,利用上述公式可以计算出 67 500 ~78 750 人次之间任意一点上的营业费用预算数,使用比较方便。

公式法的局限性有:第一,必须首先将诸如"物料消耗""能源费""维修费""洗涤费"等混合费用进行分解,即指出它们与某种业务量的变量关系;第二,公式法只是计算出费用的总数,没有分项目列出,不利于费用的分项控制和分析考核。

②列表法。列表法也称多水平法,是指对预算期内预计的不同业务水平制定一系列固定的预算。通过列表的方式在一定范围内每隔一定业务量计算相关数值预算,来编制弹性成本预算。采用列表法编制可以根据实际需要确定业务量水平的间距,无论实际工作量是大还是小均可以在弹性预算表中找到与其相应或相似的预算数。如果实际业务量与预算表中的预计业务量不相符合,可以采用插值法计算其数额。而间距大小应根据酒店预算需要的精度和编制工作量大小进行权衡。

例 7－3　以列表法编制的营业费用弹性预算如表7－3所示。

表7－3　某酒店2019年营业费用弹性预算

酒店综合利用率	…	90%	95%	100%	105%	…
接待人数	…	67 500	72 250	75 000	78 750	…
人均消费	…	160	160	160	160	…
营业收入	…	10 800 000	11 560 000	12 000 000	12 600 000	…
1. 变动费用项目	…	1 404 000	1 502 800	1 560 000	1 638 000	…
能源费	…	864 000	924 800	960 000	1 008 000	…
临时工工资	…	540 000	578 000	600 000	630 000	…
2. 混合费用项目	…	630 000	668 000	690 000	720 000	…
物料消耗	…	300 000	319 000	330 000	345 000	…
维修费	…	123 000	130 600	135 000	141 000	…
洗涤费	…	207 000	218 400	225 000	234 000	…
3. 固定费用项目	…	3 120 000	3 120 000	3 120 000	3 120 000	…
工资	…	3 000 000	3 000 000	3 000 000	3 000 000	…
财产保险费	…	50 000	50 000	50 000	50 000	…
设备租金	…	40 000	40 000	40 000	40 000	…
折旧费	…	30 000	30 000	30 000	30 000	…
营业费用预算额	…	5 154 000	5 290 800	5 370 000	5 478 000	…

列表法在某种程度上克服了公式法的局限性,费用预算分项列示,且比较精确,便于进行考核和控制,但工作量相对较大。

(2)弹性利润预算

编制弹性利润预算能够反映不同业务量条件下相应的预算利润水平,主要编制方法有因素法和百分比法两种。

①因素法。因素法是指根据受业务量变动影响的有关收入、成本等因素与利润的关系,列表反映这些因素分别变动时相应的预算利润水平。

例 7－4　已知某酒店2019年度周末自助餐预测销售量以1 000份为间距在8 400～12 400份之间变动,销售价格为98元/份,单位变动成本为48元,固定成本总额为80 000元,则可按因素法编制2019年度周末自助餐的弹性利润预算如表7－4所示。

表7-4 某酒店2019年周末自助餐弹性利润预算 元

销售量/件	8 400	9 400	10 400	11 400	12 400
销售单价	98	98	98	98	98
单位变动成本	48	48	48	48	48
销售收入	823 200	921 200	1 019 200	1 117 200	1 215 200
减:变动成本	403 200	451 200	499 200	547 200	595 200
边际贡献	420 000	470 000	520 000	570 000	620 000
减:固定成本	80 000	80 000	80 000	80 000	80 000
利润总额	340 000	390 000	440 000	490 000	540 000

② 百分比法。百分比法是指按不同销售收入的百分比编制弹性利润预算的方法。百分比法适用于多元化经营的酒店,计算比较简单,但必须假定销售收入百分比的上下限均不突破相关范围,即固定成本在固定预算的基础上不变动,变动成本随销售收入变动而同比例变动。

例7-5 已知某酒店2019年度预算销售业务量达到100%时的销售收入、变动成本分别为12 000 000元和6 000 000元,固定成本为4 200 000元,则可按百分比法编制该酒店2019年度弹性利润预算如表7-5所示。

表7-5 某酒店2019年弹性利润预算 万元

销售收入百分比(1)	80%	90%	100%	110%	120%
销售收入(2) =1 200 × (1)	960	1 080	1 200	1 320	1 440
变动成本(3) =600 × (1)	480	540	600	660	720
边际贡献(4) =(2) - (3)	480	540	600	660	720
固定成本(5)	420	420	420	420	420
利润总额(6) =(4) - (5)	60	120	180	240	300

1.2 增量预算与零基预算

1. 增量预算

增量预算是指以基期实际成本费用水平为基础,结合预算期业务量水平及有关降低成本的措施,通过调整有关原有费用项目而编制预算的方法。

例7-6 某酒店2018年度客房收入为1 100万元,考虑到酒店稳定的客源市场及良好的发展态势,预计2019年客房收入增长15%。问该酒店2019年预算客房收入为多少?

预算客房收入 =1 100 × (1 +15%) =1 265(万元)

增量预算实际上是认同以前的收入或成本费用的发生是合理的,假定在预算期内仍然发生,预算内容沿用以前的或稍加改进。增量预算是建立在过去经验的基础之上,所以增量预算的成本费用项目受到限制,不合理的因素将长期保留下去,导致预算的简单化和主观化,不利于酒店的长期发展。其主要缺陷表现在以下几个方面。

① 受原有费用项目限制,可能导致预算落后。由于按这种方法编制预算,往往不加分析地保留或接受原存的成本项目,可能使原来不合理的费用开支继续存在下去,形成不必要开支合理化,造成预算上的浪费。

② 滋长预算中的平均主义和简单化。采用此法,容易鼓励预算编制人员凭主观臆断按成本项目平均削减预算或只增不减,不利于调动各部门降低费用的积极性。

③ 不利于酒店未来的发展。按照这种方法编制的费用预算,对于那些未来实际需要开支的项目可能因没有考虑未来情况的变化而造成预算不足。

虽然增量预算存在以上问题,但其具有显著的优点:工作量小,且简便易行。所以在我国以往的实务中,多数酒店均采用此法编制预算。

2. 零基预算

零基预算是指在编制成本费用预算时,不考虑以往会计期间发生的费用项目和数额,而是以所有的预算支出均为零为出发点,一切从实际需要与可能出发,逐项审议预算期内各项费用的内容及开支标准是否合理,在综合平衡的基础上编制费用预算的一种方法。

(1) 零基预算的编制程序

① 酒店内部各有关部门根据酒店的总体目标,对每一项业务说明其性质、目的,以零为基础,详细提出各项业务所需要的开支或费用。

② 组成预算编制委员会,该预算委员会对各部门提出的预算方案进行成本效益分析。划分不可避免项目和可避免项目、不可延缓项目和可延缓项目,确定各项目的轻重缓急和开支标准。

③ 结合可动用的资金来源分配资金,落实预算。

(2) 零基预算的优点

① 可以促进酒店合理有效地进行资源分配,充分利用有限的资金。

② 可以充分发挥各级管理人员的积极性、主动性和创造性,促进各预算管理部门精打细算,量力而行,合理使用资金,提高资金的利用效果。

③ 由于这种方法以零为出发点,对一切费用一视同仁,有利于酒店面向未来发展考虑预算问题。

(3) 零基预算的缺点

这种方法一切从零出发,在编制费用预算时需要完成大量的基础工作,如历史资料分析、市场状况分析、现有资金使用分析和投入产出分析等,这势必带来极大的工作量,而且也需要比较长的编制时间。

1.3　定期预算与滚动预算

1. 定期预算

定期预算是指在编制预算时以不变的一个会计期间(如日历年度)作为预算期的一种编制预算的方法。

定期预算的优点是能够使预算期间与会计年度相配合,便于考核和评价预算的执行结果。

定期预算的缺点如下。

① 滞后性。由于定期预算不能随情况的变化及时调整,当预算中所规划的各种经营活动在预算期内发生重大变化时(如酒店产品或服务结构的调整),就会造成预算滞后过时,使之成为虚假预算。

② 盲目性。由于定期预算往往是在年初甚至提前两三个月编制的,对于整个预算年度

的生产经营活动很难做出准确的预算,尤其是对预算后期的预算只能进行笼统的估算。数据笼统含糊,缺乏远期指导性,给预算的执行带来很多困难,不利于对生产经营活动的考核与评价。

③ 间断性。由于受预算期间的限制,致使经营管理的决策视野局限于本期规划的经营活动,通常不考虑下期,不利于酒店的长远发展。

2. 滚动预算

滚动预算又称连续预算或永续预算,是指在预算的执行过程中自动延伸,使预算期永远保持在一年。其具体做法是:每过一个季度(或月份),立即根据前一个季度(或月份)的预算执行情况,对以后季度(或月份)进行修订,并增加一个季度(或月份)的预算。这样逐期向后滚动、连续不断地进行预算来规划酒店未来的经营活动。

对于滚动预算按月份滚动的基本程序如表 7-6 所示。

表 7-6 2019 年滚动预算(逐月滚动)

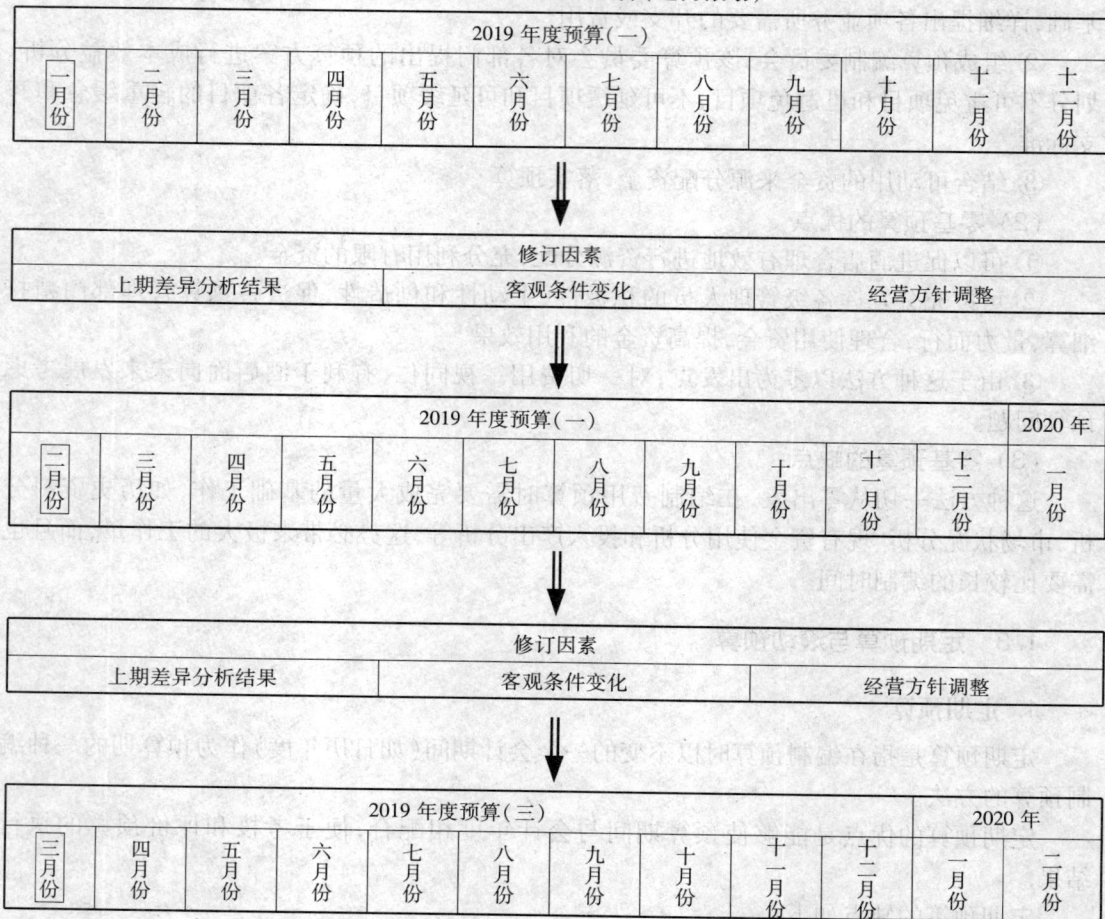

2019 年度预算(一)											
一月份	二月份	三月份	四月份	五月份	六月份	七月份	八月份	九月份	十月份	十一月份	十二月份

⇓

修订因素		
上期差异分析结果	客观条件变化	经营方针调整

⇓

2019 年度预算(一)											2020 年
二月份	三月份	四月份	五月份	六月份	七月份	八月份	九月份	十月份	十一月份	十二月份	一月份

⇓

修订因素		
上期差异分析结果	客观条件变化	经营方针调整

⇓

2019 年度预算(三)										2020 年	
三月份	四月份	五月份	六月份	七月份	八月份	九月份	十月份	十一月份	十二月份	一月份	二月份

为简化工作量也可按 2019 年度分季度编制预算,如表 7-7 所示。

表7-7 2019年滚动预算(逐季滚动)

2019 年度预算(一)			
计划实施	预定计划		
第一季度	第二季度	第三季度	第四季度
1 月 | 2 月 | 3 月	季度预算总数	季度预算总数	季度预算总数

⇓

修订因素		
上季度实际数与预算数差异分析结果	客观条件变化	经营方针调整

⇓

2019 年度预算(二)			
计划实施	预定计划		
第二季度	第三季度	第四季度	2020 年第一季度
4 月 | 5 月 | 6 月	季度预算总数	季度预算总数	季度预算总数

上述滚动预算方法各有其特点。逐月滚动预算较为精确,但预算工作量较大;而逐季滚动预算工作量相对较小,但预算的准确性较差。

预算编制方法各有其优缺点,酒店应根据自身经营管理需要及不同业务活动特点,充分考虑预算管理效率,兼顾成本效益原则,选择能满足酒店经营管理需要的预算编制方法,或采用多种预算方法的组合。各种预算编制方法的特点如表7-8所示。

表7-8 预算编制方法的比较

预算编制方法	编制要点	适用范围
固定预算	以相对固定或稳定的数额确定固定成本费用	适用于酒店内与业务量并无直接关系的固定成本费用的预算编制
弹性预算	考虑预算期间酒店生产经营活动不同业务量水平的变化	适用于酒店内随经营业务量水平变动而变化的变动成本费用预算的编制
增量预算	在以前年度指标基础上有增减,但要详细说明增减原因	适用于影响因素简单及以前年度预算指标基本合理的酒店
零基预算	一切从实际需要与可能出发,逐项审议预算期内各项费用	适用于以前年度预算指标不合理或潜力比较大的预算指标编制
定期预算	以固定会计期间为基础进行收入、成本费用的预算编制	适用于与会计年度同步且变化调整不大的预算编制
滚动预算	通常逐季滚动,每季度第三个月根据经营情况调整预算指标	适用于业务量波动较大,或定期预算外指标预算的编制

任务 2　酒店预算的内容

2.1　营业收入预算的编制

营业收入预算是确定预算期内酒店销售商品和提供服务的数量及金额的预算。销售预算是财务预算的关键,是编制利润预算的基础,也是规定酒店预算期流动资金定额、确定预算期流动资金周转指标和编制税金预算的依据。所以,正确编制营业收入预算,对于组织酒店的经营活动,有计划地安排酒店的销售工作,保证销售目标的实现有重要意义。

正确编制营业收入预算,必须有充分的依据,通常营业收入预算是在考虑以下因素的基础上编制的。

1. 酒店历史客房出租率

对于酒店以往客房出租率资料及其他与业务量相关的历史数据,要仔细进行分析研究,借以评价酒店过去销售工作的成果,并制定新的预算和销售目标。在新的预算中,还应列入新的项目以及新的市场开拓情况的预算指标。

2. 旅游市场发展趋势

酒店的发展要达到预期目标,就必须对旅游市场的发展趋势及变化规律加以认识和利用,制定饭店的长期规划、中期规划和年度计划。在旅游市场研究中,应特别重视对主要客源国、客源地市场进行具体分析。只有在此基础上进行综合调查与分析,才能科学地做出预测。

3. 市场占有率

旅游市场占有率是指酒店在同一时间内接待的旅游者人数占所在地区的旅游市场上旅游者总人数的比率。通过这个指标,可以清楚地了解酒店在本地旅游市场中所处的地位,以及比较不同时期所占领的市场份额的变化情况。这样可根据本地区区域旅游发展规划及酒店市场占有率的变化趋势,确定酒店的经营目标。

4. 销售价格

酒店的销售价格受旅游市场的供给和需求关系的变化及不同国家货币的比值和汇率的变化影响比较大,因此酒店制定销售价格时必须考虑上述影响因素。同时,还应与酒店的经营目标相一致,使酒店的销售价格符合市场行情,对顾客要有一定的吸引力,并且具有一定的市场竞争力。

此外,还要注意一些特殊因素的影响,如国际国内政治、经济形势,同行业的竞争情况以及广告和促销策略等。只有综合考虑各方面的影响因素,运用科学的分析方法、预测方法,才能编制好酒店的营业收入预算。在编制营业收入预算时,应注意客房销售对酒店其他部门销售的影响,如住店客人人数变化对餐饮、商品及其他收入的影响很大。因此,在编制营业收入预算时,必须注意各部门之间相互依存的关系。

例 7 - 7 某酒店是一家拥有 400 间客房的大型酒店,通过对酒店历史资料及旅游市场行情的分析,预测 2019 年度平均客房出租率为 70%,比 2018 年预计增加 5%。考虑到酒店行业价格调整因素,预计 2019 年平均房价为 390 元,预计双客出租率为 50%。餐饮、商品部的销售收入预算考虑到预算年度客房销售情况的增长因素,预计每个住店客人平均餐饮消费为 60 元,购买商品 10 元,则该酒店 2019 年营业收入预算如表 7 - 9 所示。

表 7 - 9　某酒店 2019 年度营业收入预算　　　　　　　　　　　　万元

项　目	一季度	二季度	三季度	四季度	全　年
客房出租率/%	65	75	75	65	70
平均房价/(元/间天)	390	390	390	390	390
客房营业收入	912.60	1 064.70	1 076.40	932.88	3 985.80
住店客人数/人	35 100	40 950	41 400	35 880	153 330
住客人均餐饮消费/元	60	60	60	60	60
住客餐饮营业收入	210.60	245.70	248.40	215.28	919.98
其中:食品收入	168.48	196.56	198.72	172.22	735.98
饮料收入	42.12	49.14	49.68	43.06	184.00
住客人均商品消费/元	10	10	10	10	10
住客商品营业收入	35.10	40.95	41.40	35.88	153.33
销售收入合计	1 158.30	1 351.35	1 366.20	1 184.04	5 059.11

上例中各部门营业收入计算公式如下。

客房预算营业收入 = 可出租房间数 × 预算客房出租率 × 预算平均房价 × 预算期天数

住客餐饮预算营业收入 = 预算住店客人数 × 预算住客人均餐饮消费额

住客商品预算营业收入 = 预算住店客人数 × 预算住客人均商品消费额

需要注意的是,上例中的餐饮营业收入和商品营业收入预算的编制,仅预测了住店客人的消费情况,并未考虑其他渠道客人的餐饮消费及商品购买情况,在编制酒店完整的餐饮营业收入及商品销售收入预算时,还应将其他渠道产生的有关营业收入,根据往期历史数据的分析,一并计入总预算内。

2.2　成本费用预算的编制

1. 营业成本预算

（1）餐饮成本预算

餐饮成本预算是指达成预期成本指标的一种行动方案。任何企业都有其所要达到的预期经济目标,而成本指标是预期经济目标之一。为了达到这个目标,酒店必须根据确定的餐饮产品毛利情况,预测预算期的成本指标,制定成本预算。

餐饮成本预算一般由以下几个指标组成。

① 预算期餐饮产品成本总额。

② 每一品种或主要品种的预算单位成本。

③ 主要食品原材料耗用成本。

④ 预算期成本降低额。

预算期餐饮产品成本总额是一个综合性的成本指标,它是由预算期餐饮产品销售收入和预算期的成本率决定的。预算期餐饮产品销售收入可以根据销售预算指标来确定。预算期成本率则是根据上级核定的销售毛利率倒算出来的,根据这个要求,预算期餐饮产品成本总额计算公式如下。

预算期餐饮产品成本总额 = 预算期餐饮产品销售收入 × (1 - 核定毛利率)

也可以用预算期成本率直接测算,计算公式如下。

$$预算期餐饮产品成本总额 = 预算期餐饮产品销售收入 \times 预算期成本率$$

每一品种或主要品种的预算单位成本是由预算主料耗用成本、预算配(辅)料耗用成本、预算调料耗用成本组成的,计算公式如下。

$$预算单位成本 = 预算主料耗用成本 + 预算配料耗用成本 + 预算调料耗用成本$$

预算主料耗用成本和预算配料耗用成本是由预算用量乘以预算净料成本确定的。预算调料耗用成本是由预算用量乘以购进单价确定的。餐饮产品的预算单位成本计算一般是通过编制成本计算单进行的。

主要食品原材料耗用成本是由预算期主要食材的耗用量和购进成本(或按净料成本)组成的,计算公式如下。

$$主要食品原材料耗用成本 = 预算期某种食材耗用量 \times 预算期购进成本$$

预算期某种食品原材料耗用量是根据各种餐饮产品生产的同类食材耗用量相加而得的。预算期购进成本是一种材料的预算成本,它既可以按现行市场价格确定,也可以根据实际成本或标准成本来确定。

预算期成本降低额是根据预算期的预算总成本上下期实际数比较而定的。应当指出,餐饮预算成本降低额是生产过程中的质量指标。这里要特别强调的是餐饮部门降低成本的途径,只能是充分利用原材料、提高原材料使用效率、提高出成率、提高产品质量和减少原材料浪费损失等几个途径,而不能用减少切配量、调料量,提高售价和偷工减料等方法,否则,既不利于酒店经营管理的改善提高,又损害顾客利益和酒店声誉。

例 7-8 某酒店 2014 年至 2018 年的食品收入、食品成本率和饮料收入、饮料成本率数据如表 7-10 所示。餐饮总监会同销售总监及财务部经理预测 2019 年度食品收入和饮料收入分别为 500 万元和 200 万元。试计算该酒店 2019 年食品成本和饮料成本分别是多少?

表 7-10　某酒店餐饮收入、成本预算　　　　　　　　　　　　　　　元

年　份	食品收入	食品成本	食品成本率	饮料收入	饮料成本	饮料成本率
2014	4 213 406	1 639 015	38.90%	1 354 210	340 178	25.12%
2015	4 407 851	1 649 418	37.42%	1 467 892	371 817	25.33%
2016	4 539 063	1 779 313	39.20%	1 523 450	378 882	24.87%
2017	4 725 905	1 726 373	36.53%	1 685 742	408 961	24.26%
2018	4 855 632	1 842 227	37.94%	1 834 520	465 968	25.40%
2019	5 000 000			2 000 000		

由表 7-10 中数据分析可知,2014 年至 2018 年该酒店的食品成本率平均值约为 38%,饮料成本率平均值约为 25%。预计 2019 年酒店的经营策略和市场环境不会有较大变化,可以继续采用原有的成本率预测 2019 年的成本数据,计算结果为:

2019 年食品成本预算 = 5 000 000 × 38% = 190 0000(元)

2019 年饮料成本预算 = 2 000 000 × 25% = 500 000(元)

（2）商品销售成本预算

商品销售成本预算一般按大类商品编制，通过预算确定每一大类商品销售成本，对于考察和掌握各类商品销售成本的构成、预测成本水平、控制销售成本、计算经营损益和确定预算期目标利润有着一定的作用。

预算期商品销售成本是由预算期商品销售收入和预算期的成本率来计算的。预算期商品销售收入可以根据销售预算指标来确定。预算期成本率则是根据上期各类商品的进销差价率，结合预算期的增减变动因素倒算出来的。根据这个要求，预算期商品销售成本总额计算公式如下。

$$商品销售成本预算总额 = \sum [各类商品预算销售收入 \times (1 - 各类商品预算进销差价率)]$$

2. 费用预算

正确制定费用预算指标，必须有充分的依据，主要是有关费用开支的各项规定和开支标准，预算期内降低费用的目标，酒店在预算期业务经营预算、人工成本预算、外部融资预算、低值易耗品预算、固定资产预算等有关费用开支的各项预算指标，前期费用超支或节约的实际情况，在预算期内可能影响费用支出的有利和不利因素，以及在预算期内准备采取的费用控制措施等。

为了正确编制费用预算指标，需要根据各个费用项目的不同情况，采取不同的方法加以确定。变动费用是随着酒店业务量增减而相应增减变动的费用，其开支额与业务量之间存在着一定的比例关系。因此，在预算中既要确定开支额，又要确定费用率。在预算执行中，主要应以费用率控制为主要手段。各项变动费用指标一般可运用报告期实际比例推算法计算确定；对于重点费用项目，需要进一步分析开支的构成因素及节约的潜力，应运用技术经济测定法分项进行具体测算，综合确定；有的费用项目国家已经规定了支付比率，则应按规定计算。固定费用一般不随业务量的变动而变动，财务预算主要是确定费用开支额，凡是国家已规定了提取比例或开支标准的，要按规定的比例和标准计算确定，不能自行变更；没有规定开支标准的，应由酒店有关部门编制开支预算，经审批后列入预算表，也可以根据报告期实际分析增减后确定。固定费用一般不采用比例推算法。

实际工作中，同一费用项目既可以运用一种方法计算，也可以运用多种方法综合计算，常用的方法有以下几种。

（1）销售百分比法

销售百分比法是在掌握酒店各项费用率历年变化趋势的前提下，结合预算期预计发生的新情况，分别确定与销售收入的最佳比率关系，然后据以计算出各项费用的预算数。需要注意的是，酒店内部各部门的直接费用率是与部门营业收入的百分比，而销售费用率则是与酒店总销售的百分比。

（2）规定费率计算法

有些费用的支付与发生均是按照规定比率计算的，即某项费用 = 计费基数 × 规定比率，如职工养老保险、折旧费、保险费等，只要定出计费基数便可确定费用预算数。

① 养老保险费。根据现行社会保险规定，酒店应按照职工应缴养老保险基数的一定比例（如某地的缴纳比例为21%）缴纳养老保险费。

$$应缴纳养老保险费预算额 = 预算年度应缴养老保险基数 \times 21\%$$

② 折旧费。按现行制度规定,固定资产分类折旧率是统一规定的,固定资产原值在年度内发生的增减变化需要做一些计算,可按下式确定折旧费预算数。

$$年折旧费预算数 = \sum (各类固定资产原值 \times 该类固定资产年折旧率)$$

③ 保险费一般按下列公式计算。

$$保险费预算数 = 预算年度投保额 \times 保险费率$$

（3）直接计算法

直接计算法是在上年实际的基础上,考虑增减因素后直接计算。

① 工资。计算工资预算数的公式如下。

$$工资预算数 = 上年实际工资总额 + 本年增加职工及调增工资数 - 本年离职退休职工工资$$

② 低值易耗品摊销。低值易耗品摊销包括新增低值易耗品的摊销和原有低值易耗品的摊销两部分。前者根据购置预算按规定的摊销办法计算,后者则要结合预算期内报废情况确定摊销额。当酒店采用五五摊销法进行分摊时,可按下列公式计算。

$$低值易耗品摊销预算数 = 预算期购置低值易耗品总值的 50\% + 预算期低值易耗品报废额的 50\%$$

（4）预算包干数确定法

在对所属单位或某些费用项目实行定额控制、预算包干的情况下,直接以预算包干数列入预算,如办公费等。对行政管理部门实行预算包干,由经办单位提出年度开支预算,经批准后,按批准的预算包干,超支不补,节约有奖。

费用各项目预算指标确定后,即可算出费用预算支出总额,应与目标控制指标核对,如小于目标控制指标又有可能实现的,则按分项计算结果调整目标控制指标;反之,则要调整分项指标,力争不突破控制指标。

2.3　利润预算的编制

1. 利润预算的编制依据

酒店利润预算的编制是以酒店预算期的营业收入预算、成本费用预算为主要依据,结合其他有关资料和上期利润预算的完成情况来编制的。

2. 利润预算指标

酒店利润预算指标主要有经营利润、营业外收入、营业外支出和利润总额。

（1）经营利润

经营利润预算是根据酒店营业收入预算、成本费用预算等项目计算确定的,即

$$经营利润 = 营业收入 - 营业成本 - 营业税金及附加 - 营业费用 - 管理费用 - 财务费用$$

公式中的营业税金及附加是酒店按照国家现行税法的规定,在预算期内应向国家缴纳的营业税金及附加数额。

（2）营业外收支

这些项目应分项进行测算,确定预算指标。在确定营业外收支项目指标时,必须严格遵守国家规定的项目开支标准,不得任意增列项目或提高开支标准。

（3）利润总额

利润总额预算指标计算公式如下。

$$预算利润总额 = 经营利润 + 营业外收入 - 营业外支出$$

利润总额预算指标是经过全面细致地计算而确定的,它与目标利润试算中按主要变动因素大致匡算的利润目标值不一定完全一致。但一般二者的数值比较接近,即预算的利润额应能达到酒店决策的目标利润要求,这时可经过适当调整使二者数据一致,以利于执行;如二者差距较大,应重新分析测算,或由总经理重新进行决策。

2.4 现金预算的编制

现金预算是酒店资金运动的重要表现形式。酒店的现金收入表现为各种资金流入和取得,而现金支出则表现为各种资金的使用和耗费。酒店编制现金预算的目的是为了有效地控制各种收入的取得,合理安排各项支出,使现金收入和支出在金额和时间上保持平衡,以保证资金运动不间断地进行。现金预算是酒店开展事前控制的一个重要环节,一般通过编制现金预算表加以控制。

1. 现金预算的内容

酒店现金预算一般包括以下内容。

（1）现金收入

现金收入包括预算期的期初现金余额,加上本期预计可能发生的现金收入。一般来说,现金收入的主要来源是营业收入的现付部分及应收账款的回款部分,可以从销售预算中获得该项资料。

（2）现金支出

现金支出包括预算期预计可能发生的一切资金支出,如食品原材料及物料用品的采购费用、人员工资及有关费用、租金、保险费、利息及其他运营费用,还有交纳税金、购置设备等款项。

但在资金的实际支出方面,情形又有所不同。例如,酒店食品原材料采购费用按"押三付一"办法结算,则4月份支付的应为1月份的货款,而有些费用如工资、房租等则需当月支付。

（3）现金收支综合平衡

将现金收入总额与现金支出总额进行轧抵,如收入大于支出,即出现现金结余,可用来归还以前借款,或用来进行短期投资;如收入小于支出,出现现金缺口,则应向银行或其他单位筹措资金。

现金预算表格式如表7-11所示。

表 7 – 11 现金预算表

××年度 元

项目 \ 月份	1	2	3	4	5	6	7	8	9	10	11	12	合计
期初现金余额													
现金收入													
现销收入													
应收款项收回													
其他现金收入													
现金收入小计													
现金支出													
人员工资													
物料用品													
房租													
交纳税费													
……													
现金支出小计													
现金结余或不足													
银行借款													
归还借款													
期末现金余额													

2. 现金预算编制流程

现金预算一般是由酒店财务部门负主责,并与其他职能部门协调配合编制的。现金预算编制流程如图 7 – 2 所示。

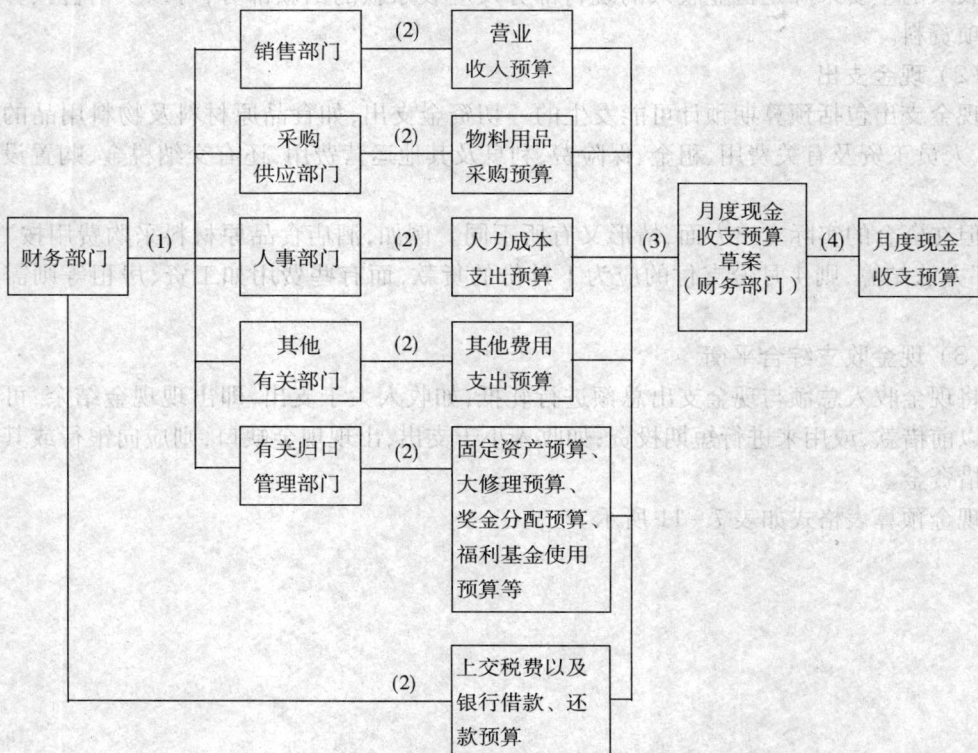

图 7 – 2　现金预算编制流程

① 由酒店财务部门根据年度现金预算指标,结合预算月份的经营任务,提出各项现金收支的控制数额,供有关部门作为编制预算月份现金收支预算的参考。

② 各部门根据控制指标,结合经营管理的情况,编制月度收支预算草案。例如,销售部门提出营业收入预算,采购部门提出物料用品采购预算,人事部门提出人力成本支出预算,各部门提出各自的费用预算及固定资产购置、大修理预算和职工奖金福利支出预算等。

③ 财务部门根据各有关部门送来的现金收支预算草案,以及本身所收集的其他收支项目的有关资料,进行必要的审核、平衡、调整,汇编成酒店的月度现金收支预算草案,提交酒店预算委员会审查。

④ 酒店预算委员会是在总经理领导下,平衡全酒店资金以及正确处理各方面财务关系的有效形式。预算委员会的主要任务是检查和总结本月预算的执行情况,分析研究预算月份经营活动和现金收支安排,确定现金收支预算指标。

⑤ 月度现金收支预算经预算委员会讨论通过后,由财务部门编制正式的预算表,经总经理正式批准后下达各有关部门执行。

相关链接

全面预算管理助雅阁集团酒店科学管控

面对日益激烈的市场竞争及国际市场竞争的大环境,酒店如何提高管理水平将是关系到酒店存亡的大问题。雅阁集团认为,全面预算管理作为发达国家多年形成的先进管理方法,是酒店进行战略实施和管理控制的主要手段,对酒店发展起着举足轻重的作用。

全面预算管理作为现代企业管理中的重要部分,是酒店实施战略目标管理的重要手段。它以充分研究市场需求和科学预测为前提,以销售预算为起点,进而延伸到诸如成本、费用、投资、资金收支等经济活动的各个方面。完整的全面预算包括业务预算、财务预算、资本支出预算等。全面预算管理也是酒店内部管理控制的一种方法,是实现酒店资源优化配置、提高经济效益的先进而科学的管理方法。

预算管理本质要求是一切经济活动都围绕酒店目标的实现而开展,因此,雅阁集团旗下酒店在推行全面预算管理时,注重同落实管理制度、提高预算的控制力和约束力相结合。预算一旦确定,酒店各部门在生产营销及相关的各项活动中要严格执行,切实围绕预算开展经济活动。

同时,全面预算管理是一项全员参与、全面覆盖和全程控制的系统工程。为了确保预算各项主要指标的全面完成,雅阁集团旗下酒店制定严格的预算考核办法,依据各责任部门对预算的执行结果,实施绩效考核。同酒店经营者和职工的经济利益相结合,最大限度地调动经营者、职工的积极性和创造性。

全面预算管理将酒店管理的职能化整合为酒店管理的整体化,讲究联合管理,大大提高了酒店管理效率,从而增进酒店经济效益。

资料来源:贵州品牌网。

项目 *3* 酒店预算管理的实施与考核

任务1 酒店预算管理的实施

1.1 下达任务，落实预算指标

酒店及各部门预算编制完成后，呈报总经理和董事会或上级主管部门审查批准。其贯彻实施过程即是业务管理的全过程，它体现在酒店及各部门业务经营的各个方面。从预算管理的角度来考察，下达任务、落实预算指标就成为酒店预算方案实施的开始。因为酒店及各部门的预算方案一经批准，就成为全店及各部门的计划任务。这时，财务部门运用计划报表将客房、餐饮、康乐、商品等各部门全年和各月的指标下达给部门经理，再由总经理同各部门经理签订计划任务书，由此将预算指标落实到各部门。

1.2 做好客源组织，保证设施利用率

酒店和各部门预算指标能否顺利完成，关键在各部门的客源组织。因此，预算指标下达后，酒店及各部门都必须认真做好客源组织，切实提高客房、餐饮、康乐项目等的设施利用率，才能保证预算任务的顺利完成。因此，酒店及各部门必须做好三个方面的工作：一是全店要在总经理的领导下，做好酒店市场的宣传推广工作，以提高酒店知名度和美誉度，吸引客人前来住店、用餐和开会；二是客源组织，重点是酒店销售部、前厅预订部、宴会预订部等要加强客户联系，广泛组织客源，以提高客房出租率、餐位利用率等；三是各部门要确保客房、餐饮、康乐等对客服务的质量，保证产品和服务质量与价格形成良性循环，才能留住客人，培养大批忠实客户，从而保证酒店的各部门预算指标顺利完成。

1.3 做好统计、核算与监督工作

在酒店及各部门认真做好客源组织，提高设施利用率的过程中，财务部门必须逐日、逐周、逐月、逐季做好各级各部门的原始记录，做好各项统计和财务核算工作，包括全店及各部门的原料物品采购及使用情况，各部门的收入、成本、费用、毛利和利润核算等，形成各种统计报表和核算报表，及时提供给各部门经理和总经理，以便他们与预算指标、上期指标及上年同期指标进行比较，掌握各项预算指标的完成情况，分析存在的问题，及时提出有针对性的改进措施，保证酒店预算指标的顺利完成。

任务2 酒店预算执行结果的考核分析

酒店各部门、各责任单位、责任人执行预算的进度与效果综合反映在各自的责任业绩报告之中。这些责任业绩报告通过自下而上地逐级汇总，将各部门、各责任层次直至酒店整体截至某一时点或阶段预算执行的进度与运营状态显现出来。通过这种汇报，可以发现预算

执行的实际效果及存在的问题、问题出现的环节及原因、偏离责任目标的程度及其对酒店整体预算目标的利弊影响,然后针对不同环节与不同原因,提出控制和处理的方法,进而保证酒店预算管理目标的最终实现,具体包括以下几个步骤。

2.1　确定差异

差异是经营实际和预算指标进行比较的结果。酒店应编制实际金额与预算指标的比较分析报表,即预算报告。预算报告既要揭示月度的差异,也要揭示当年度的差异。由于年度差异是月度差异的累计,因此,进行差异分析时应主要关注月度差异。预算报告中反映的差异要同时包括绝对数(金额差异)和相对数(百分比差异)两种。绝对数差异为预算指标减去实际金额求得,而金额差异除以预算指标就得到相对数差异。需要注意的是,并不是所有的差异管理部门都必须分析差异并采取纠正措施,只有产生较大差异时才需要管理部门采取分析和行动,而较大差异的具体标准则应由酒店总经理和财务总监根据酒店自身经营情况及管理目标分析制定。

2.2　分析差异

分析差异过程主要是确定造成差异的全部原因。例如,收入差异的分析将揭示实际收入和预算收入产生差异的原因是价格和销售量发生了变化,但却无法反映价格和销售量为何发生变化。这进一步的分析则需要管理部门另行调查研究以确定差异产生的确切原因。例如,不利的人工工资率差异可能是由于人事问题或超额的加班费用,或者是两者的叠加造成的。

2.3　采取措施纠正偏差

分析差异后,管理部门通过调查研究确定发生差异的确切原因。例如,客房服务员的人工费用差异分析可能揭示出一项不利差异的大部分来自工资率,即实际人工费用高于预算人工费用的主要原因是实际工资率高于预算工资率。管理部门必须进一步调查分析,可能是因为安排了比原预算薪酬更高的客房服务员,或者客房服务员超额加班工作,或者还可能存在其他原因。无论调查分析的结果如何,酒店管理部门都应针对不同原因及时采取措施纠正偏差,从而保证酒店预算管理指标的顺利完成。

同步训练

一、思考题

1. 简述酒店预算的组织。
2. 简述酒店预算的编制模式。
3. 简述酒店预算的编制程序。
4. 简述酒店预算的编制方法及优缺点比较。
5. 简述酒店营业收入预算、成本费用预算和利润预算的编制要点。
6. 简述酒店预算执行结果的考核分析要点。
7. 简述现金预算的编制流程。

二、判断题

1. 在采用固定预算方法编制酒店预算时,应考虑预算期内业务量水平可能发生的各种变动。（　）

2. 在编制零基预算时,应以酒店现有的费用水平为基础。（　）

3. 物料用品预算和人工成本预算能够同时反映业务量消耗和成本消耗,但后一种预算的所有支出均属于现金支出。（　）

4. 财务预算就是财务计划。（　）

5. 酒店的宣传推广费用预算可以采用增量预算法编制。（　）

6. 客房、餐厅、康乐等营业部门中大多数费用可按它们与收入的变化关系（费用率）或者消耗定额预估费用预算金额。（　）

7. 餐饮营业成本主要指酒店各餐厅制作食品和饮料的消耗成本,包括原材料、辅料、调料、饮料的生产和加工成本。（　）

8. 酒店商务中心、洗衣房等其他项目的营业收入预算应根据客房销售量来确定。（　）

9. 餐饮营业收入的预算计算公式是:餐厅人均消费额×餐厅餐位数×餐厅上座率×预算期营业天数。（　）

10. 酒店取得的服务费项目,应将其列示为酒店当期的收入项目,而不能作为费用项目。（　）

三、单项选择题

1. 其预期可以不与会计年度挂钩的预算方法是（　　）。
   A. 弹性预算　　　　　　　　B. 零基预算
   C. 滚动预算　　　　　　　　D. 固定预算

2. 不能直接在现金预算中得到反映的是（　　）。
   A. 期初期末现金余额　　　　B. 现金筹措及使用情况
   C. 预算期产量和销量　　　　D. 现金收支情况

3. 财务预算的编制起点是（　　）预算。
   A. 生产预算　　　　　　　　B. 销售预算
   C. 物料采购预算　　　　　　D. 现金预算

4. （　　）不会影响酒店营业收入预算的编制。
   A. 酒店客房销售价格　　　　B. 客房出租率水平
   C. 顾客消费喜好　　　　　　D. 餐饮上座率情况

5. 表述有错误的公式是（　　）。
   A. 经营利润 = 营业收入 – 营业成本 – 营业税金及附加 – 营业费用 – 管理费用 – 财务费用
   B. 预算期餐饮产品成本总额 = 预算期餐饮产品销售收入 × 预算期成本率
   C. 客房预算营业收入 = 酒店房间总数 × 预算客房出租率 × 预算平均房价 × 预算期天数
   D. 商品销售成本预算总额 = $\sum$ [各类商品预算销售收入 × (1 – 各类商品预算进销差价率)]

四、多项选择题

1. 编制酒店弹性利润预算的方法包括（　　　　）。

  A. 公式法   B. 列表法

  C. 因素法   D. 百分比法

2. 被纳入酒店现金预算的有(　　　　　)。

  A. 经营性现金收入   B. 经营性现金支出

  C. 资本性现金支出   D. 现金收支差额

3. 酒店现金预算的内容包括(　　　　　)。

  A. 现金收入   B. 现金支出

  C. 现金多余或不足   D. 资金筹措和使用

4. 酒店销售预算的主要内容有(　　　　　)。

  A. 平均房价   B. 客房出租率

  C. 营业收入   D. 营业成本

5. 酒店预算编制方法主要有(　　　　　)。

  A. 零基预算   B. 定期预算

  C. 弹性预算   D. 增量预算

6. 一般情况下,属于酒店固定成本的有(　　　　　)。

  A. 折旧费   B. 管理人员工资

  C. 房租   D. 物料消耗

五、计算题

1. 某酒店有 150 间客房,请根据下表中的数据资料,预测该酒店 2019 年出售客房数、客房出租率、平均房价及客房收入等项目,并列示计算过程(假设该酒店未来经营状况与过去类似)。

某酒店 2014—2018 年客房经营情况

年　份	出售客房数/间	出租率/%	平均房价/元	客房收入/元
2014	32 850	60	372	12 220 200
2015	34 493	63	390	13 452 270
2016	36 135	66	408	14 743 080
2017	37 230	68	428	15 934 440
2018	38 873	71	446	17 337 358
2019				

  2. 某酒店 2014—2018 年的食品收入、食品成本率和饮料收入、饮料成本率数据资料如下表所示。请根据相关资料预测 2019 年该酒店食品收入和饮料收入,然后分别计算 2019 年食品成本、食品成本率、饮料成本、饮料成本率等项目填入下表中,并列示计算过程。

某酒店 2014—2018 年餐饮收入及成本情况

年 份	食品收入/元	食品成本/元	食品成本率/%	饮料收入/元	饮料成本/元	饮料成本率/%
2014	2 435 620	881 694	36.20	365 300	103 453	28.32
2015	2 557 400	907 366	35.48	390 870	107 724	27.56
2016	2 684 760	980 474	36.52	417 850	116 580	27.90
2017	2 824 367	1 008 299	35.70	447 510	125 616	28.07
2018	2 968 410	1070112	36.05	479 500	134 740	28.10
2019						

酒店财务分析

知识目标

- 了解酒店财务分析的目的、意义、方法和一般步骤。
- 熟悉酒店财务分析指标类别及评价依据。
- 熟悉酒店偿债能力分析、营运能力分析、盈利能力分析及发展能力分析常用指标的分析方法。
- 掌握杜邦分析法和财务比率综合评价法对酒店经营业绩和财务状况进行综合分析评价的流程和依据。

能力目标

- 会计算酒店财务分析常用比率指标。
- 能运用比较分析法、比率分析法、趋势分析法、因素分析法进行酒店财务分析。
- 能根据财务分析指标计算结果评价酒店经营管理状况及财务状况。
- 能运用杜邦分析法和财务比率综合评价法对酒店进行综合分析评价。

酒店财务分析是指以财务报表和其他经营管理资料为依据,采用专门分析方法,系统分析和评价酒店过去和现在的财务状况、经营成果及其变动情况,目的是了解过去、评价现在、预测未来,帮助酒店利益关系方改善决策。通过分析评价,可以为酒店的经营、管理、计划和控制提供决策依据,以便及时调整经营策略,实现酒店经营管理目标。

项目 1 酒店财务分析方法

任务 1 酒店财务分析的依据

酒店财务分析的起点是财务报表,分析使用的数据大部分来源于酒店的财务报表信息。因此,酒店财务分析的前提是正确理解各种财务报表。

1.1 对内财务报表

对内财务报表是根据酒店内部经营管理需要编制的、不需要对外公布、仅供酒店内部使用的报表,主要包括收入明细表、成本费用明细表、税金明细表及酒店分部门利润表等。

1.2　对外财务报表

对外财务报表是依据《企业会计准则》《企业会计制度》和《中华人民共和国会计法》的规定编报的、要求对外公布的报表,主要包括资产负债、利润表和现金流量表。

任务2　酒店财务分析的方法

开展财务分析,需要运用一定的方法。酒店采用的财务分析方法主要包括趋势分析法、比率分析法和因素分析法等。

2.1　趋势分析法

趋势分析法又称水平分析法,是通过对比两期或连续数期财务报告中相同指标,确定其增减变动方向、数额和幅度,来说明酒店财务状况或经营成果的变动趋势的一种方法。采用这种方法,可以分析引起变化的主要原因、变动的性质,并预测酒店未来的发展前景。

趋势分析法的具体运用主要有三种方式:一是重要财务指标的比较;二是财务报表的比较;三是财务报表项目构成的比较。

1. 重要财务指标的比较

重要财务指标的比较,是将不同时期财务报告中的相同指标或比率进行比较,直接观察其增减变动情况及变动幅度,考察其发展趋势,预测其发展前景。

对不同时期财务指标的比较有以下两种方法。

（1）定基动态比率

定基动态比率是以某一时期的数额为固定的基期数额而计算出来的动态比率。其计算公式如下。

$$定基动态比率 = \frac{分析期数额}{固定基期数额} \times 100\%$$

例8-1　某酒店2013—2017年营业收入和净利润数据如表8-1所示。

表8-1　某酒店2013—2017年营业收入和净利润　　　　　　　　　万元

项目＼年份	2013年	2014年	2015年	2016年	2017年
营业收入	2 000	2 200	2 180	2 440	2 860
净利润	200	210	198	240	300

从表8-1中可以看出,该酒店近5年的营业收入和净利润除了2015年有所下降外,其他年份均呈增长趋势。我们以2013年的数额为固定基期数额分别计算营业收入和净利润的定基动态比率,如表8-2所示。

表 8-2　某酒店 2013—2017 年营业收入和净利润定基动态比率趋势

项目 ＼ 年份	2013 年	2014 年	2015 年	2016 年	2017 年
营业收入/%	100	110	109	122	143
净利润/%	100	105	99	120	150

（2）环比动态比率

环比动态比率是以每一分析期的前期数额为基期数额而计算出来的动态比率。其计算公式如下。

$$环比动态比率 = \frac{分析期数额}{前期数额} \times 100\%$$

例 8-2　仍以例 8-1 中某酒店 2013—2017 年营业收入和净利润资料为例，分别计算营业收入和净利润环比动态比率，如表 8-3 所示。

表 8-3　某酒店 2013—2017 年营业收入和净利润环比动态比率趋势

项目 ＼ 年份	2013 年	2014 年	2015 年	2016 年	2017 年
营业收入/%	—	110	99.09	111.93	117.21
净利润/%		105	94.29	121.21	125

2. 财务报表的比较

财务报表的比较是将连续数期的财务报表的金额并列起来，比较其相同指标的增减变动金额和幅度，据以判断企业财务状况和经营成果发展变化的一种方法。财务报表的比较，具体包括资产负债表比较、利润表比较和现金流量表比较等。比较时，既要计算出表中有关项目增减变动的绝对额，又要计算出其增减变动的百分比。

3. 财务报表项目构成的比较

这是在财务报表比较的基础上发展而来的。它是以财务报表中的某个总体指标作为 100%；再计算出其各组成指标占该总体指标的百分比，从而比较各个项目百分比的增减变动，以此判断有关财务活动的变化趋势。这种方法比前述两种方法更能准确地分析酒店财务活动的发展趋势。它既可用于同一酒店不同时期财务状况的纵向比较，又可用于不同酒店之间的横向比较。同时，这种方法能消除不同时期（不同酒店）之间业务规模差异的影响，有利于分析酒店的耗费水平和盈利水平。

但在采用趋势分析法时，必须注意以下几点：第一，用于进行对比的各个时期的指标，在计算口径上必须一致；第二，剔除偶发项目的影响，使作为分析的数据能反映酒店正常的经营状况；第三，应运用例外原则，对某项有显著变化的指标做重点分析，研究其产生的原因，以便采取对策，趋利避害。

2.2　比率分析法

比率分析法是通过计算各种比率指标来确定经济活动变动程度的分析方法。比率是相对数,采用这种方法,能够把某些条件下的不可比指标变为可以比较的指标,以利于财务分析。

比率指标可以有不同的类型,主要有以下三类:一是构成比率;二是效率比率;三是相关比率。

1. 构成比率

构成比率又称结构比率,它是某项财务指标的各组成部分数值占总体数值的百分比,反映部分与总体的关系。其计算公式如下。

$$构成比率 = \frac{某个组成部分数值}{总体数值} \times 100\%$$

例如,能源费用占全部费用的比例,客房收入占总营业收入的比例等,还可以分析收入、费用等项目的变化与整个酒店经营情况变化的相互关系;又如,酒店资产中流动资产、固定资产及无形资产占资产总额的百分比,酒店负债中流动负债和长期负债占负债总额的百分比等。利用构成比率,可以考察总体中某个部分的构成和安排是否合理,以便协调各项财务活动。

2. 效率比率

效率比率是某项财务活动中耗费与收益的比例,反映投入与产出的关系。利用效率比率指标可以进行得失比较,考察经营成果,评价经济效益。例如,将利润项目与销售成本、销售收入、资本金等项目加以对比,可计算出成本利润率、销售利润率及资本金利润率等指标,可以从不同角度观察比较酒店获利能力的高低及其增减变化情况。

3. 相关比率

相关比率是以某个项目和与其有关但又不同的项目加以对比所得的比率,反映有关经济活动的相互关系。利用相关比率指标可以考察酒店有联系的相关业务安排是否合理,以保障运营活动的顺利进行。例如,将流动资产与流动负债加以对比,计算出流动比率,据以判断酒店的短期偿债能力。

比率分析法的优点是计算简便,计算结果也比较容易判断,而且可以使某些指标在不同规模的酒店之间进行比较,甚至也能在一定程度上超越行业间的差别进行比较。但在具体运用中要注意以下几点。

① 对比项目的相关性。计算比率的子项和母项必须具有相关性,把不相关的项目进行对比是没有意义的。构成比率指标中,部分指标必须是总体指标这个大系统中的一个小系统;效率比率指标中,投入与产出必须有因果关系;相关比率指标中,两个对比指标也要有内在联系,才能评价有关经济活动之间是否协调均衡,安排是否合理。

② 对比口径的一致性。计算比率的子项和母项必须在计算时间、范围等方面保持口径一致。

③ 衡量标准的科学性。运用比率分析,需要选用一定的标准与之对比,以便对酒店的财务状况做出评价。通常而言,科学合理的对比标准有:预定目标,如预算指标、设计指标、定额指标及理论指标等;历史标准,如上期实际、上年同期实际、历史先进水平以及有典型意义时期的实际水平等;行业标准,如主管部门或行业协会颁布的技术标准、国内外同类酒店的先进水平、国内外同类酒店的平均水平;公认标准;等等。

2.3　因素分析法

因素分析法是依据分析指标与影响因素的关系,从数量上确定各因素对分析指标影响方向和影响程度的一种方法。采用这种方法的出发点在于,当有若干因素对分析指标发生影响作用时,假定其他各个因素都无变化,顺序确定每一个因素单独变化所产生的影响。

因素分析法有两种:一是连环替代法;二是差额分析法。

1. 连环替代法

连环替代法是将分析指标分解为各个可以计量的因素,并根据各个因素之间的依存关系,顺次用各因素的比较值(通常为实际值)替代基准值(通常为标准值或目标值),据以测定各因素对分析指标的影响。

例 8-3　某酒店餐饮部 2018 年 10 月有关餐具损耗资料如表 8-4 所示。运用连环替代法计算各因素对餐具损耗额的影响。

表 8-4　某酒店 2018 年 10 月餐具损耗　　　　　　　　　　　　　　　元

项　目	目标数	实际数	差异数
营业收入额	1 500 000	1 600 000	+100 000
餐具损耗率/%	0.3	0.4	+0.1
餐具损耗额	4 500	6 400	+1 900

第一步:确定餐具目标损耗额。

1 500 000 ×0.3% =4 500(元)　　　　　　　　　　　　　　　　　　　①

第二步:逐项替代,先替代营业收入(假设餐具损耗率不变)。

1 600 000 ×0.3% =4 800(元)　　　　　　　　　　　　　　　　　　　②

再替代餐具损耗率(假设营业收入不变)。

1 600 000 ×0.4% =6 400(元)　　　　　　　　　　　　　　　　　　　③

第三步:分析各因素对餐具损耗的影响程度。

由于营业收入额变动的影响②-①:

4 800 -4 500 =300(元)

由于餐具损耗率变动的影响③-②:

6 400 -4 800 =1 600(元)

第四步:计算两个因素共同影响下的餐具损耗额。

300 +1 600 =1 900(元)

由此可见,餐具损耗率因素对餐具损耗额影响较大,酒店应予以重点关注。

运用连环替代法时应注意:在数量因素和质量因素同时存在时,应先替代数量因素,后替代质量因素;在只有数量因素或只有质量因素时,应先替代有利因素,后替代不利因素;在有多种数量因素和质量因素时,应先替代主导因素,后替代派生因素。不得任意变更替代顺序,否则容易导致错误的结论。

2. 差额分析法

差额分析法是连环替代法的一种简化形式,它是利用各个因素的比较值与基准值之间的差额,计算各因素对分析指标的影响。

例8-4　接例8-3的资料,运用差额分析法的计算结果如下。

由于营业收入变动而影响餐具损耗额为:

$(1\ 600\ 000-1\ 500\ 000)\times 0.3\%=300(元)$

由于餐具损耗率变动而影响餐具损耗额为:

$1\ 600\ 000\times(0.4\%-0.3\%)=1\ 600(元)$

两个因素共同影响,使餐具损耗额发生的差异为:

$300+1\ 600=1\ 900(元)$

因素分析法既可以全面分析各因素对某一经济指标的影响,也可以单独分析某个因素对某一经济指标的影响,在财务分析中应用颇为广泛。但在实际应用时必须注意以下几个问题。

① 因素分解的关联性。即确定构成经济指标的因素,必须是客观上存在着因果关系,要能够反映形成该项指标差异的内在构成原因,否则就失去了其存在的价值。

② 因素替代的顺序性。替代因素时,必须按照各因素的依存关系,排列成一定的顺序并依次替代,不可随意加以颠倒,否则就会得出不同的计算结论。一般而言,确定正确排列因素替代顺序的原则是按分析对象的性质,从诸多因素相互依存关系出发,并使分析结果有助于分清责任。

③ 顺序替代的连环性。因素分析法在计算每一个因素变动的影响时,都是在前一次计算的基础上进行,并采用连环比较的方法确定因素变化影响结果。因为只有保持计算程序上的连环性,才能使各因素影响之和等于分析指标变动的差异,以全面说明分析指标变动的原因。

④ 计算结果的假定性。由于因素分析法计算的各因素变动的影响数,会因替代计算顺序的不同而有差别,因而计算结果不免带有假定性,即它不可能使每个因素计算的结果都达到绝对的准确。它只是在某种假定前提下的影响结果,离开了这种假定前提条件,也就不会是这种影响结果。为此,分析时应力求使这种假定是合乎逻辑的假定,是具有实际经济意义的假定。这样,计算结果的假定性才不至于妨碍分析结果的有效性。

项目2　酒店财务分析指标

　　财务报表中有大量的数据,可以根据需要计算出很多有意义的比率,这些比率涉及酒店经营管理的各个方面。酒店财务比率分析主要有四个方面的内容,分别衡量酒店的偿债能力、营运能力、盈利能力、发展能力。以上四个方面的内容相互联系、互相补充,对酒店的财务状况、经营成果、现金流量及市场发展前景进行了全面地描述和综合分析,以满足不同使用者的需要。

　　为了便于说明问题,本项目各财务比率的计算将主要以某酒店数据资料为实例,该酒店的资产负债表和利润表如表8-5、表8-6所示。

表 8-5　资产负债表

编制单位：某酒店　　　　　　　　　　　2018 年 12 月 31 日　　　　　　　　　　　　　　万元

资　　产	年初数	年末数	负债及所有者权益	年初数	年末数
流动资产：			流动负债：		
货币资金	325	350	短期借款	17	30
交易性金融资产	12	10	交易性金融负债		
应收票据	11	8	应付票据	150	160
应收账款	199	228	应付账款	255	320
预付账款	4	22	预收账款	40	52
其他应收款	22	23	应付职工薪酬		24
存货	126	90	应交税费	3	5
一年内到期的非流动资产			应付利息	2	4
流动资产合计	699	731	应付股利		
非流动资产：			其他应付款	160	160
可供出售金融资产	50		一年内到期的非流动负债		
持有至到期投资			流动负债合计	627	755
长期应收款			非流动负债：		
长期股权投资	100	140	长期借款	50	150
投资性房地产			应付债券		
固定资产	960	1 230	长期应付款		
在建工程			专项应付款		
工程物资			预计负债		
固定资产清理			递延所得税负债		
无形资产	23	21	非流动负债合计	50	150
商誉			负债合计	677	905
长期待摊费用	10	8	所有者权益：		
递延所得税资产			实收资本（或股本）	1 000	1 000
其他非流动资产			资本公积	20	20
非流动资产合计	1 143	1 399	盈余公积	35	45
			未分配利润	110	160
			所有者权益合计	1 165	1 225
资产合计	1 842	2 130	负债及所有者权益合计	1 842	2 130

表 8-6　利润表

编制单位:某酒店　　　　　　　　　　　　2018 年度　　　　　　　　　　　　　　　　万元

项　目	上年实际	本年累计
一、主营业务收入	1 850	2 000
客房	1 086	1 230
餐饮	666	665
其他	98	105
减:主营业务成本	260	276
客房	17	19
餐饮	220	232
其他	23	25
减:营业税金及附加	98	91
二、主营业务利润	1 492	1 633
加:其他业务利润		
减:营业费用	687	719
管理费用	340	355
财务费用	36	38
三、营业利润	429	521
加:投资收益	24	30
营业外收入	4	2
减:营业外支出	1	
四、利润总额	456	553
减:所得税	114	138
五、净利润	342	415

任务 1　偿债能力分析指标

偿债能力是酒店对债务清偿的承受能力或保证程度。酒店债务偿付的压力主要来自于两个方面:一是一般债务本息的偿还,如各种长短期借款、应付债券、长期应付款及各种短期结算业务等;二是纳税义务的依法履行。该指标反映了酒店财务状况的好坏,由于经营的需要,酒店在经营过程中需要承担一定的负债。按债务偿还期限的不同(通常以一年为限),酒店偿债能力可分为短期偿债能力和长期偿债能力。

1.1　短期偿债能力

短期偿债能力是指酒店以流动资产支付流动负债的能力,因此,一般又称之为支付能力。短期偿债能力的大小不仅是酒店履行短期债务能力的一个标志,也可以反映酒店营运能力的大小。酒店短期偿债能力一般取决于营运资金的多少和资产变现速度的快慢。短期偿债能力的指标主要有流动比率、速动比率、现金比率等。

1. 流动比率

流动比率是流动资产与流动负债的比值。它表明酒店每 1 元流动负债有多少流动资产作为偿还的保证,反映酒店运用可在短期内转变为现金的流动资产偿还到期流动负债的能力。其计算公式如下。

$$流动比率 = \frac{流动资产}{流动负债}$$

一般认为,酒店合理的最低流动比率为2。这是因为流动资产中变现能力最差的存货金额约占流动资产总额的一半,剩下的流动性较大的流动资产至少要等于流动负债,企业的短期偿债能力才会有保证。计算出来的流动比率,只有和同行业平均流动比率、本酒店历史的流动比率进行比较,才能知道这个比率是高还是低。到底保持何种水平的流动比率,主要视酒店对待风险和收益的态度而定。

具体运用流动比率时,需要注意以下几个问题。第一,虽然流动比率越高,说明企业偿还短期债务的流动资产保证程度越高,但这并不等于说酒店已有足够的现金或银行存款用来偿债。流动比率高也可能是存货积压、应收账款增多或待摊费用及待处理财产损失增加所致,而真正可用来偿债的现金和存款可能严重短缺。第二,从短期债权人的角度看,流动比率越高越好,但从酒店经营角度看,过高的流动比率意味着资金的闲置,因此,酒店应尽可能将流动比率维持在不使货币资金闲置的水平。第三,评价流动比率的合理性,应针对酒店的实际情况做出判断,不应片面使用统一的标准来评价不同酒店的流动比率是否合理。第四,流动比率指标计算所需报表数据的真实性和可靠性至关重要,分析流动比率时应当剔除虚假因素的影响,以免得出错误的结论。

2. 速动比率

流动比率虽然可以用来评价酒店流动资产总体的变现能力,但人们还希望获得比流动比率更进一步的有关比率指标,这个指标被称为速动比率。

速动比率又称酸性试验比率,是速动资产与流动负债的比值。它表明酒店每1元流动负债有多少速动资产作为偿还的保证。其计算公式如下。

$$速动比率 = \frac{速动资产}{流动负债} = \frac{流动资产 - 存货}{流动负债}$$

通常认为正常的速动比率为1,低于1的速动比率被认为是短期偿债能力偏低。这仅仅是一般的看法,因为行业不同,速动比率会有很大差别,没有统一的、标准的速动比率。例如,采用大量现金销售的商店,几乎没有应收账款,大大低于1的速动比率则是很正常的;相反,一些应收账款较多的酒店,速动比率可能要大于1。

影响速动比率可信性的重要因素是应收账款的变现能力。账面上的应收账款不一定都能变成现金,实际坏账可能比计提的准备要多;季节性的变化,可能使报表的应收账款数额不能反映平均水平。由于各行业之间的差别,在计算速动比率时,除扣除存货以外,还可以从流动资产中去掉其他一些可能与当期现金流量无关的项目(如待摊费用等),以计算更进一步的变现能力,即保守速动比率(或称超速动比率)。其计算公式如下。

$$保守速动比率 = \frac{现金 + 短期证券 + 应收账款净额}{流动负债}$$

在分析时需要注意的是,尽管速动比率比流动比率更能反映出流动负债偿还的安全性和稳定性,但并不能认为速动比率较低时酒店的流动负债到期绝对不能偿还。实际上,如果酒店存货流转顺畅,变现能力较强,即使速动比率较低,只要流动比率高,仍然有希望偿还到期债务。

3. 现金比率

现金比率是指酒店现金类资产与流动负债的比值。它表明酒店的即时偿债能力。其计算公式如下。

$$现金比率 = \frac{货币资金 + 短期有价证券}{流动负债}$$

计算现金比率以评价和分析酒店短期偿债能力的原因在于,速动资产中的应收账款存在发生坏账的可能性,某些到期的账款也不一定能够及时收回,这势必影响到酒店偿债能力的准确评定。基于以上考虑,当分析者怀疑应收账款的变现能力时,可以用现金比率直接说明问题。

在酒店的流动资产中,现金和有价证券的变现能力最强,如无意外,可以百分之百的保证相等数额的短期负债的偿还。因此,与流动比率和速动比率相比,用现金比率来衡量酒店短期偿债能力更为保险。如果现金比率过低,说明酒店应急能力差,短期偿债风险高;现金比率越高,说明酒店应急能力越强,到期偿债能力越强。但是,也不能认为该指标越高越好,现金比率过高,可能是酒店拥有大量不能盈利的现金所致,必然会增加持有现金的机会成本。因此,现金比率以适度为好,既要保证短期债务偿还的现金需要,又要尽可能降低多持有现金的机会成本。一般来说,现金比率在0.2以上为好。

某酒店短期偿债指标的计算结果如表8-7所示。

表8-7 某酒店短期偿债能力指标计算

指标名称	计算结果	数据来源说明
流动比率	0.97	表8-5中"流动资产"期末合计数与"流动负债"期末合计数之比
速动比率	0.85	表8-5中"流动资产"期末合计数扣除"存货"后的金额与"流动负债"期末合计数之比
现金比率	0.48	表8-5中"货币资金"与"交易性金融资产"金额合计与"流动负债"期末合计数之比

1.2 长期偿债能力

长期偿债能力是指酒店偿还长期债务的能力。酒店对一笔债务有到期偿还本金和利息的义务,分析某酒店的长期偿债能力,主要是为了确定该酒店偿还债务的本金和利息的能力。长期偿债能力分析主要是通过财务报表所示数据来分析权益和资产间的关系及权益间的内在关系,通过计算出一系列比率,来分析酒店的资本结构是否合理,评价酒店的长期偿债能力。

1. 资产负债率

资产负债率是负债总额与资产总额的比率,即1元资产所承担的负债数额。它是衡量负债偿还保证的指标,换而言之,该比率反映在酒店总资产中有多少是通过举债获得的,同时也是衡量酒店在清算时保护债权人利益的程度的指标。其计算公式如下。

$$资产负债率 = \frac{负债总额}{资产总额} \times 100\%$$

这个指标反映债权人所提供的资本占全部资本的比例。这个指标也被称为举债经营比率。它有以下几个方面的含义。

① 从债权人的角度看，他们关注的是借出资金的安全程度，即能否按期收回本金和利息。如果股东提供的资金与酒店资金总额相比，只占较小的比例，则表明酒店的风险将主要由债权人负担，对债权人不利，因此债权人希望酒店负债比率越低越好。

② 从股东的角度看，由于酒店借入资金与股东提供的资金在经营中发挥同样的作用，所以他们关心的是全部资金利润率是否超过借入资金的利息率。如果资金利润率超过借款利息率，不仅会使股东利润增加，还可以在付出有限代价的条件下保持对酒店的控制权；相反，如果资金利润率低于借款利息率，则对股东不利，因为借入资金的利息要用股东所得的利润来弥补。因此，对股东而言，在全部资金利润率高于借款利息率时，负债比率越大越好，反之亦然。

③ 从经营者角度看，如果负债比率很高，超出债权人心理承受程度，会导致酒店筹资困难；如果负债比率过低，则说明酒店畏缩不前，利用负债资金进行经营活动的能力差。因此，经营者在进行负债比率决策时，应当根据需要和可能，充分估计预期利润和风险并在两者之间进行权衡。

2. 产权比率

产权比率是衡量酒店长期偿债能力的又一重要指标，它是指酒店负债总额与股东权益总额之比。它反映了债权人提供的资本与股东提供的资本的比例关系，是酒店财务结构稳健的标志，说明了债权人投入资本受到股东权益保障的程度。该比率也被称为债务股权比率。其计算公式如下。

$$产权比率 = \frac{负债总额}{股东权益总额} \times 100\%$$

该项指标反映酒店基本财务结构是否稳定。一般而言，产权比率高是高风险、高报酬的财务结构；产权比率低是低风险、低报酬的财务结构。产权比率这个指标的评价标准一般不应小于1。产权比率小说明股东权益较大，尽管这能够使得酒店的长期偿债能力提高，但可直接影响酒店负债的财务杠杆效应。在评价负债与股东权益比率时，除应考虑偿债能力外，也要注重其获利能力，即在保障债务偿还能力情况下，注意提高其获利能力。

该指标同时也表明债权人的资本受到股东权益保障的程度，或者说是酒店清算时对债权人利益的保障程度。因为只有在债权人被清偿后，股东或酒店所有者才能获得清偿。

3. 权益乘数

权益乘数是资产总额与所有者权益（股东权益）总额之比，反映酒店负债程度情况的指标。其计算公式如下。

$$权益乘数 = \frac{资产总额}{所有者权益总额}$$

一般情况下，权益乘数越大，表明酒店的负债程度越高，股东投入的资本在资产中所占比重越小，酒店财务风险越大；反之，权益乘数越小，酒店财务风险越低，对债权人利益有较大的保障。

4. 已获利息倍数

已获利息倍数又称利息保障倍数,是指酒店一定时期内息税前利润与债务利息之比。它是酒店偿付借款利息的承担能力和保证程度的指标,可以用这个指标估算债权人投入资本的风险。其计算公式如下。

$$已获利息倍数 = \frac{息税前利润}{利息费用}$$

已获利息倍数不仅反映酒店获利能力的大小,而且反映获利能力对偿还到期债务的保障程度。它既是酒店举债经营的前提条件,也是衡量酒店长期偿债能力大小的重要标志。要使酒店维持正常的偿债能力,已获利息倍数至少应大于1,而且比值越高,酒店长期偿债能力一般也就越强。如果已获利息倍数小于1,酒店将面临亏损、偿债的安全性与稳定性下降的风险。

5. 有形净值债务率

有形净值债务率是酒店负债总额与有形净值的百分比。有形净值是股东权益减去无形资产净值后的净值,即股东具有所有权的有形资产净值。其计算公式如下。

$$有形净值债务率 = \frac{负债总额}{股东权益总额 - 无形资产净值} \times 100\%$$

有形净值债务率指标实质上是产权比率指标的延伸,是更为谨慎、保守地反映在酒店清算时债权人投入的资本受到股东权益的保障程度。从长期偿债能力来讲,该比率越低越好。

某酒店长期偿债能力指标计算结果如表8-8所示。

表8-8 某酒店长期偿债能力指标计算

指标名称	计算结果	数据来源说明
资产负债率	42.49%	表8-5中"负债合计"期末数与"资产合计"期末数之比
产权比率	73.88%	表8-5中"负债合计"期末数与"所有者权益合计"期末数之比
权益乘数	1.74	表8-5中"资产合计"期末数与"所有者权益合计"期末数之比
已获利息倍数	15.55	表8-6中"本年利润"本年数和"财务费用"本年数合计金额与"财务费用"本年数之比(假设财务费用即是利息费用)
有形净值债务率	75.17%	表8-5中"负债合计"期末数除以"所有者权益合计"期末数与"无形资产"期末数之差

任务2 营运能力分析指标

评价酒店营运能力主要是通过计算资产管理比率来进行的。资产管理比率是用来衡量酒店在资产管理方面的效率的财务比率,是指通过酒店生产经营资金周转速度的有关指标所反映出来的酒店资金利用的效率,表明酒店管理人员经营管理、应用资金的能力。酒店生产经营资金周转速度越快,表明酒店资金利用的效果越好,效率越高,酒店管理人员的经营能力越强。营运能力评价指标主要包括存货周转率、应收账款周转率、流动资产周转率、固定资产周转率和总资产周转率。

2.1　存货周转率

存货周转率是衡量和评价酒店购入存货、生产、销售、收回现金等各个环节管理状况的综合性指标。它是销售成本与平均存货之比,反映在一定时期内酒店存货资产的周转次数。用时间表示的存货周转率就是存货周转天数。其计算公式如下。

$$存货周转率 = \frac{营业成本}{存货平均余额}$$

$$存货周转天数 = \frac{360}{存货周转率}$$

公式中的营业成本数据来自利润表,存货平均余额来自资产负债表中的"期初存货"与"期末存货"的算数平均数。

一般来讲,存货周转速度越快,存货的占用水平越低,流动性越强,存货转换为现金或应收账款的速度越快。提高存货周转率可以提高酒店的变现能力,而存货周转速度越慢则变现能力越差。存货周转分析的目的是从不同的角度和环节上找出存货管理中的问题,使存货管理在保证生产经营连续性的同时,尽可能少占用资金,提高资金的使用效率,增强酒店短期偿债能力,促进酒店管理水平的提高。

2.2　应收账款周转率

应收账款和存货一样,也是流动资产中的重要组成部分,及时收回应收账款,可以增强酒店的短期偿债能力,也能反映出应收账款管理方面的效率。反映应收账款速度的指标是应收账款周转率,即年度内应收账款转为现金的平均次数。用时间表示的周转速度是应收账款周转天数,也称为平均收现期,它表示酒店从赊销产品到收回款项,转化为现金需要的时间。应收账款周转率是指赊销收入净额与应收账款平均余额之比。其计算公式如下。

$$应收账款周转率 = \frac{赊销收入净额}{应收账款平均余额}$$

$$应收账款周转天数 = \frac{360}{应收账款周转率}$$

公式中的"赊销收入净额"数据来自利润表,是指扣除折扣和折让后的赊销净额。"应收账款平均余额"是指未扣除坏账准备的应收账款金额,它是资产负债表中"期初应收账款余额"与"期末应收账款余额"的算术平均数。

一般来说,应收账款周转率越高,平均收账期越短,说明应收账款的收回越快。否则,酒店的营运资金会过多地呆滞在应收账款上,影响正常的资金周转。

2.3　流动资产周转率

酒店流动资产使用效率的高低,管理的好坏,主要体现在流动资产周转率上。在对流动资产构成因素,如存货、应收账款的分析基础上,对其整体的周转状况加以分析。流动资产周转率是销售收入净额与全部流动资产的平均余额的比值,它反映酒店在一定时期流动资产可以周转的次数。用时间表示的流动资产周转率是流动资产周转天数。其计算公式如下。

$$流动资产周转率 = \frac{销售收入净额}{流动资产平均余额}$$

$$流动资产周转天数 = \frac{360}{流动资产周转率}$$

其中

$$流动资产平均余额 = (年初流动资产 + 年末流动资产) \div 2$$

流动资产周转率反映流动资产的周转速度。周转速度快,会相对节约流动资产,等于相对扩大资产投入,增强酒店盈利能力;而延缓周转速度,需要补充流动资产参加周转,形成资金浪费,降低酒店盈利能力。

2.4 固定资产周转率

固定资产在酒店总资产中占很大一部分,固定资产的使用效率及管理程度,直接影响酒店流动资产的投资规模和使用效率,从而也就影响酒店获利能力的提高和偿债能力的增强。因此,要想对资金周转状况进行全面分析,必须对固定资产周转状况进行分析。

固定资产周转率是衡量酒店资金周转状况的一个重要指标,它是指酒店销售收入净额与平均固定资产净值的比值。其计算公式如下。

$$固定资产周转率 = \frac{销售收入净额}{平均固定资产净值}$$

$$固定资产周转天数 = \frac{360}{固定资产周转率}$$

其中

$$平均固定资产净值 = (年初固定资产净值 + 年末固定资产净值) \div 2$$

固定资产周转率高,表明酒店固定资产利用充分,固定资产投资得当,结构合理,能够充分发挥效率;反之,则表明固定资产利用效率不高,提供的生产成果不多,酒店营运能力不强。

运用固定资产周转率时,需要考虑固定资产净值因计提折旧而不断减少或因更新重置而突然增加的影响。此外,固定资产净值的变化会因采用的折旧方法不同而产生人为差异,从而导致该指标缺乏可比性。

2.5 总资产周转率

总资产周转率集中反映了总资产的周转状况,它是指销售收入净额与总资产平均余额的比值。其计算公式如下。

$$总资产周转率 = \frac{销售收入净额}{总资产平均余额}$$

$$总资产周转天数 = \frac{360}{总资产周转率}$$

其中

$$总资产平均余额 = (年初资产总额 + 年末资产总额) \div 2$$

总资产周转率高,表明酒店全部资产的使用效率高,营运能力强;反之,则表明资产使用效率差,营运能力差,最终会影响酒店的盈利能力。

总之,各项资产的周转指标用于衡量酒店资产管理的效率及运用资产赚取利润的能力。经常把反映资产使用效率的指标和反映盈利能力的指标结合在一起使用,可以全面评价酒店的盈利能力。某酒店营运能力分析指标计算结果如表8-9所示。

表8-9 某酒店营运能力分析指标计算

指标名称	计算结果	数据来源说明
存货周转率	2.56	表8-6中"主营业务成本"本年数与表8-5中"存货"平均余额之比
存货周转天数	140.62	360÷2.56
应收账款周转率	9.37	表8-6中"主营业务收入"本年数与表8-5中"应收账款"平均余额之比
应收账款周转天数	38.42	360÷9.37
流动资产周转率	2.80	表8-6中"主营业务收入"本年数与表8-5中"流动资产合计"平均余额之比
流动资产周转天数	128.57	360÷2.80
固定资产周转率	1.83	表8-6中"主营业务收入"本年数与表8-5中"固定资产"平均余额之比
固定资产周转天数	196.72	360÷1.83
总资产周转率	1.01	表8-6中"主营业务收入"本年数与表8-5中"资产合计"平均余额之比
总资产周转天数	356.44	360÷1.01

任务3 盈利能力分析指标

盈利能力就是酒店赚取利润的能力。不论是投资人、债权人还是酒店经理人员,都日益重视和关心酒店的盈利能力。

一般来说,酒店的盈利能力只涉及正常的营业状况。非正常的营业状况,也会给酒店带来收益或损失,但只是特殊情况下的个别结果,不能说明酒店的能力。因此,在分析酒店盈利能力时,应当排除证券买卖等非正常项目、已经或将要停止的营业项目、重大事故或法律更改等特别项目、会计准则和财务制度变更带来的累积影响等因素。

反映酒店盈利能力的指标很多,通常使用的主要有销售毛利率、销售净利率、成本费用利润率、总资产净利率、净资产收益率等。如果酒店是上市公司还可使用每股收益、市盈率、市净率等指标评价酒店的市场价值。

3.1 销售毛利率

销售毛利率是毛利与销售收入的比率。它反映酒店销售收入的收益水平,可用来评价酒店通过销售赚取利润的能力。其计算公式如下。

$$销售毛利率 = \frac{销售收入 - 销售成本}{销售收入} \times 100\% = \frac{销售毛利}{销售收入} \times 100\%$$

销售毛利率表示每1元的销售收入扣除销售成本后,有多少可以用于各项期间费用及形成盈利。销售毛利率是酒店销售净利率的最初基础,没有足够大的毛利率酒店便不能盈利。由于没有考虑期间费用,所以对于管理成本较高的餐饮酒店,这一指标只能作为参考。

3.2 销售净利率

销售净利率是指净利润与销售收入的比率。其计算公式如下。

$$销售净利率 = \frac{净利润}{销售收入} \times 100\%$$

该指标反映每1元销售收入带来的净利润的多少,表示销售收入的收益水平。从销售净利率的指标关系看,净利润与销售净利率成正比关系,而销售收入额与销售净利率成反比关系。酒店在增加销售收入的同时,必须相应地获得更多的净利润,才能使销售净利率保持不变或有所提高。通过分析销售净利率的升降变动,可以促使酒店在扩大销售的同时,注意改进经营管理,提高盈利水平。

3.3 成本费用利润率

成本费用利润率是指酒店一定时期的利润总额与成本费用总额的比率。它反映酒店生产经营中发生的耗费与获得的收益之间的比例关系,不仅可以评价酒店获利能力的高低,也可以评价酒店对成本费用的控制能力和经营管理水平。其计算公式如下。

$$成本费用利润率 = \frac{利润总额}{成本费用总额} \times 100\%$$

成本费用总额是酒店为获取利润而付出的代价,主要包括销售成本、税金及附加和期间费用等。成本费用利润率越高,说明酒店为获取收益而付出的代价越小,酒店的获利能力越强,成本费用管理水平越高。

3.4 总资产净利率

总资产净利率又称投资报酬率,是酒店一定时期的净利润与平均资产总额的比率。它反映酒店总资产的综合利用效率。其计算公式如下。

$$总资产净利率 = \frac{净利润}{平均资产总额} \times 100\%$$

其中

$$平均资产总额 = (年初资产总额 + 年末资产总额) \div 2$$

把酒店一定期间的净利润与酒店的平均资产总额比较,可以看出该酒店资产利用的效果。一般来说,总资产净利率越高,说明资产利用的效率越高,即酒店在增收节支方面取得了很大的效果;反之,则说明资产的利用效率低。

总资产净利率可以综合反映酒店资产利用效果,酒店的净利润的多少与酒店资产的多少、资产的结构、管理水平高低直接相关。影响总资产净利率的高低的主要因素有:产品的价格、成本的高低、产销量、固定资产的数量等。为了正确使用该指标,应将其与行业平均水平或先进水平比较,或是与本酒店的历史水平比较,并分析形成差距的原因,以便加强管理,提高经济效益。

3.5 净资产收益率

净资产收益率又称权益净利率,是酒店一定时期的净利润与平均净资产的比率。它反映投资者投入酒店的权益资本及其积累获取净收益的能力,是评价酒店资本经营效益的核心指标。其计算公式如下。

$$净资产收益率 = \frac{净利润}{平均净资产} \times 100\%$$

其中

$$平均净资产 = (年初所有者权益 + 年末所有者权益) \div 2$$

净资产收益率是反映酒店获利能力的一个重要指标,有很强的综合性。一般来说,净资产收益率越高,说明权益性资本的获利能力越强。在运用该指标进行财务分析时,是把净资产(所有者权益)作为一个整体来考察的,一般不单独考察其中的某一部分,以免对指标数值产生不良影响。

某酒店盈利能力分析指标计算结果如表 8 – 10 所示。

表 8 – 10　某酒店盈利能力分析指标计算

指标名称	计算结果	数据来源说明
销售毛利率	86.20%	表 8 – 6 中"主营业务收入"本年数与"主营业务成本"本年数之差与"主营业务收入"本年数之比
销售净利率	20.75%	表 8 – 6 中"净利润"本年数与"主营业务收入"本年数之比
成本费用利润率	37.39%	表 8 – 6 中"利润总额"本年数除以"主营业务成本""营业税金及附加"、期间费用本年数合计
总资产净利率	20.90%	表 8 – 6 中"净利润"本年数与表 8 – 5 中"资产合计"平均数之比
净资产收益率	34.73%	表 8 – 6 中"净利润"本年数与表 8 – 5 中"所有者权益合计"平均数之比

3.6　每股收益

每股收益是指本年净收益与年末发行在外的普通股股数的比值。它反映普通股的获利水平。其计算公式如下。

$$每股收益 = \frac{净利润 - 优先股股利}{年末发行在外的普通股股数}$$

每股收益是衡量上市酒店盈利能力的最重要的财务指标。在分析时,可以进行酒店之间的比较,以评价该酒店的相对盈利能力;可以进行不同时期的比较,了解该酒店盈利能力的变化趋势;可以进行经营实绩和盈利预测的比较,掌握该酒店的管理能力。

3.7　市盈率

市盈率是股票每股市价与每股收益的比值,是投资者判断股票潜在价值的指标。它表明投资者每获 1 元收益所需付出的投资代价,因此比值越小,投资性越强。其计算公式如下。

$$市盈率(倍数) = \frac{普通股每股市价}{普通股每股收益}$$

市盈率是市场对公司的共同期望指标,市盈率越高,表明市场对公司的未来越看好。在市价确定的情况下,每股收益越高,市盈率越低,投资风险越小;反之亦然。在每股收益确定的情况下,市价越高,市盈率越高,风险越大;反之亦然。仅从市盈率高低的横向比较看,高市盈率说明公司能够获得社会信赖,具有良好的前景;反之亦然。由于一般的期望报酬率为 5%~10%,所以正常的市盈率为 10~20 倍。

3.8 市净率

把每股净资产和每股市价联系起来,可以说明市场对酒店资产质量的评价。反映每股市价和每股净资产关系的比值称为市净率。其计算公式如下。

$$每股净资产 = \frac{期末股东权益}{期末普通股股数}$$

$$市净率(倍数) = \frac{每股市价}{每股净资产}$$

市净率可用于投资分析。投资者认为,市净率大于 1 时,酒店资产的质量好,有发展潜力;反之则资产质量差,没有发展前景。优质股票的市价都超出每股净资产许多,一般来说市净率达到 3 时可以树立较好的酒店形象。

例 8-5 假定某酒店 2018 年 12 月累计发行在外的普通股股数为 800 万股,12 月 31 日每股市价为 21 元,酒店未发行优先股。请计算该酒店每股收益、市盈率及市净率指标。

① 每股收益计算如下。

表 8-6 中该酒店净利润为 415 万元,所以有:

每股收益 =415÷800≈0.52(元)

② 市盈率 =21÷0.52≈40.38(倍)

③ 市净率计算如下。

每股净资产 =1 225÷800=1.53(元)

市净率 =21÷1.53≈13.73(倍)

任务4 发展能力分析指标

发展能力是酒店在生产经营活动中所表现出的增长能力,如盈利的持续增长、经营规模的不断扩大、市场竞争力的增强等。评价酒店发展能力的指标主要包括盈利增长能力分析、资产增长能力分析及资本增长能力分析三个方面。

4.1 盈利增长能力分析

盈利增长能力分析指标主要包括营业收入增长率、净利润增长率、营业利润增长率和营业收入三年平均增长率等。

1. 营业收入增长率

营业收入增长率是指酒店本年营业收入增长额与上年营业收入总额的比率,是评价酒店成长状况和发展能力的重要指标。其计算公式如下。

$$营业收入增长率 = \frac{本年营业收入增长额}{上年营业收入总额} \times 100\%$$

营业收入增长率指标大于0,说明酒店本年营业收入有增长,指标越高,表明收入增长速度越快,酒店未来发展前景越好;若该指标小于0,则说明酒店获取收入的能力在下降,未来发展前景不好,有可能是市场不景气或酒店产品服务质量不佳等原因。

2. 净利润增长率

净利润增长率是指酒店本年净利润增长额与上年净利润总额的比率,是用于评价酒店发展能力的指标。其计算公式如下。

$$净利润增长率 = \frac{本年净利润增长额}{上年净利润总额} \times 100\%$$

该指标越高,说明酒店经营效益越好,发展潜力巨大。当然,在计算该指标时,不同酒店因为享受的所得税税率不同而导致净利润增长率指标不同,对此应做具体分析,不能一概而论。

3. 营业利润增长率

营业利润增长率是指酒店本年营业利润增长额与上年营业利润总额的比率,是衡量酒店经营效益的指标,反映了在不考虑非经营利益所得情况下,酒店管理层通过经营获得利润的能力及未来发展潜力。其计算公式如下。

$$营业利润增长率 = \frac{本年营业利润增长额}{上年营业利润总额} \times 100\%$$

营业利润增长率越高,说明酒店产品适销对路,盈利能力强,未来发展前景广阔;如果该指标太低,则酒店应考虑调整产品或服务结构,以扩大市场规模,提升盈利能力以获得长期发展能力。

4. 营业收入三年平均增长率

营业收入三年平均增长率是指酒店营业收入连续三年的增长情况,反映了酒店的持续发展趋势和市场扩张能力,也是衡量上市公司的持续盈利能力。其计算公式如下。

$$营业收入三年平均增长率 = \left(\sqrt[3]{\frac{本年营业收入总额}{三年前营业收入总额}} - 1 \right) \times 100\%$$

营业收入三年平均增长率指标能反映酒店的主营业务增长趋势和稳定程度,说明酒店的持续发展态势和市场扩张能力的强弱,以避免因少数年份业务波动而对酒店发展潜力做出错误判断。一般而言,该指标越高,说明酒店的市场扩张能力越强。分析该指标时应注意,导致增长的因素是主营业务还是临时投资,以防止酒店利用非主营业务利润的提升掩盖持续发展能力的不足。

例8-6 假定某酒店2015年营业收入总额为1 540万元,其他数据资料见表8-6。试计算该酒店盈利增长能力各项指标。

$$营业收入增长率 = \frac{2\,000 - 1\,850}{1\,850} \times 100\% \approx 8.11\%$$

$$净利润增长率 = \frac{415 - 342}{342} \times 100\% \approx 21.35\%$$

$$营业利润增长率 = \frac{521 - 429}{429} \times 100\% \approx 21.45\%$$

$$营业收入三年平均增长率 = \left(\sqrt[3]{\frac{2\,000}{1\,540}} - 1 \right) \times 100\% \approx 9.10\%$$

4.2　资产增长能力分析

资产增长能力反映酒店资产规模扩张的能力,常用分析指标为总资产增长率。

总资产增长率是本年总资产增长额与年初资产总额的比率,是衡量酒店本期资产规模增长情况的指标。其计算公式如下。

$$总资产增长率 = \frac{本年总资产增长额}{年初资产总额} \times 100\%$$

总资产增长率越高,说明酒店一定时期内资产经营规模扩张的速度越快。但要注意的是,资产规模扩张的质量和数量的关系,不能为追求数量的增长而忽略了酒店后续发展能力的积淀。

4.3　资本增长能力分析

资本增长能力反映酒店资本保值及增值能力,常用分析指标主要包括资本积累率、资本保值增值率和资本三年平均增长率等。

1. 资本积累率

资本积累率是酒店本年股东权益增长额与年初股东权益总额的比率,反映酒店资本金的积累能力,是用于评价酒店发展潜力的重要指标。其计算公式如下。

$$资本积累率 = \frac{本年股东权益增长额}{年初股东权益总额} \times 100\%$$

该指标说明了酒店当年资本的积累能力,反映投资者投入酒店资本的保值性和增值能力。该指标值越高,说明酒店资本积累越多,酒店资本保值性越强,应对风险及持续发展能力越大;如该指标为负数,说明酒店资本出现流失情况,管理层应予以重视。

2. 资本保值增值率

资本保值增值率是酒店年末所有者权益与年初所有者权益的比率,它反映酒店资本保全和增值状况,是评价酒店财务效益状况的辅助指标。其计算公式如下。

$$资本保值增值率 = \frac{年末所有者权益}{年初所有者权益} \times 100\%$$

资本保值增值率是根据"资本保全"原则设计的指标,充分体现了对所有者权益的保护,能够及时、有效地发现侵蚀所有者权益的现象。如果资本保值增值率为100%就是保值;如果大于100%就是增值;如果小于100%就是减值。对投资者来说,减值就意味着投资权益的损失;对债权人来说,持续的减值将会影响酒店的偿债能力,并降低债权人利益的保障程度;对酒店的经营者来说,减值就说明自己的受托责任没有完成,并因此会影响激励利益的水平。所以,对各种报表的使用者来说,都不希望出现资本的减值。

3. 资本三年平均增长率

资本三年平均增长率表示酒店资本连续三年的积累情况,在一定程度上反映了酒店的持续发展水平和发展趋势。其计算公式如下。

$$资本三年平均增长率=\left(\sqrt[3]{\frac{本年末所有者权益总额}{三年前所有者权益总额}}-1\right)\times100\%$$

该指标越高,说明酒店所有者权益获得的保障程度越高,酒店可以长期使用的资金越充足,抗风险能力和持续发展能力越强。通过该指标分析可以看出酒店资本积累或资本扩张的阶段发展状况,以及酒店未来发展趋势是否稳定等。

例8－7　假定某酒店2015年年末所有者权益总额为950万元,其他数据资料见表8－5。试计算该酒店资产增长能力及资本增长能力相关指标。

$$总资产增长率=\frac{2\ 130-1\ 842}{1\ 842}\times100\%\approx15.64\%$$

$$资本积累率=\frac{1\ 225-1\ 165}{1\ 165}\times100\%\approx5.15\%$$

$$资本保值增值率=\frac{1\ 225}{1\ 165}\times100\%\approx105.15\%$$

$$资本三年平均增长率=\left(\sqrt[3]{\frac{1\ 225}{950}}-1\right)\times100\%\approx8.84\%$$

项目3　酒店财务综合分析

财务分析的最终目的在于全方位地揭示与披露酒店经营的状况,并依此对酒店经济效益的优劣做出合理的评价。显然,上述有关偿债能力分析、营运能力分析、盈利能力分析及发展能力分析等财务指标所揭示的仅是酒店经济效益的某一侧面的信息。酒店只有将上述几个彼此孤立的分析以系统化视角,做出系统的评价,才能从总体意义上把握酒店经营理财状况及经济效益的优劣。

所谓酒店财务综合分析是指将偿债能力、营运能力、盈利能力及发展能力等方面的分析纳入一个有机的整体之中,以全方位地对酒店经营成果和财务状况进行剖析,从而对酒店经济效益的优劣做出准确的评价与判断。酒店财务综合分析的方法主要有两种:财务比率综合评分法和杜邦财务分析法。

任务1　财务比率综合评分法

财务比率综合评分法又称沃尔评分法,是通过对选定的财务比率进行评分,按照行业的基准数设定标准值,计算出综合得分,以此评价酒店综合财务状况的方法。采用财务比率综合评分法进行评价,一般按照以下步骤进行。

1.1 选择有代表性的评价指标

在选择财务评价指标时,需要注意以下三个方面。

① 财务比率要有全面性,能反映酒店的偿债能力、盈利能力和营运能力这三类指标。没有选择发展能力比率是因为这类财务比率需要观察多个会计年度的数据才有效,单一会计年度数据因受多种因素影响很难具有代表性。

② 财务比率应具有代表性,所选择的财务比率数量不一定要很多,但要选择能说明问题的重要财务比率,具体指标选择酒店管理层可根据自身实际情况确定。

③ 各项财务比率要具有变化方向的一致性,当财务比率增大时,表明财务状况的改善,反之,财务比率变小时,表示财务状况的恶化,否则最后计算的综合评分不具有任何决策意义。

1.2 确定评价指标标准评分值

各项财务比率的标准评分值应在 0 ~ 100 分,并根据各项财务比率的重要程度,分别确定各评价指标的标准评分值,最终指标标准评分值之和应等于 100 分。一般应根据酒店的经营活动性质、酒店的经营规模、市场形象和报表分析者的分析目的来确定。

1.3 确定评价指标分值上下限

确定各项财务比率的上限和下限,是为了避免因个别财务比率的非正常变动给最后综合评分带来不合理的影响,误导财务决策。

1.4 确定评价指标标准值

财务比率的标准值是各项财务比率在本酒店目前状态下最理想的数值,一般可以参照酒店行业平均水平或目标酒店先进水平,并经过适当调整后确定。

1.5 计算关系比率

计算酒店在一定时期各项财务比率的实际值,然后计算出各项财务比率实际值与标准值的比值,即关系比率。关系比率反映了酒店某一财务比率的实际值偏离标准值的程度,可作为后期指标修正的依据。

1.6 计算评价指标实际分值

各项财务比率的实际分值是标准分值与关系比率的乘积,每项财务比率的得分都不得超过上限或下限分值,所有各项财务比率实际得分的合计数就是酒店财务状况的综合评价得分。如果酒店综合得分大于 100 分,说明酒店的财务状况良好;如果酒店综合得分小于 100 分,则说明酒店的财务状况不理想,应及时采取措施加以改进。

下面采用财务比率综合评分法对某酒店 2018 年度的财务状况进行综合评价,详见表8-11。

表8－11　某酒店财务比率综合评分

财务比率	评分值 ①	标准值 ②	实际值 ③	关系比率 ④ = ③÷②	得分 ⑤ = ④×①	上限 ⑥ = ①×1.5	下限 ⑦ = ①×0.5	实际得分
流动比率	6	2	0.97	0.49	2.94	9	3	3
现金比率	8	0.50	0.48	0.96	7.68	12	4	7.68
产权比率	8	50%	73.88%	1.48	11.84	12	4	11.84
已获利息倍数	6	12	15.55	1.30	7.8	9	3	7.8
应收账款周转率	8	12	9.37	0.78	6.24	12	4	6.24
存货周转率	8	5	2.56	0.51	4.08	12	4	4.08
总资产周转率	6	1	1.01	1.01	6.06	9	3	6.06
销售净利率	12	20%	20.75%	1.04	12.48	12	6	12.48
净资产收益率	10	25%	34.73%	1.39	13.9	15	5	13.9
总资产净利率	12	18%	20.90%	1.16	13.92	18	6	13.92
营业收入三年增长率	8	10%	9.10%	0.91	7.28	12	4	7.28
资本三年平均增长率	8	8%	8.84%	1.11	8.88	12	4	8.88
合计	100				103.1			103.16

从表8－11的各项财务比率计算结果可知,某酒店2018年度财务比率综合评价得分为103.16分,大于100分,说明该酒店财务综合状况良好,但应特别关注实际值低于标准值的几项评价指标,并及时采取措施加以改进。

任务2　杜邦财务分析法

2.1　杜邦财务分析体系

杜邦财务分析体系是在考虑各种财务比率内在联系的条件下,通过制定多种比率的综合财务分析体系来考察酒店财务状况的一种分析方法。这种方法由美国杜邦公司最先采用,故称为杜邦财务分析体系。它以酒店的净资产收益率(或股东权益报酬率)为出发点,利用各主要财务比率指标间的内在关联性,对酒店财务状况、经营成果、现金流量及经济效益进行综合分析与评价。

该体系以净资产收益率为出发点,以总资产净利率和权益乘数为核心,揭示了酒店获利能力及权益乘数对净资产收益率的影响,以及各相关指标间的相互影响作用关系。该体系层层分解至酒店最基本的会计要素项目,从而在酒店经营目标发生异动时,管理者能及时查明原因并采取措施加以修正,通过财务分析进行绩效评价,同时为投资者、债权人等利益相关者评价酒店提供依据。

2.2 杜邦财务分析体系的内容

1. 杜邦财务分析体系的有关指标

杜邦财务分析体系将有关指标按内在联系进行层层分解,主要反映了以下几种财务比率关系。

（1）净资产收益率与总资产净利率及权益乘数的关系

$$净资产收益率 = 总资产净利率 \times 权益乘数$$

即

$$\frac{净利润}{平均所有者权益} = \frac{净利润}{平均资产总额} \times \frac{平均资产总额}{平均所有者权益}$$

（2）资产净利率与销售净利率及总资产周转率的关系

$$资产净利率 = 销售净利率 \times 总资产周转率$$

即

$$\frac{净利润}{平均资产总额} = \frac{净利润}{销售收入} \times \frac{销售收入}{平均资产总额}$$

（3）销售净利率与净利润和销售收入的关系

$$销售净利率 = \frac{净利润}{销售收入} \times 100\%$$

（4）权益乘数与资产负债率的关系

$$权益乘数 = \frac{1}{1 - 资产负债率} = \frac{1}{1 - \dfrac{负债总额}{资产总额}} = \frac{资产总额}{所有者权益总额}$$

从上述分解过程可知杜邦分析体系净资产收益率公式如下。

$$净资产收益率 = 销售净利率 \times 总资产周转率 \times 权益乘数$$

在具体运用杜邦分析体系时,可以采用前述的因素分析法,首先确定销售净利率、总资产周转率和权益乘数的标准值,然后顺序代入三个指标的实际值,分别计算分析这三个指标的变动对净资产收益率的影响方向和程度,还可以使用因素分析法进一步分解各个指标并分析其变动的深层原因,找出解决对策。

2. 杜邦财务分析图

一般采用杜邦财务分析图来表示杜邦财务分析体系的有关指标的比率关系。图 8 - 1 为某酒店 2018 年杜邦财务分析图。

通过图 8 - 1 的分解和计算,可以了解到以下信息。

① 净资产收益率是一个综合性最强的财务比率,是杜邦财务分析体系的核心。其他各项指标都是围绕这一核心,通过研究彼此间的依存关系,揭示酒店的获利能力及其因果关系。该指标的高低取决于销售净利率、总资产周转率及权益乘数的大小。

② 销售净利率反映了酒店净利润与营业收入的关系。提高销售净利率是提高酒店盈

利的关键,主要有两个途径:一是扩大营业收入;二是降低成本费用。

③ 总资产周转率揭示酒店资产总额实现营业收入的综合能力。酒店应当结合营业收入分析酒店资产的使用是否合理,资产总额中流动资产和非流动资产的结构安排是否适当。此外,还必须对资产的内部结构以及影响资产周转率的各具体因素进行分析。

④ 权益乘数反映所有者权益与总资产的关系。权益乘数越大,说明酒店负债程度越高,能给酒店带来较大的财务杠杆利益,但同时也带来了较大的偿债风险。因此,酒店既要合理使用全部资产,又要妥善安排资本结构。

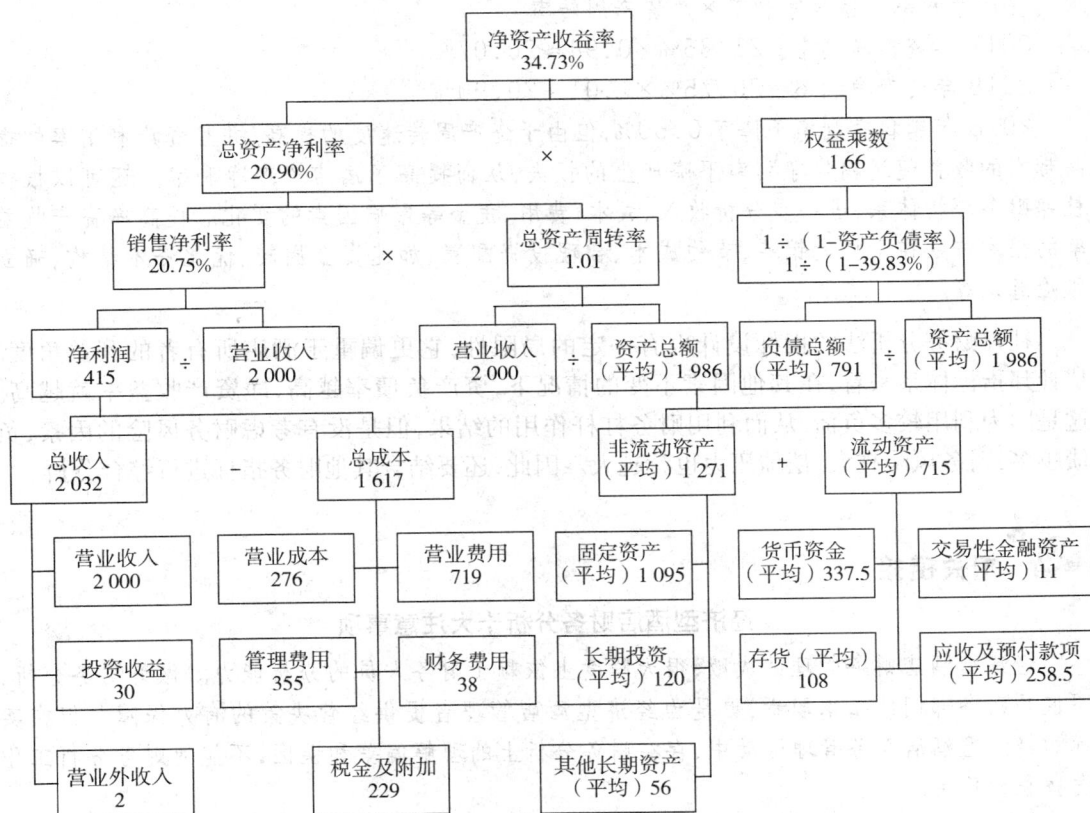

图 8-1 某酒店 2018 年杜邦财务分析图

例 *8-8* 某酒店 2017 年和 2018 年有关财务比率数据如表 8-12 所示。请用杜邦财务分析法分析该酒店的财务状况。

表 8-12 某酒店 2017 年和 2018 年财务比率数据

财务比率	2017 年	2018 年	差异
净资产收益率	33.32%	34.73%	1.41%
权益乘数	1.66	1.66	—
资产净利率	20.07%	20.90%	0.83%
总资产周转率	0.94	1.01	0.07
销售净利率	21.35%	20.75%	-0.60%

分析：

净资产收益率＝资产净利率×权益乘数

2017 年净资产收益率＝20.07%×1.66≈33.32%

2018 年净资产收益率＝20.90%×1.66≈34.73%

2018 年的净资产收益率比 2017 年低 1.41%。经过分析可知，酒店在资本结构保持不变的情况下，净资产收益率提高的原因在于 2018 年资产净利率比 2017 年提高了 0.83%。那么 2018 年资产净利率提高的原因是什么呢？

资产净利率＝销售净利率×总资产周转率

2017 年资产净利率＝21.35%×0.94≈20.07%

2018 年资产净利率＝20.75%×1.01≈20.90%

2018 年销售净利率下降了 0.60%，但由于资产周转速度的提高，并且资产利用率的提高带来的收益超过销售净利率下降产生的损失，从而提高了酒店资产净利率。还可以根据杜邦财务分析体系，进一步分析收入、成本、费用、税金等影响因素的变化。提高净资产收益率的根本方法在于扩大销售、节约成本、合理投资配置、加速资金周转、优化资本结构、确立风险意识等。

杜邦财务分析法的指标设计也有一定的局限性，它更偏重于酒店所有者的利益角度。从杜邦指标体系来看，在其他因素不变的情况下，资产负债率越高，净资产收益率就越高。这是因为利用较多负债，从而利用财务杠杆作用的结果，但是没有考虑财务风险的因素，负债越多，财务风险越大，偿债压力也就越大。因此，还要结合其他财务指标进行综合分析。

相关链接

经济型酒店财务分析十大注意事项

经济型酒店财务管理的成败，很大程度上依赖于财务人员的分析能力。做好财务分析，不仅是财务部门的基本职责，更是为经济型酒店管理者提供经营决策的有力保障。但在实际的经济型酒店财务管理活动中，存在财务分析上的理解偏差和误区，不能使财务分析工作发挥积极作用。

第一，只进行表内数字的分析，忽略表外现象的分析。

经济型酒店财务管理是一项十分细致的工作，需要对经济型酒店经营中的方方面面进行业务流程的梳理。但由于存在"跑、冒、滴、漏"现象，在业务管理制度的制定中稍有疏漏，都会影响到经济型酒店会计核算的质量。为了保障会计业务的有序性，必然要求与业务流程的规范化相匹配。因此，在进行财务分析时，仅限于报表本身的数字对比分析是远远不够的。还应当就收入、成本、费用等方面与同行业的先进指标相比较，才能够全面反映经济型酒店经营的成果。

第二，惯用常规性分析，没有突破和创新。

一家经济型酒店本月的毛利率明显偏低，仅从成本节约的角度考虑是远远不够的。产生的原因很可能是因为本月的时令菜品因季节转换涨价，而不进行原材料的采购分析，就难以得出全面的财务分析资料，缓解日常时令菜品采购的矛盾。

第三，分析停留在纸面上，而不能落实到行动中来。

经济型酒店财务分析是基于报表数字的归纳、总结和对比,并从中发现异常财务指标,从而发现日常经营和管理中的漏洞。但是不是存在分析中所提到的问题和漏洞,原因可能是多方面的,也是极为复杂的。将财务分析到的现象和问题,利用专题会或部门会议的方式进行安排和落实,是非常重要的。

第四,财务人员自行解决分析后的问题,缺乏与业务部门的沟通和联络。

目前经济型酒店财务管理的体制和模式均是采取对经济型酒店一把手负责的形式,这本身并无可非议。但从日常的经营管理出发,对于财务分析中提到的改进措施和方法,需要相关业务部门的支持和帮助,而财务人员向有关业务岗位和部门提供其所需的财务分析专项资料,显得非常迫切和必要。

第五,财务分析仅供内部参考,而将外部单位排斥在外。

一家运作规范的经济型酒店,其财务分析不仅是财务部门的常规工作,更是税务、财政、工商等部门为经济型酒店提供相应扶持政策的主要依据。但一般经济型酒店的做法是将实际经营中遇到的困境、内部环境分析得相当透彻,而对外则一概不提。因此,对于可以进行减免税收、延缓纳税等优惠措施只能是擦肩而过。

第六,分析中报喜不报忧,美化财务分析的内容。

经济型酒店财务分析的宗旨是为日常的经营管理服务,总结先进的管理经验是必要的,但更多的是要分析改进成本管理,提高经济型酒店的经济效益。

第七,分析只做口头的描述,而不做文字分析材料,更不建立财务分析资料文档。

经济型酒店财务分析内容多而繁杂,对经济型酒店经营中每个环节做出客观的分析和评价,并非易事。这就需要财务人员除了口头的汇报之外,还应建立经济型酒店的财务分析材料,以备查阅。从而避免财务分析流于形式。

第八,财务分析局限于年度分析,而缺乏日常的系统性分析。

尽管财务分析的基础有赖于年度财务报表。但对于日常经营活动中涉及的成本分析表、原材料采购表、现金收支表、营业状况表、菜品定价表等也有必要按月、按季进行分析,以便动态地跟踪经济型酒店经营的变化。

第九,只分析结果,而不顾过程。

经济型酒店财务分析过程是一个指标不断分离过程。只有将总的财务指标进行细化分解,才能知道其潜在的风险和问题。如经济型酒店的总成本指标下降了,但究竟是哪一种成本下降了,可能一种成本在总成本下降中反而上升了,都要进行细分才能发现,而不能因此得出笼统的成本下降的结论。

第十,只懂分析,而不懂管理,使分析空洞无物。

一项财务指标是不是健康,不仅要参考同行业的经营状况,还需结合经济型酒店自身的经营情况做出合理的制定。某些在同行业中先进的指标体系,对于经济型酒店来讲可能就行不通。因此,想试图通过先进财务分析软件或模板的形式达到实现财务分析的目的是有失偏颇的。

资料来源:迈点网。

同步训练

一、思考题

1. 简述酒店财务分析的依据。

2. 简述酒店财务分析的方法有哪些。

3. 什么是杜邦财务分析体系？主要分析指标有哪些？

4. 酒店财务分析的内容主要有哪几个方面？如何利用财务比率分析评价酒店经营状况？

5. 酒店偿债能力、营运能力、盈利能力和发展能力评价的主要财务比率有哪些？

二、判断题

1. 从酒店股东角度看，资产负债率越高越好。 （　　）

2. 一般来说，酒店的已获利息倍数应至少大于1，否则将难以偿付到期债务利息。（　　）

3. 对酒店来说，存货周转率越高越好。 （　　）

4. 酒店的资产权益率与资产负债率之和应为1。 （　　）

5. 在销售利润率不变时，提高资产利用率可以提高资产净利率。 （　　）

6. 通过财务分析，不但能够发现问题，而且能够提供最终的解决问题的办法。 （　　）

7. 总资产周转率越高，反映销售能力越强。 （　　）

8. 计算已获利息倍数时的利息费用指的是计入财务费用的各项利息。 （　　）

9. 对于盈利的酒店，在总资产净利率不变的情况下，资产负债率越高，则净资产收益率越低。 （　　）

10. 在采用因素分析法时，既可以按照各因素的依存关系排列成一定的顺序并依次替代，也可以任意颠倒顺序，其结果是相同的。 （　　）

三、单项选择题

1. 下列财务比率中，最能反映酒店举债能力的是（　　）。

　　A. 资产负债率　　　　　　　　　　B. 应收账款周转率

　　C. 资本保值增值率　　　　　　　　D. 销售利润率

2. 在计算速动比率时，要把存货从流动资产中剔除的原因不包括（　　）。

　　A. 可能存在部分存货已经损坏但尚未处理情况

　　B. 部分存货可能已抵押给债权人

　　C. 可能存在成本与合理市价相差悬殊的存货估价问题

　　D. 存货可能采用不同的计价方法

3. 下列财务比率中，反映酒店偿债能力的是（　　）。

　　A. 市盈率　　　　B. 销售利润率　　　C. 平均收款期　　　D. 已获利息倍数

4. 某酒店2018年底部分财务数据为：流动负债60万元，速动比率2.5，流动比率3.0，销售成本50万元，则年末存货周转率为（　　）。

　　A. 1.2次　　　　　　B. 2.4次　　　　　　C. 1.67次　　　　　　D. 以上都不对

5. 反映酒店盈利能力的指标是（　　）。

　　A. 销售净利率　　　B. 已获利息倍数　　　C. 产权比率　　　　D. 总资产周转率

6. 某酒店2018年销售净收入为306 000元，应收账款年末数为18 000元，年初数为16 000元，其应收账款周转率为（　　）。

A. 10　　　　　B. 15　　　　　C. 18　　　　　D. 20

7. 在酒店财务分析中,需要详细了解和掌握酒店经营理财的全面信息的是(　　)。

　　A. 投资者　　　B. 债权人　　　C. 经营管理者　　　D. 政府机构

8. 某酒店本年销售收入 15 000 元,销售成本 7 500 元,销售税金及附加 1 500 元,营业费用 3 000 元,其他业务利润 2 000 元。该酒店本年的销售毛利率为(　　)。

　　A. 40%　　　　B. 20%　　　　C. 30%　　　　D. 50%

9. 计算每股收益指标时,本年净收益为(　　)。

　　A. 净利润减去普通股股息　　　　B. 净利润减去盈余公积

　　C. 净利润减去优先股股息　　　　D. 净利润减去未分配利润

10. 产权比率与权益乘数的关系式为(　　)。

　　A. 产权比率×权益乘数 = 1　　　B. 权益乘数 = 1/(1 − 产权比率)

　　C. 权益乘数 = (1 + 产权比率)/产权比率　D. 权益乘数 = 1 + 产权比率

11. 酒店各经营部门中,(　　)的营业毛利率最高。

　　A. 客房　　　　B. 食品　　　　C. 饮料　　　　D. 健身

12. 某酒店 2018 年年初与年末所有者权益分别为 710 万元和 805 万元,则酒店资本积累率为(　　)。

　　A. 113.38%　　　B. 13.38%　　　C. 11.80%　　　D. 88.20%

四、多项选择题

1. 反映酒店资产管理效率的比率有(　　)。

　　A. 资产净利率　　B. 存货周转率　　C. 应收账款周转率　D. 资产负债率

2. 分析酒店短期偿债能力的比率有(　　)。

　　A. 流动比率　　　B. 速动比率　　　C. 资产负债率　　D. 权益乘数

3. 比率越高反映酒店偿债能力越强的指标有(　　)。

　　A. 速动比率　　　B. 流动比率　　　C. 资产负债率　　D. 已获利息倍数

4. 在杜邦财务分析体系中,提高资产净利率的途径可以有(　　)。

　　A. 加强资产管理,提高资产利用率　　B. 加强销售管理,提高销售利润率

　　C. 增加资产流动性,提高流动比率　　D. 加强负债管理,提高资产负债率

5. 某酒店应收账款周转率的提高意味着(　　)。

　　A. 应收账款周转天数减少　　　　B. 短期偿债能力增强

　　C. 应收账款占用资金减少　　　　D. 应收账款收回速度加快

6. 影响酒店销售净利率的因素有(　　)。

　　A. 销售收入　　　B. 经营费用　　　C. 销售成本　　　D. 平均应收账款

7. 酒店财务分析的主要内容有(　　)。

　　A. 偿债能力分析　B. 营运能力分析　C. 盈利能力分析　D. 发展能力分析

8. 酒店财务分析的主要方法有(　　)。

　　A. 趋势分析法　　B. 比率分析法　　C. 因素分析法　　D. 定额分析法

五、计算题

某酒店 2018 年年末的资产负债表如下表所示。

某酒店资产负债表

2018 年 12 月 31 日

元

资　产	金　额	负债及所有者权益	金　额
流动资产：		流动负债：	
货币资金	117 000	短期借款	50 000
交易性金融资产	150 000	应付票据	28 200
应收账款	85 000	应付账款	105 400
存货	269 500	应付职工薪酬	19 000
其他应收款	2 500	应交税费	104 300
流动资产合计	624 000	其他应付款	13 100
非流动资产：		流动负债合计	320 000
长期投资	500 000	非流动负债：	
固定资产	885 600	长期借款	100 000
无形资产	20 400	应付债券	200 000
非流动资产合计	1 406 000	非流动负债合计	300 000
		所有者权益：	
		实收资本	1 000 000
		资本公积	160 000
		盈余公积	232 000
		未分配利润	18 000
		所有者权益合计	1 410 000
资产合计	2 030 000	负债及所有者权益合计	2 030 000

该酒店 2018 年度其他财务资料如下。

① 年初存货余额为 170 800 元。

② 本年度利息费用为 34 000 元，销售成本为 580 000 元。

③ 年初所有者权益合计为 1 225 000 元。

④ 本年实现税后利润为 296 000 元。

要求：请根据上述资料计算下列指标：流动比率、速动比率、现金比率、存货周转率、资产负债率、产权比率、权益乘数、已获利息倍数、资产净利率、资本积累率，并给予评价。

参 考 文 献

[1] 张玉凤. 酒店财务管理[M]. 北京:机械工业出版社,2015.

[2] 宋雪鸣,费志冰. 饭店财务运转与管理[M]. 北京:高等教育出版社,2008.

[3] 陈安萍. 酒店财务管理[M]. 北京:中国旅游出版社,2012.

[4] 章勇刚. 酒店财务管理[M]. 北京:中国人民大学出版社,2014.

[5] 万光玲. 餐饮成本控制[M]. 广州:广东旅游出版社,2010.

[6] 陈梅桂. 酒店财务管理操作大全[M]. 2 版. 北京:人民邮电出版社,2015.

[7] 毛勤. 现代酒店财务管理现状与发展研究[J]. 当代经济,2012(10).

[8] 王志强. 饭店业经营活动的财务分析[J]. 饭店现代化,2012(10).

[9] 王兰会. 酒店财务部精细化管理与标准化服务[M]. 北京:人民邮电出版社,2016.

[10] 曹艳铭,薛永刚. 星级酒店财务管理[M]. 广州:广东经济出版社,2012.

[11] 翁玉良. 酒店财务管理[M]. 2 版. 杭州:浙江大学出版社,2013.

[12] 赵毅. 酒店业存货管理存在的问题与对策[J]. 财会通讯,2007(10).

[13] 李红. 现代饭店财务管理[M]. 2 版. 大连:东北财经大学出版社,2014.

[14] 马桂顺. 酒店财务管理[M]. 3 版. 北京:清华大学出版社,2015.

[15] 方燕平. 现代酒店财务管理[M]. 2 版. 北京:首都经济贸易大学出版社,2015.

[16] 蔡万坤. 现代酒店财务管理[M]. 广州:广东旅游出版社,2013.

[17] 贾玎,肖华. 旅游企业财务管理[M]. 上海:复旦大学出版社,2011.